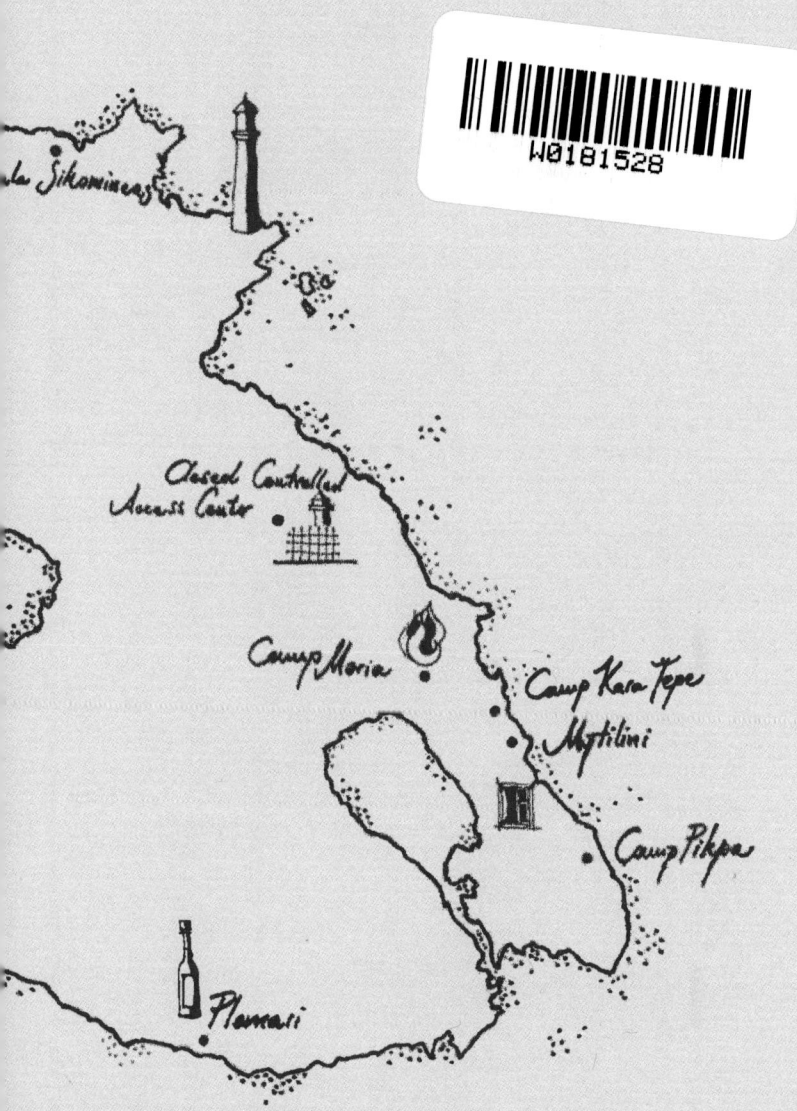

© Ferdinand J. Grund

Franziska Grillmeier

Die Insel

Franziska Grillmeier

Die Insel

*Ein Bericht vom Ausnahmezustand
an den Rändern Europas*

C.H.Beck

© Verlag C.H.Beck oHG, München 2023
www.chbeck.de
Umschlaggestaltung: Rothfos & Gabler, Hamburg
Satz: Gesetzt aus der Apollo und der Avenir
bei Fotosatz Amann, Memmingen
Druck und Bindung: Pustet, Regensburg
Gedruckt auf säurefreiem, alterungsbeständigem Papier
Printed in Germany
ISBN 978 3 406 79938 9

myclimate

klimaneutral produziert
www.chbeck.de/nachhaltig

Für Rodrick

Inhalt

Prolog 9

I Der orchestrierte Ausnahmezustand 19

   Mutter und Sohn 19 – Der erste Regen 30 – Die mächtigste Frau von Moria 33 – Eisenhüttenstadt 36 – Eine Liebesgeschichte 41 – Vorläufige Freiheit 45

II Das lange Jahr 49

   Proteste 49 – Sprite im Krankenhaus 58 – Außer Kontrolle 65 – Isolation 72 – Abbas 78 – Die letzte Tankstelle 84 – Das Feuer 96

III Die neue Sicherheit 107

   Die Räumung 107 – Chronisten ihrer eigenen Geschichte 113 – Schlimmer als das Meer 121 – Die Brandstifter 128 – Fabiola und Khaled 136 – Grenztechnik, Geld und Yasmin 139 – Der Anwalt 143 – Polen und Belarus 149 – Geschlossen-Geöffnet 155 – Inselpsychiatrie 160

IV Das Echo der Insel 167

   Bhasan Char 167 – Zurück auf der Insel 174 – Jedes Kuvert ein Leben 176 – Nüsse und Öl 183 – Krieg in der Ukraine 186 – Petras Großmutter 193 – Gräber 197

Epilog 209

Dank 218

Textnachweise 219

Prolog

Den runden Holztisch in der Küche wollte ich am ersten Tag loswerden. Ein Bein war zu kurz und rutschte immer wieder von dem notdürftig daruntergeklemmten Zettel, der anschließend wie ein gepfählter Staubfänger unter den Kühlschrank schoss. Nach jedem Frühstück verfingen sich die Brotkrümel in den tiefen Rillen auf der Oberfläche, so präzise und unangenehm wie auf dem Klettverschluss einer Sofaritze. Trotz hartnäckiger Putzversuche blieb er aus unerfindlichen Gründen stets klebrig, sodass jeder, der Arme und Ellenbogen auf ihm aufstützte, ein paar Unterarmhärchen opferte.

«Macht es Ihnen was aus, wenn ich ein paar Interessierten am Nachmittag die Wohnung zeige?», fragte mich die Vermieterin nach der ersten Woche. Ich nahm meine Notizen und mein Handtuch und ging durch den Pinienwald hinunter zur Küste. Erst zum zweiten Mal war ich für eine etwas längere Recherchereise auf die Insel gekommen. Ein Vormittag voller Gespräche und Begegnungen lag hinter mir. Drei Tage später war mein Notizbuch gefüllt und die kleine Wohnung weiterhin unvermietet. Nachdem auch das vierte Paar nach der Besichtigung abgesagt hatte, blieb ich am Küchentisch sitzen. Einen Monat später gab ich in München zwei Umzugskisten auf. Ihr Ziel: die Hafenstadt Mytilini auf Lesvos.

Anfangs hatte ich noch gedacht, es würde sich nicht lohnen, für die kurze Zeit einen neuen Tisch anzuschaffen. Einen Winter würde er schon noch durchhalten. Er hielt fünf weitere Winter lang. Heute klebt der alte Holztisch noch immer an jedem Ellbogen fest. Und die kleine Wohnung, die ich im Spätsommer 2018 für zwei Wochen auf der Insel gemietet hatte, ist zu meinem temporären Zuhause geworden. Doch anders als Tausende Menschen, die in den letzten Jahren über das Meer auf die Insel flohen, hatte ich meine Heimat dafür nicht verlassen müssen. Ich hatte wählen können – und mich entschieden, auf der Insel zu bleiben.

Es war eine Zeit, in der die internationalen Medien von den ankommenden Menschen kaum noch Notiz nahmen. Moria war zu einem Baustein der europäischen Abschreckungsarchitektur geworden. Die EU-Türkei-Erklärung vom März 2016 hatte Lesvos zu einer Pufferzone vor Europa werden lassen, in der Menschen fortan festgehalten wurden, bis ihre Asylanträge wieder in den Schleifen der Bürokratie auftauchten. Das konnte Jahre dauern.

Die eigens auferlegte Rechtsstaatlichkeit und die völkerrechtliche Idee der Schutzverantwortung wurden in Moria auf die brutalste Weise ausgehebelt. Der humanitäre Ausnahmezustand, der nach 2015 zunehmend zu einer orchestrierten Unterkunftskrise wurde, diente immer mehr dazu, möglichst viele Menschen von der Flucht nach Europa abzuschrecken.

*

Das erste Mal kam ich im Herbst 2017 auf die Insel, um meine Freundin Armita zu besuchen. Sie hatte ihren Job in einem fensterlosen Büro in London hingeschmissen und war aus unserer WG ausgezogen, um in Moria als Übersetzerin und Sozialarbeiterin zu arbeiten. Im Camp lebten damals etwa 6000 Menschen auf einem ehemaligen Militärgelände, das 2013 als Abschiebegefängnis und ein Jahr später als Erstaufnahmezentrum für Flüchtende fungierte.

Ursprünglich war Moria als Registrierungslager für 2800 Menschen ausgelegt gewesen. Die Geflüchteten sollten hier nur gemeldet und nach spätestens 30 Tagen weitergeschickt werden: in Richtung Athen oder Thessaloniki, um von dort über den Balkan nach Deutschland, Frankreich oder Schweden weiterzureisen. Nach dem Inkrafttreten der EU-Türkei-Erklärung im März 2016 nahm die Zahl der ankommenden Menschen zwar schlagartig ab, doch alle Geflüchteten, die fortan auf Lesvos ankamen und in Griechenland einen Asylantrag stellten, mussten ihr komplettes Verfahren erstmal in Moria durchlaufen, bevor sie die Insel wieder verlassen durften. Die Erklärung sah unter anderem vor, dass jede Person, deren Asylantrag als unzulässig gewertet wurde, auf Kosten der EU in die Türkei zurückgebracht wurde. Anträge über Anträge stapelten sich daraufhin auf den Schreibtischen der überlasteten griechischen Behörden; die Unterstützung des *Europäischen Unter-*

Prolog

stützungsbüros für Asylfragen (EASO) half da kaum weiter. Bereits im Mai 2016 waren die Hotspot-Lager in Lesvos, Chios und Samos überfüllt. Auf Lesvos etwa saßen die Menschen in den Olivenbaumfeldern rings um Moria buchstäblich in Sommerzelten fest. Niemand hatte die nötige Infrastruktur auf den Inseln geschaffen, damit sie unter würdevollen Bedingungen auf ihren Asylantrag warten konnten.

Da die Zahl der ankommenden Menschen auf den Inseln stark zurückging, kehrten Brüssel, Berlin und die anderen europäischen Regierungen dem Lager in Moria den Rücken zu. Binnen weniger Wochen wurde Moria zum größten Fluchtlager Europas – und damit zu einem Ort, der Tausende Menschen auf der Flucht einer erneuten Traumatisierung aussetzte. Daran konnten in den Folgejahren weder die Zeug:innenberichte der Menschen vor Ort, noch die Mahnungen des Anti-Folter-Komitees des Europarats, der Besuch von Angelina Jolie, unzählige Presseberichte oder eine Rede des Papstes etwas ändern.

Armita hatte mir die Lage vor Ort bereits an einem Januarmorgen 2017, noch lange vor meinem ersten Besuch ein paar Monate später im Herbst, in einem Videotelefonat beispielhaft illustriert. Sie versuchte gerade, einen Jungen aus Afghanistan zu finden, dem sie bei der Vorbereitung für sein Asylinterview unterstützen sollte. «Es ist ja nicht so, dass es hier eine Klingel an den Zelten gibt», sagte sie. «Wenn es überhaupt noch Zelte gibt.»

Durch ihre Kamera waren Dutzende Partywurfzelte zu sehen, die seitlich von Menschenarmen und -beinen ausgebeult und entlang einer kleinen Betonstraße aufgereiht waren. In den umliegenden Olivenbaumfeldern ragten einige Zeltstangen kreuz und quer in die Landschaft, dazwischen lag ein eingebrochenes Zelttuch, das der Schnee unter sich begraben hatte. Einige Bewohner:innen waren unter den Vorstand des Camp-Eingangs gezogen, um hier mit nassen Schuhen und Decken die Nacht zu verbringen. Es schneite nicht oft auf der Insel, doch im Winter liefen die Zelte bei jedem Regenschauer wie Spülwannen voll. Auch gegen die Kälte hatte das Camp-Management drei Winter in Folge nichts unternommen. Mit fatalen Folgen: Erst eine Woche vor unserem Telefonat waren drei Männer an drei unterschiedlichen Tagen in ihren Zelten nicht mehr aufgewacht. Die griechischen Behörden gingen davon aus, dass sie an einer Kohlenstoffmonoxid-Vergiftung gestorben waren, nachdem sie versucht hatten, ihre Klamotten im Zelt mit Feuerkohle zu trocknen. Für ihren Tod wurde auch zehn Monate später niemand zur Rechenschaft gezogen, ihre Todesursache wurde nie ganz aufgeklärt.

«Wie kann das sein?», fragte Armita. «In jeder anderen europäischen Stadt bringt man Menschen bei einem Sturm innerhalb von einer Stunde in einer warmen Turnhalle unter. Hier schafft es die EU seit drei Wintern nicht.»

*

Als ich mir ein halbes Jahr später selbst ein Bild von der Lage vor Ort machen wollte, klopfte mir Armita nach meiner Ankunft auf der kurzen Taxifahrt vom Flughafen aufgeregt aufs Knie. Endlich saßen wir wieder jenseits des Telefon-Displays nebeneinander, und wir hatten uns viel zu erzählen. Noch vom dunklen Flugzeugfenster aus hatte ich die feinen Umrisse der Insel erkannt, die wie ein grünes Platanenblatt aussah und sich mit runden Fingern ins Meer zu krallen schien. Der Flughafen war einer der schönsten, die ich seit langem gesehen hatte. Er war sehr ruhig und lag direkt an der Küste; neben einer kleinen, weißen Kapelle beugten sich die Trauerweiden ins Wasser.

Nach nur wenigen Minuten im Taxi tauchte vor der Ampel ein Hunderudel neben unseren Autofenstern auf. Bei jeder neuen Anfahrt versuchten sie, in die Autoreifen zu beißen. Armita klopfte ans Fenster. «Das machen sie normalerweise nicht», sagte sie entschuldigend, als hätte sie die Kontrolle über ihre eigenen Haustiere verloren. Wir stemmten uns etwas angespannt in die Sitze, weil wir jederzeit damit rechneten, gleich Zeuginnen eines oder mehrerer eingequetschter Hundebeine unter dem Auto zu werden. Neben unserem Taxi zwängten sich zwei Motorräder durch den Verkehr, dann bog auch noch ein Bus auf unsere Spur ab. Die Ruhe des Anflugs war verflogen.

An einer Ampel am Sappho-Platz, dem Hauptplatz von Mytilini, drehten die Hunde endlich ab, weil sie von einem anderen Rudel abgelenkt wurden, und Armita und ich ließen uns erleichtert auf die Rückbank sinken. «Willkommen», sagte sie. Doch auch in den folgenden Tagen, als ich zusammen mit Vincent Haiges, einem befreundeten Fotografen, zu Recherchezwecken mit dem Bus zum Lager fuhr oder auf dem Rücksitz eines Mopeds saß, hörte ich immer wieder ein leises Bellen

Prolog

und schaute auf die Straße hinunter. Ein Reflex, dem ich noch Jahre später auf der Insel nachgab. Das Bellen verschwand niemals ganz, auch wenn die Hunde schon lange nicht mehr zu sehen waren.

Nachdem wir meine Tasche in Armitas Wohnung gebracht hatten, machten wir uns auf den Weg zu einer kleinen Bar jenseits der Hafenpromenade, um in Ruhe miteinander zu sprechen. Als wir in eine Seitenstraße einbogen, die zum Hauptplatz führte, sahen wir schon von weitem etwa ein Dutzend Schlafsäcke neben einer Bushaltestelle liegen. «Ich wusste nicht, dass sie schon hier sind», sagte Armita leise. Aus dem Augenwinkel sah ich, wie sie sich unauffällig den Lippenstift an ihrem Schal abwischte. Auf dem Platz erhob sich eine Frau von ihrer rosa Isomatte, streckte ihre Knie durch und schüttelte eine Stoffdecke aus. Neben ihr flatterte ein Leinentuch im Wind, das an einen Holzrahmen getackert war. «Öffnet die Inseln», stand darauf.

Hinter den Frauen am Hafenplatz stolperten vier Mädchen in Cocktailkleidern aus der «Monkey Bar». An eine Hauswand gelehnt, zogen zwei von ihnen die Strumpfhosen hoch und ihren Lippenstift nach. Eine der Freundinnen zündete die Kerzen auf einer Geburtstagstorte an und begann zu singen. Als das Geburtstagskind lachend aus der Bar wankte, stimmten alle übrigen Gäste in einen Happy-Birthday-Chor ein, der das Knattern der Mopeds übertönte. Armita hatte sich mittlerweile in leisem Flüsterton sprechend neben die auf dem Boden sitzenden afghanischen Frauen gekniet. Einige hatten sich Alufolie um die Füße gewickelt, andere gruben ihren Kopf bei jedem Windstoß so tief in den Schlafsack, als ob sie darin das Tor zu einer anderen Welt finden wollten. Eine der Frauen gähnte und erzitterte anschließend am ganzen Oberkörper. Sie streute sich ein paar Erdnüsse in ihre Hand. Es sollten die letzten für eine Weile sein. Morgen früh wollte sie gemeinsam mit den anderen Frauen in den Hungerstreik treten, um gegen die Zustände im Lager Moria zu demonstrieren und ihre Freilassung auf das Festland zu fordern. «Aber doch nicht bei dem Wind», sagte Armita. Dann korrigierte sie sich. Eigentlich sei es egal, sagte sie, ob die Frauen nun auf dem Hafenplatz im Freien oder im Lager schliefen. Schutzlos sei man an beiden Orten.

*

Ein paar Tage später lief ich auf dem Weg nach Moria an einem Jungen vorbei, der sich gegen den Lenker seines Fahrrads stemmte. Auf dem Gepäckträger balancierte er zwei dicke Holzbalken. Sie waren so lang wie eine Hausfassade. Seine Fersen rutschten mit jedem Schritt aus den Plastiksandalen. Kurz vor dem Eingang des Lagers brach einer der Balken herunter. Der Junge schob seine dünne Nylonmütze über den Haarschopf und wuchtete das Holz zurück auf den Gepäckträger.

Er musste sich beeilen – in einer Stunde ging die Sonne unter, dann würde der Wind über die Küste rollen und die Kälte mit sich bringen. Ab fünf Uhr nachmittags trieben in Moria kleine Feuerfunken in die Höhe. Die unbeleuchteten Feuerstellen verwandelten die Zeltwände in mannsgroße Schattentheater. Die Feuer waren die wichtigste und oft einzige Wärmequelle für die Menschen im inoffiziellen Teil des Lagers, der sich rund um das Kernlager in die Olivenbaumfelder ausgebreitet hatte. An den Abhängen im Campinneren, das Journalist:innen offiziell nicht betreten durften, reihten sich die Container so eng aneinander wie Würfelzucker in einer Plastikdose, in den engen Zwischenräumen quetschten sich sechsköpfige Familien in Zweimannzelte, andere schliefen auf plattgedrückten Pappbechern auf dem Boden.

Moria war zu diesem Zeitpunkt längst zu einem medialen Ausstellungsraum für die europäische Asyl- und Migrationspolitik geworden. Zu einer Bühne von Rechtsverletzungen, die durchaus fotografiert, ausgestellt und beschrieben werden sollten, damit die Abschreckungsmechanik des Lagers – das gleichzeitig wie eine Insel auf der Insel funktionierte – auch wirklich griff. Die Menschen, die an diesen Schauplätzen lebten, wurden damit unfreiwillig zu Protagonist:innen dieses Spektakels. «Erst werden wir ausgestellt», sagte meine Freundin Fenet Wake, «und wenn das nicht funktioniert, zu Geistern gemacht.» Fenet, die später zu einer meiner engsten Freundinnen auf der Insel wurde, war 2016 hier angekommen und sollte die Genealogie vom Lager als Hotspot bis zur Planung der neuen Hochsicherheitslager auf den Inseln miterleben. Ihre Worte wurden für mich, als Schreibende, zu einer steten Mahnung. Genauso wie die des französisch-karibischen Autors und Politikers Aimé Césaire, der in seinem 1939 veröffentlichten *Notebook of a Return to the Native Land* schrieb:

«Sowohl mein Körper wie auch besonders meine Seele sollen sich verwahren, die sterile Haltung des mit verschränkten Armen dastehenden Betrachters einzunehmen, denn das Leben ist kein Theaterstück

Prolog

und ein Meer des Leids ist kein Bühnenbild, und ein Mann, der schreit, kein tanzender Bär.» («Beware, my body and my soul, beware above all of crossing your arms and assuming the sterile attitude of the spectator, for life is not a spectacle, a sea of griefs is not a proscenium, and a man who wails is not a dancing bear.»)

Lesvos, das an der engsten Stelle nur sechs Seemeilen von der türkischen Küste entfernt liegt, war schon früher ein Knotenpunkt der Flucht. Viele Inselbewohner:innen waren selbst im dritten Jahr des griechisch-türkischen Krieges 1922 auf Holzbooten auf die dicht bewachsene Olivenbauminsel geflohen, als Smyrna, das heutige Izmir, im September abbrannte. Tausende vertriebene Griech:innen, die zuvor in der Türkei gelebt hatten, kamen damals in Griechenland an. Manche sollen die wenigen Seemeilen bis zum Norden der Insel sogar geschwommen sein, erzählt man sich noch heute. Im Jahr darauf wurden es durch den erzwungen Bevölkerungsaustausch zwischen Griechenland und der Türkei, bis zu 1,5 Millionen Menschen. Der Sommer von 2015, in dem Zehntausende Menschen vornehmlich aus Syrien, Afghanistan und Irak über die Insel nach Europa flohen, markierte also keineswegs den Beginn der Fluchtgeschichte der Insel. Die Insel wurde vielmehr erneut zum Spiegelbild für die Folgen von Flucht und Vertreibung, diesmal vor allem für das Ringen um ein faires Recht auf Asyl und für den Umgang der Europäischen Union mit Flüchtenden.

Schon in den Jahren zuvor waren übrigens immer wieder Flüchtende auf der Insel angekommen. Vor der Errichtung des Fluchtlagers Moria im Jahr 2014 existierte das Lager Pagani am Rande von Mytilini. Eigentlich für 300 Menschen ausgelegt, wurden dort mehr als dreimal so viele flüchtende Menschen monatelang interniert. Nach andauernden Protesten der Lagerbewohner:innen und Kampagnen der internationalen Solidaritätsgemeinde wurde es schließlich geschlossen; der damalige griechische Vizeminister für öffentliche Sicherheit hatte das Lager kurz vor seiner Schließung noch als «Dantes Inferno» bezeichnet. Es sollte nicht das letzte Inferno auf der Insel bleiben.

*

Knapp 100 Jahre nach der großen Fluchtbewegung von der Türkei nach Griechenland und zwei Jahre nach dem langen Sommer der Migration saßen wir, in Nylondecken gewickelt, in Armitas Küche. Eine befreundete Anwältin klopfte an der Tür und hinterließ mit ihrem Schirm eine kleine Pfütze am Eingang. «Ich kann mir gar nicht vorstellen, dass die Leute bei dem Wetter immer noch auf dem Hafenplatz sind», sagte sie. Tatsächlich war eine Woche seit Beginn des Hungerstreiks der afghanischen Frauen vergangen. Bis vor einer halben Stunde habe sie noch mit den Wächtern des Abschiebegefängnisses verhandelt, sagte sie. Die Treppenstufen hatten sie außer Atem gebracht. Sie erzählte von einem Jungen, der sich in seiner Zelle erhängen wollte, nachdem ihm monatelang niemand eine Auskunft gegeben hatte, was mit ihm passieren sollte. Ein Zustand der zermürbenden Ungewissheit, den sie von vielen Menschen kannte. Dabei hatten die wenigsten eine Anwältin wie sie. Zu diesem Zeitpunkt, also Ende 2017, war es noch möglich, Kinder und Jugendliche unter «Schutzhaft» in Zellen auf Polizeistationen und in Abschiebegefängnissen zu verwahren. Diese Praxis wurde erst drei Jahre später, im November 2020, abgeschafft.

Als ich versuchte, die Ereignisse in diesen Tagen aufzuschreiben, rangen die deutschen Redaktionen noch mit der Frage, ob sie ein weiterer Text über Moria interessieren sollte oder nicht. Was hatte sich seit dem letzten Bericht verändert? Die Situation schien festgefahren, und die Lage der Flüchtenden und Inselbewohner:innen vor Ort war für viele auserzählt. Dabei waren der systematische Abbau des Rechts auf Asyl und die Aushöhlung rechtsstaatlicher Strukturen entlang der europäischen Grenzen in vollem Gange.

*

Als ich ein Jahr später in die kleine Wohnung mit dem alten Holztisch nach Mytilini zog, hatte sich die Situation der Menschen nicht verbessert. Im Gegenteil. Eigentlich hätte sich die Zahl der Flüchtenden, die auf den Ägäischen Inseln festsaßen, bis zum Herbst 2018 halbieren sollen, wie der griechische Migrationsminister Dimitris Vitsas von der damals regierenden Syriza-Partei noch Anfang Juli angekündigt hatte. Doch im Oktober 2018 saßen noch immer mehr als 11 000 geflüchtete Menschen auf Lesvos fest. Der größte Teil in Moria, der Rest in alternativen Unterbringungsmöglichkeiten wie angemieteten Wohnungen in Mytilini, dem Familienlager von Kara Tepe oder dem Solidaritätslager

Prolog

Pikpa, das schon seit 2012 besonders gefährdeten Menschen einen Zufluchtsort bot.

Auf den Busfahrten hinauf zum Lager beschlich mich regelmäßig das Gefühl, der Landschaft entweiche die Farbe. Kurz vor der Abbiegung zum Lager dünnten die Olivenbäume immer weiter aus, manche waren bis zum Stumpf abgeschlagen. Feuerholz war in den nassen Herbsttagen Mangelware, doch noch immer einfacher zu haben als Elektrizität, die nur im Kern des Lagers einige Stunden am Tag in wackeligen Glühbirnen flimmerte.

Vor dem Lager liefen Dutzende Menschen die Betonmauer entlang. Jeder trug etwas anderes. Feuerholz. Eine Axt. Wasserflaschen. Mülltüten. Eine Bettdecke auf dem Kopf, eine andere unter dem Arm. Manche trugen die eigene Mutter auf dem Rücken, die es allein nicht mehr zur Essensausgabe schaffte, oder telefonierten armeschwingend mit ihrer Familie in der Ferne. Sie alle wichen geschickt dem Abwasserrinnsal aus, das am Ende der Betonmauer in einen übelriechenden Fäkaliensee mündete.

Nur sehr langsam ging ich die Seitenstraße zu den umliegenden Olivenbaumfeldern hinauf, wo sich der irreguläre Teil des Lagers befand, der ohne Registrierung zugänglich war. Im Inneren boten das griechische Migrationsministerium und das Flüchtlingshilfswerk des UNHCR längst keine Rundgange für Journalist:innen mehr an. Wir fanden jedoch unseren Weg jenseits des Haupteingangs. Ging man am bewachten Vordereingang des Camps vorbei und die ausbetonierte Straße neben dem Gelände hinauf, kam man an einem der Hintereingänge von Moria vorbei – einem Riesenloch im Zaun. Durch diesen *Backway* wurden Radios, Essen und Klopapier hin- und hergereicht. Auch die Müllabfuhr fuhr hier an manchen Tagen ein und aus – einfach, weil es schneller ging. In den umliegenden Zelten, die schief am Abhang hingen, hatten einige Familien schwarze Drahtwolle in die Löcher im Nylon gestopft. Andere hatten ihre Zelte mit Felsbrocken so tief in der Erde befestigt, dass sie nur mehr hüfthoch über den Boden ragten.

Bei der Wasserstelle, etwa auf halber Höhe des Hügels, wuchs mein Unbehagen. Es war der einzige Ort, an dem sich die Bewohner:innen, die außerhalb des Kernlagers wohnten, in diesen Tagen waschen konnten. Damals teilten sich laut Hilfsorganisationen vor Ort über 80 Menschen eine Dusche, aus der nur kaltes Wasser tröpfelte. Während ich die

Müllsäcke neben dem Waschbecken zählte, um Ordnung in meinen Kopf zu bringen, zupfte ein Junge aus Afghanistan an meiner Hose. «Hast du Zahnpasta?», fragte er auf Englisch und streckte mir seine Zahnbürste hin. Ich schüttelte den Kopf. Mit großer Ernsthaftigkeit ging er zur nächsten Person, als würden wir alle zusammen beim Duschen auf einem Campingplatz anstehen. Ich begriff, dass ich praktisch im Badezimmer dieses Jungen stand, um den herum die Kulisse des gewohnten Lebens in den letzten Jahren immer wieder eingestürzt war. Mir fiel auf, dass es fast unmöglich war, nicht in die Privatsphäre von Menschen einzudringen, ganz einfach deshalb, weil ihnen an diesem Ort keine zuerkannt wurde.

Moria war zu einem überfüllten Freiluftgefängnis geworden und stand symbolisch für das Ende einer europäischen Erzählung, an der viele Flüchtende, die den gefährlichen Fluchtweg überlebt hatten, bis zuletzt festhielten. Dabei wurde Moria nach März 2016 zu einem Ort des Ausgeliefertseins, an dem es nichts Haltbares gab und den es hinsichtlich humanitärer Standards nicht hätte geben dürfen und über den man genau deswegen sprechen musste.

Wem jedoch gehört die Zeugenschaft? «Ist es der Geflüchtete selbst oder sind es diejenigen, die kommen und gehen (können)?» («Is it the refugee herself or those who (are able to) come and go?»), fragt der Schriftsteller Yousif M. Qasmiyeh in *Writing the Camp*. Dieses Buch ist aus der Perspektive einer außenstehenden Beobachterin geschrieben, die aus freien Stücken kommen und gehen konnte. Den Menschen, die aus Moria und entlang der europäischen Grenzen über ihr Leben erzählten, ist es gewidmet.

I
Der orchestrierte Ausnahmezustand

1
Mutter und Sohn

Fanny Binder zurrte ihren Parka etwas enger. Die Tür der kleinen Bäckerei am Südstern war leicht angelehnt. Draußen wehte ein kalter Wind. Obwohl das neue Jahr 2022 erst in zwei Tagen beginnen würde, schossen bereits die ersten Feuerwerkskörper in den Berliner Himmel. Fast hätte ich Fanny mit ihrem grauen Bob nicht mehr wiedererkannt. Vor drei Jahren hatte sie noch lange rote Haare gehabt, die sich bei jedem Windstoß wie fliegende Geschenkbänder um ihre Schultern legten. Da lebte sie auch noch nicht in einer Mietwohnung in Friedrichshain, sondern in einem kleinen Haus mit Garten in Irland. Als ihr Sohn Seán verhaftet wurde, schien ihr Leben von einem auf den anderen Tag die Richtung gewechselt zu haben. Danach war nichts mehr wie zuvor.

Fanny biss in ein veganes Nusshörnchen. «Manchmal frage ich mich, was gewesen wäre, wenn wir die ganze Sache damals nicht an die große Glocke gehängt hätten», sagte sie. Der Puderzucker rieselte, gleichmäßig wie in einer Schneekugel, auf den Bistrotisch. Neben uns machte ein älterer Herr Kniebeugen an der Theke, um sich beim Warten aufzuwärmen.

Die Gerichtsverhandlung am 18. November 2021 hatte ich aus der Ferne verfolgt, da ich zu diesem Zeitpunkt verreist war. Viele Journalist:innen waren zum Gerichtsgebäude gekommen. Der griechische Ex-Finanzminister Yannis Varoufakis erklärte in der gleichen Woche vor dem griechischen Parlament, der Prozess habe das Land international in

Verruf gebracht. Bei Nieselregen betrat Seán Binder das Gerichtsgebäude, um es kurz danach wieder zu verlassen. Die Journalist:innen mussten vor der Tür warten. Wie so oft in den vergangenen Jahren wurde aufgrund der Pandemiebestimmungen keine Presse im Gerichtssaal zugelassen. Nach kurzer Zeit war klar: Das Verfahren wurde vertagt. Die Staatsanwaltschaft sei nicht ausreichend vorbereitet gewesen und hatte den Fall vor das falsche Gericht gebracht, das sich nicht für zuständig erklärte. Es fehlte an Unterlagen, falsche Adressen zirkulierten, ja im Grunde war das ganze Verfahren fehlerhaft. Seáns Mutter Fanny wusste, wie dünn die Beweislage der Behörden tatsächlich war. Sie wähnte sich auf einer Theaterbühne, auf der alle ihren Text vergessen hatten: «Es war so absurd, als würde jemand auf den Regisseur warten, der gleich reinkommt und sagt: ‹Leute, so geht das nicht. Wir müssen nochmal von vorne beginnen.›» Doch niemand kam.

*

Bei unserem ersten Treffen vor drei Jahren hatte für Fanny eine neue Zeitrechnung begonnen, die mit dem Gefühl verbunden war, sich in Europa nicht mehr sicher zu fühlen. An einem frühen Morgen kreisten die Spatzen so schnell um die Olivenbäume auf der Verkehrsinsel vor der Polizeistation, als würden sie die Mofas überholen wollen, die mit ausgeleiertem Auspuff an uns vorbeiratterten. «Guten Morgen, Sonnenschein», rief Claudia Drost, die neben mir am Kiosk bei der Polizeistation in Mytilini stand. Claudia war in einer ähnlichen Situation wie Fanny. Sie wollte ihre beste Freundin Sarah Mardini besuchen. Beide, Seán und Sarah, waren am 21. August 2018 auf der Insel verhaftet worden. Die Vorwürfe: Menschenschmuggel, Bereicherung durch Spenden, Geldwäsche, Spionage, Mitgliedschaft in einer kriminellen Vereinigung.

Fanny stemmte ein Sixpack Wasserflaschen auf ihr Knie, um kurz zu verschnaufen. Die Polizeistation lag auf einem kleinen Hügel am Stadtrand. Unweit davon hatte sich Fanny vor wenigen Tagen eine Wohnung gemietet. «Eigentlich dachte ich, ich komme mal zum Urlaub hierher», brüllte sie gegen den Verkehrslärm an. «Und stattdessen …» Sie deutete lachend auf eine Tüte mit Klopapier, die sie bei sich trug. Zwei Wochen war es nun her, dass die griechische Polizei ihren Sohn Seán verhaftet hatte – etwa zu dem Zeitpunkt, als ich mich entschlossen hatte, auf die Insel zu ziehen, und zwei Umzugskisten über den Tresen einer Postfiliale in München schob.

Claudia hatte ich dagegen schon bei meinem ersten Besuch auf der Insel kennengelernt. Schon damals arbeitete die schlagfertige Friesländerin als humanitäre Helferin bei einer niederländischen Organisation. Sie gab Yogakurse für alleinstehende Frauen, begleitete Familien, die neu auf der Insel ankamen, zur medizinischen Erstversorgung und tanzte mit geflüchteten Frauen gegen die lähmende Lethargie im Camp an. Sarah, einen halben Kopf kleiner als Claudia, habe ihrer Freundin das Prinzip ihrer Arbeitsteilung auf besondere Weise erklärt: Sie, Claudia, sei dafür zuständig, die Herzen der Menschen zu retten, während Sarah selbst für die Boote zuständig sei. Tagsüber arbeitete Sarah Mardini als Übersetzerin für Patient:innen der Tagesklinik der Hilfsorganisation *ECRI*, abends half sie am Strand bei der Erstversorgung der Insassen ankommender Schlauchboote. Zusammen mit ihren Kolleg:innen, darunter auch Seán, wickelte sie die Ankommenden in Decken, klebte Pflaster auf aufgeschürfte Knie und brachte die Menschen in enger Abstimmung mit der griechischen Küstenwache und dem Flüchtlingshilfswerk des UNHCR in das Registrierungszelt nach Moria.

Nach ihrer Schicht kam Sarah oft noch mitten in der Nacht in nassen Klamotten bei Claudia vorbei. Obwohl sie tagsüber all die Not gesehen hatte, riss sie auch vor dem Schlafengehen noch Witze, erzählte mir Claudia an diesem Vormittag vor der Polizeistation. «Richtig niedergeschmettert habe ich sie eigentlich nie gesehen», ergänzte sie. Weil niemand aus Sarahs Familie auf die Insel kommen konnte, war Claudia in dieser Zeit die Einzige, die ihre Freundin auf der Polizeiwache besuchte. Sie scherzte mit den Wächtern und rauchte mit dem Polizeichef Zigaretten. Zur Begrüßung der Wachleute hielt sie gewöhnlich nur eine Flasche Wasser oder frische Unterwäsche in die Luft, woraufhin diese sie meist lachend durchwinkten.

An den Besuchertagen durfte sie sich nur für einige Minuten vor die Gitterstäbe von Sarahs Zelle setzen. In der kurzen Besuchszeit redeten die beiden Freundinnen über all die Dinge, die sie sonst in den Mittagspausen im Camp besprochen hätten. Dort hatten sie sich zwei Jahre zuvor kennengelernt.

«Kann Seán eigentlich duschen?», fragte Claudia und zündete sich eine neue Menthol-Zigarette an. «Alle zwei Tage», antwortete Fanny. Mir fiel ihr irischer Akzent auf. Da hatte ich noch keine Ahnung, dass Fanny eigentlich im Schwarzwald aufgewachsen war und Deutsch sprach. «Ja, Sarah auch», antwortete Claudia, «aber es gibt für alle viel zu wenig Wasser.» Während Seán im Männertrakt mit etwa 20 anderen Inhaftierten ausharrte, teilte sich Sarah mit drei weiteren Frauen eine Zelle. Fanny und Claudia trafen sich in dieser Zeit fast täglich, sprachen mit Anwält:innen und Journalist:innen weltweit und versuchten zu verstehen, wie es überhaupt zu diesen Verhaftungen hatte kommen können, die damals alle noch für ein Missverständnis hielten, das sich schnell aufklären lassen musste.

«Noch vor einer Woche habe ich zu Hause Unkraut aus dem Garten gezupft», sagte Fanny kopfschüttelnd. Sie schulterte die Tüte mit dem Klopapier und machte sich auf den Weg zum Eingang. «Und ich stand mit Sarah am Flughafen», ergänzte Claudia. Fanny winkte uns zu und verschwand hinter einem kleinen Wachhäuschen.

Es sei sechs Uhr morgens gewesen, erzählte Claudia, als sie Sarah noch ein letztes Mal umarmt habe. Ihre Freundin hielt ihr Ticket schon in der Hand. Gleich sollte ihr Flug nach Berlin gehen. Nach neun Monaten als humanitäre Helferin auf der Insel wollte Sarah ihr Studium wieder aufnehmen, in ihr altes Leben in Deutschland zurückkehren. Doch am Flughafen schaffte sie es nicht einmal mehr bis zur Sicherheitskontrolle. Drei Polizisten in Zivil traten auf sie zu und forderten sie auf mitzukommen. Sarah konnte Claudia gerade noch die Transportbox mit ihrer Katze Rosa übergeben. «Dreimal am Tag füttern», sagte sie nur, als wäre der Stoffwechsel ihrer Katze das Einzige, was ihre Gedanken in dieser Minute fixieren konnte. Danach wurde sie von den Polizisten abgeführt. Man brachte sie in einem Auto mit verdunkelten Scheiben zur Polizeistation, in der sie vorübergehend inhaftiert wurde. Aufgrund der schweren Vorwürfe der Staatsanwaltschaft standen 25 Jahre Haft im Raum.

Claudia blieb an diesem Morgen allein am Flughafen zurück, mit Sarahs Gepäck und der Katze Rosa. Noch immer spürte sie die letzte Nacht in den Knochen – Sarahs Abschiedsparty hatte lang gedauert. Bei der Festnahme musste es sich um eine Routineschikane handeln, dachte Claudia, eine Sache, die schnell aufgeklärt werden würde. Sie kannte Sarah wie niemand sonst auf der Insel und hätte gewusst, wenn etwas Außergewöhnliches passiert wäre in den letzten Monaten. «Die Polizisten sagten, Sarah könne am nächsten Morgen auf Kosten der griechischen Regierung weiterfliegen, falls alles in Ordnung sei», erzählte sie später. Doch Sarah kam an diesem 21. August 2018 nicht frei. Auch dann nicht, als ihr Kollege Seán Binder auf die Polizeistation eilte, um das vermeintliche Missverständnis aufzuklären. Statt irgendetwas für seine Kollegin ausrichten zu können, wurde nun auch er verhaftet.

Seán war ebenfalls Ersthelfer bei Such- und Rettungsaktionen der Hilfsorganisation *Emergency Response Center International* (ERCI). Insgesamt wurden über 20 weitere humanitäre Helfer:innen angeklagt. Doch bis dato waren nur Sarah und Seán verhaftet worden. Die internationalen Medien reagierten schnell auf die Vorkommnisse.

Noch vor zwei Jahren hatte Sarah im Alter von 21 Jahren auf der glitzernden Bühne der Bambi-Verleihung in Berlin gestanden, um zusammen mit ihrer Schwester Yusra in der Kategorie «Stille Helden» geehrt zu werden. Yusra und sie waren beide professionelle Schwimmerinnen in ihrer Heimatstadt Damaskus gewesen und hatten vor ihrer Flucht nach Europa mit dem syrischen Nationalteam trainiert. Der syrische Bürgerkrieg hatte ihr Haus zerstört, ihre Trainingshalle war in sich zusammengefallen. Anschließend entschlossen sie sich, gemeinsam zu fliehen. Auf der Überfahrt von der türkischen Küste zur Insel Lesvos fiel der Motor ihres Schlauchboots aus. Daraufhin ließen sich die Schwestern ins Wasser gleiten und zogen das Boot zusammen mit weiteren 18 Menschen schwimmend hinter sich her. Über dreieinhalb Stunden. Bis sie die Lichter der Insel sahen.

Als die Schwestern Mardini im Herbst 2015 schließlich nach einer wochenlangen Reise in Berlin ankamen, erlangte ihre Rettungsaktion international Aufmerksamkeit. Im darauffolgenden Jahr wurden sie in Abendrobe auf einer Berliner Theaterbühne mit Standing Ovations für ihren Mut gefeiert, und Sarahs Schwester Yusra nahm als Schwimmerin mit einem Flüchtlingsteam an den Olympischen Spielen in Rio teil.

Bereits ein halbes Jahr nach ihrer Flucht kehrte Sarah nach Lesvos zurück, um den Menschen zu helfen, die nach wie vor auf der Insel ankamen. Dort lernte sie Seán kennen, der ebenfalls am Strand in der Erstversorgung der Geflüchteten arbeitete. Oft waren sie zusammen unterwegs.

An einem Vormittag im Februar 2018 gerieten Sarah und Seán zum ersten Mal in eine Polizeikontrolle. Sie fuhren mit dem Auto nach Moria. Bei der Fahrzeugkontrolle fanden die Polizisten ein zweites, militärisches Kennzeichen unter dem griechischen Nummernschild. Sie beschlagnahmten Handys und Laptops der beiden und nahmen sie mit auf die Polizeistation. Seán und Sarah hatten das Auto weder gekauft noch angemeldet – Seán war lediglich der Fahrer. Die Verantwortung für das Auto lag bei Panos Moraitis, dem Gründer ihrer Hilfsorganisation. Nach 48 Stunden kamen die beiden damals wieder frei. In den folgenden Monaten hörten weder die Führung des *ERCI* noch Seán oder Sarah etwas von den Behörden.

Nach der späteren Verhaftung der beiden nannten die Ermittler in einem ungewöhnlich langen Statement schließlich folgenden Grund: Die Verdächtigen, zu denen auch Panos Moraitis zählte, hätten sich mit verschlüsselten WhatsApp-Nachrichten über die Migrationsrouten im Mittelmeer verständigt und den Funkverkehr der Küstenwache abgehört, um Menschen illegal nach Griechenland zu bringen.

Mehrere Wochen nachdem Sarah und Seán verhaftet worden waren, erreichte ich Moraitis am Telefon. In wenigen Stunden würde er sich selbst der Polizei stellen. Der Druck auf ihn war immer größer geworden, nachdem Sarah und Seán schon seit drei Wochen im Gefängnis saßen. Moraitis sagte, dass seine Organisation von Anfang an mit der Küstenwache und der europäischen Grenzbehörde *Frontex* zusammengearbeitet hätte. Die griechische Polizei habe lediglich «zufällige Ereignisse» miteinander verknüpft und daraus «unhaltbare Schlüsse» gezogen. Er sehe keine Schuld bei der Organisation.

Als Fanny von der Verhaftung ihres Sohnes hörte, rannte sie sofort aus dem Naturkostladen, in dem sie im irischen Cork arbeitete, und buchte einen Flug auf die Insel. Anfangs hielt sie die ganze Sache noch für einen Irrtum, der schnell aufgeklärt werden könne. Als sie Seán zum zweiten Mal auf der Polizeistation besuchte, sagte der seiner Mutter, sie solle sich keine Sorgen machen und dürfe ihr Leben in Irland keinesfalls aufgeben. Fanny nickte – und lief trotzdem jeden Tag aufs Neue den Hügel zur Polizeistation hoch. Ihr Leben war nun in Besuchertage geordnet: Montag, Mittwoch, Freitag. In den Tagen dazwischen ging sie einkaufen: Wasser, Sweatshirts und eine Packung Toast. Am Wochenende blieb sie meistens in der Wohnung.

An den Besuchertagen sprachen Mutter und Sohn durch das dreckige Plastikglas im Besucherraum auf der Polizeistation über alles, außer

Mutter und Sohn

das Gefühl, nicht zu wissen, wie lange das alles dauern würde. Von einer Woche bis hin zu eineinhalb Jahren schien alles möglich. 18 Monate durften sie Seán höchstens in Haft behalten, hieß es. Seine Anwälte, Freunde und andere humanitäre Helfer:innen auf der Insel waren sich einig: Der Fall von Seán und Sarah war ein weiterer Schauprozess zur Kriminalisierung freiwilliger Helfer:innen, wie sie im vergangenen Jahr auch schon in Italien oder auf Malta geführt worden waren.

Die Vorstellung, dass Seán über 25 Jahre Haft drohen könnten, schnürte Fanny nach dem Aufwachen immer wieder die Luft ab. Manchmal fühlte sie sich wie gelähmt. Nach ein paar Tagen verlor Seán erstmals die Fassung. Warum sie ihn hier so lange festhielten, fragte er aufgebracht, sie müssten doch jetzt begriffen haben, dass er nichts verbrochen hatte. «Zu dem Zeitpunkt hat seine Welt einen Riss bekommen», sagte Fanny. «Wenn er wirklich etwas Verbotenes angestellt hätte, könnte man wenigstens sagen: ‹War gut gemeint, ging aber nach hinten los.› Aber jetzt sitzt er im Gefängnis, weil er anderen Menschen geholfen hat.»

Meistens unterhielten sich die beiden auf Schwäbisch, damit keiner ihre sarkastischen Witze verstehen konnte (zum Beispiel diskutierten sie scherzeshalber, was sie denn mit den vielen Millionen anstellen könnten, die Seán vermeintlich gewaschen hatte) – und weil sie der vertraute Dialekt hoffen ließ, dass alles schon irgendwie gut werde. Bislang war jedenfalls immer alles gut geworden, auch wenn es nicht immer leicht gewesen war.

Seán war Fannys einziges Kind. Als sie schwanger wurde, war sie noch in der Ausbildung zur Stahlgraveurin in Pforzheim. Ihr Freund war als Geflüchteter aus Vietnam nach Deutschland gekommen. Sie trennten sich kurz vor Seáns Geburt. Die Mutter zog ihren Sohn allein groß. Es gab Zeiten, in denen sie nicht wusste, wie sie am Monatsende den Kühlschrank füllen sollte. «Irgendwie ging's», sagte Fanny und fügte einen Satz hinzu, den sie noch öfter in den nächsten Monaten sagen würde: «Wir hatten immer Glück.»

Im März 2018, also ein paar Monate vor der Verhaftung, hatte Fanny ihren Sohn zum ersten Mal auf der Insel besucht. Er wollte ihr zeigen, wie er an diesem Ort lebte, den sie nur aus den Schlagzeilen kannte. «Ich dachte, er schläft über seiner Müslischüssel ein, so müde war er», sagte Fanny. Als er verhaftet wurde, war Seán bereits seit einem Jahr als freiwilliger Helfer auf Lesvos unterwegs. Nach dem Masterstudium der Internationalen Beziehungen in London wollte er Erfahrungen im humanitären Bereich sammeln. Er hatte sich deshalb entschlossen, als freiwilliger Rettungsschwimmer auf Lesvos auszuhelfen. Schwimmen konnte er schließlich. Und immerhin kamen hier nach wie vor bis zu 200 Menschen wöchentlich in Schlauchbooten oder kleinen Fischerbooten an.

Neben der griechischen Küstenwache und der EU-Grenzschutzagentur *Frontex* brauchte es die humanitären Eigeninitiativen – wie die des ERCI –, die Erste Hilfe an den Küsten leisten konnten. In dieser Zeit arbeiteten die zivilen Helfer:innen noch mit der Küstenwache zusammen. Die Hilfsorganisationen trafen sich etwa alle zwei Wochen mit dem UNHCR und der Küstenwache im Norden der Insel, um die aktuelle Lage zu besprechen. Seán war einer von vielen Freiwilligen, die versuchten, die Lücken im Versorgungssystem zu schließen. In Griechenland war die humanitäre Krise an den Küsten drei Jahre nach dem Höhepunkt des «langen Sommers der Migration» von 2015, ein Begriff den der Kulturanthropologe Bernd Kasparek prägte, längst zu einer Organisationskrise geworden. Einige der Geflüchteten warteten seit mehr als zwei Jahren auf die Entscheidung, ob sie auf das griechische Festland weiterreisen durften. Die Sparmaßnahmen infolge der europäischen Staatsschuldenkrise hätten zu drastischen Kürzungen im öffentlichen Dienst geführt, begründete das griechische Migrationsministerium die lange Verfahrensdauer.

Bald gerieten immer häufiger private Helfer:innen ins Fadenkreuz der Behörden. Der Vorwurf: Sie würden den Flüchtenden die Überfahrt nach Europa erleichtern. Sechs Monate vor Sarah Mardinis und Seán Binders Verhaftung standen drei spanische Feuerwehrleute wegen Menschenschmuggels in Lesvos vor Gericht. Sie hatten als Seenotretter gearbeitet. Auch in anderen europäischen Staaten wurden immer mehr private Seenotrettungsschiffe festgesetzt. Der Vorwurf lautete stets, es würde gemeinsame Sache mit einem Schleppernetzwerk gemacht oder es fehle eine gültige Lizenz.

Laut dem Flüchtlingshilfswerk des UNHCR ertrank im ersten Halbjahr 2018 einer von 19 geflüchteten Menschen auf dem Mittelmeer. Ein halbes Jahr später war es schon einer von sieben Geflüchteten, die sich in Libyen in ein Boot setzten. Trotzdem entzogen die europäischen Mitgliedstaaten immer mehr privaten Rettungsschiffen auf dem Mittelmeer die Flagge – und an Land entstanden in der Türkei und in Libyen isolierte Orte, an denen die Menschen im Verborgenen verschwanden und, im Fall der libyschen Lager, systematisch misshandelt wurden. Die Frage, die in den Feuilletons noch moralisch verhandelt wurde, war in der Praxis längst beantwortet worden: Die Europäischen Mitgliedstaaten ließen Flüchtende lieber auf gefährlichen Fluchtrouten zurück, als ihnen das Recht auf einen Asylantrag zu gewähren.

Man schloss Abkommen, in deren Konsequenz flüchtende Menschen erst gar nicht mehr in den Schlauchbooten auf dem Meer landen sollten: Die libysche Küstenwache etwa hatte fortan die Aufgabe, das Mittelmeer abzuriegeln, Flüchtende auf den Schlauchbooten abzufangen und in Aufnahmelager in Libyen zu bringen – in jene Lager, aus denen zu dieser Zeit immer mehr Bilder und Zeugenberichte auftauchten, die Unterernährung, sexuellen Missbrauch und systematische Folter dokumentierten. Das veröffentlichte Bildmaterial war jedoch nicht in erster Linie Beweismaterial von groben Menschenrechtsverbrechen: Es sollte die Flüchtenden auch vor dem Versuch der weiteren Überfahrt in Richtung Italien abschrecken. Seit 2017 hat Rom 32,6 Millionen Euro zur Unterstützung einer von Stammesmilizen kontrollierten libyschen Küstenwache bereitgestellt.

Auch Griechenland und die Türkei schlossen ein Abkommen, um die Anzahl der Ankünfte über die östliche Mittelmeerroute zu reduzieren. Ziel der EU-Türkei-Erklärung ist es bis heute, flüchtende Menschen an der europäischen Außengrenze zu stoppen. Die EU zahlte sechs Milliarden Euro, und die Türkei verpflichtete sich im Gegenzug dazu, die eigene Grenze besser zu sichern und von Griechenland abgelehnte Asylbewerber:innen zurückzunehmen. In die Türkei wurden in den ersten drei Jahren nach der Erklärung aber nur etwa 1800 Menschen zurückgeführt. Die Ägäischen Inseln entwickelten sich in der Zwischenzeit zu immer größeren Stoppschildern für flüchtende Menschen, praktisch direkt auf der europäischen Grenze. Und Moria wurde zu einem von neun europäischen Hotspots in Griechenland und Italien ernannt.

Die Dublin-Regelung sah vor, dass die Asylanträge der Ankommenden auf der Insel gestellt werden mussten. Innerhalb von 28 Tagen sollten die Anträge dann bearbeitet und die Menschen nach anerkanntem

Asyl anschließend auf andere EU-Mitgliedstaaten verteilt werden. Um diesen Prozess zu beschleunigen, schickte das *Europäische Unterstützungsbüro für Asylfragen* (EASO) eigene Mitarbeiter auf die Ägäischen Inseln, auch aus dem deutschen Bundesamt für Migration und Flüchtlinge. Trotzdem blieben die Asylanträge schon wenige Wochen später unbearbeitet auf den Schreibtischen überforderter europäischer und griechischer Beamt:innen liegen, für die der Ausnahmezustand zum Normalzustand wurde. Es fehlte an Übersetzer:innen, allgemeiner Expertise und einer gemeinsamen humanitären Koordination. Einreiseländer wie Griechenland fühlten sich weiter von der EU im Stich gelassen. Im Oktober 2018 lief der bislang einzige Umverteilungsmechanismus in Europa für Griechenland aus. Dadurch konnten zwar ca. 22 000 Menschen in EU-Staaten weiterreisen, doch der Rest steckte danach auf den Inseln fest. Bis heute ringen die EU-Länder um einen neuen Umverteilungsplan – zuletzt im EU-Migrationspakt, der festlegte, dass Länder, die Geflüchtete, die in anderen Mitgliedstaaten gelandet waren, aufnehmen, finanziell entlohnt werden sollen. Und noch immer gibt es keine Einigung, die den Namen verdient hätte. Im Gegenteil.

*

Während also auf der Insel mit jedem Tag ein weiterer Notstand ausbrach, wandte sich das restliche Europa ab. Das Problem wurde auf die Ägäischen Inseln ausgelagert, die gleichzeitig der Verhinderung einer erneuten Flucht- und Migrationsbewegung nach Europa dienten, denn eine solche wollte auch die deutsche Bundesregierung nach 2015 mit aller Kraft abwenden. Zudem bekam die fortschreitende Kriminalisierung der Seenotrettung mit Menschen wie Sarah und Seán ein Gesicht.

Gleichzeitig wurde aus der überschwänglichen Hilfsbereitschaft, für die ein Teil der Insel Lesvos 2016 für den Friedensnobelpreis nominiert worden war, ein Hilferuf nach Unterstützung, der in den Büros in Brüssel und Athen verhallte. Die Anwältin Elli Kriona Saranti, die seit einigen Jahren auf der Insel Geflüchtete vertrat, drückte die steigende Frustration der einheimischen Bevölkerung einmal so aus: «Wenn es brannte, kam einfach nie die Feuerwehr.» Und irgendwann hätten die Leute angefangen, die Kekse, die sie einst den Menschen an den Strand gebracht hätten, an die Grenzschützer:innen zu verteilen, die die Geflüchteten fortan von den Grenzen fernhalten sollten. Der Frust implodierte und entlud sich zunehmend gegenüber jenen, die am schutzlosesten waren. Jede Solidaritätsbewegung nutzt sich ab, wenn keine Hilfe kommt. Je alltäglicher der Ausnahmezustand in Moria wurde, desto belastender wurde er auch für die Bewohner:innen des gleichnamigen Dorfes. Wiederkehrend meldete das staatliche «Zentrum für Prävention und Kontrolle von Krankheiten» nach einer Inspektion, dass Moria eine Gefahr für die öffentliche Gesundheit darstellen könne. Es gab weder ein funktionierendes Abwassersystem noch ausreichend sanitäre Anlagen.

Nachdem regelmäßig Schafe, Brennholz oder Orangen von den Bäumen verschwanden, verstärkten die Bauern im Dorf von Moria ihre Zäune. Die Wut der lokalen Bewohner:innen nahm zu.

Anstatt bessere Lebensbedingungen für die Menschen in den Lagern zu schaffen, die Asylverfahren zu beschleunigen und die Inselbevölkerung zu entlasten, kurzum: statt in die Würde der Menschen auf den Inseln zu investieren, verschob sich der Fokus der europäischen Staatengemeinschaft in dieser Zeit vor allem auf die Sicherung der Grenzen, die stärkere Restriktionen für die Seenotrettung und die Erstversorgung an den Küsten miteinschloss. Dadurch lenkte man gleichzeitig von dem schleichenden Rechtsverfall an den Grenzen ab, wo auf dem Meer oder in überfüllten Lagern wie Moria die eigens auferlegte Schutzverantwortung der Genfer Fluchtkonvention von Tag zu Tag mehr ausgehebelt wurde. Diese Politik des orchestrierten Ausnahmezustands minimierte – genauso wie die Unsichtbarmachung des Problems – die Chancen, die dafür Verantwortlichen zur Rechenschaft zu ziehen.

Und es gab viel Ablenkung: Die Anklage von Seán Binder und Sarah Mardini hatte weitreichende Folgen für die Versorgung von Erstankommenden auf der Insel. Seit ihrer Anklage nahmen die Such- und Rettungsaktivitäten zivilgesellschaftlicher Akteure und Akteurinnen auf der Insel sukzessive ab. Weder Seáns Mutter Fanny noch Sarahs beste Freundin Claudia erkannten in den ersten Tagen nach der Verhaftung das volle Ausmaß dieses Ereignisses. Erst als Seán in Handschellen auf ein Boot nach Chios geführt und Sarah ins Frauengefängnis nach Athen gebracht worden war, sahen sie die Dinge klarer. Von einem Missverständnis der Behörden konnte keine Rede mehr sein.

2
Der erste Regen

Von allen Seiten wehte an diesem Herbsttag 2018 ein starker Wind. Mit einem Knie stützte sich Panagiotis an dem langen Holztisch ab und knöpfte den Plastikverschlag zu, der das ganze Zimmer durch den kleinen Bollerofen in der Mitte des Raumes auch im Winter warm hielt. Der Fotograf Julian Busch und ich saßen mit zwei Musikern am Tisch. Einer von ihnen zupfte versunken an seiner Oud, einer Kurzhalslaute, die auch in Griechenland gespielt wird, der andere hielt seine Hände verschränkt auf dem Instrument und beobachtete die schlagenden Wellen durchs Fenster. Geschickt balancierte Lisa, der kurzbeinige Hund von Panagiotis und Elefteria, über die Polsterlehne zu meinem Porzellanteller, auf dem Fenchelsamen in Olivenöl, Oktopus und Tomatensalat zu einem kleinen Teich ineinanderliefen.

«Heute singt der Wind», sagte Panagiotis, «das wird ein schroffer Winter.» Er ging zurück zu dem Grill im Nebenzimmer, auf dem sich ein paar Sardinen aufbogen. Zusammen mit seiner Frau Elefteria hatte er vor einigen Jahren eine kleine Taverne am Wasser eröffnet. Das Konzept: ein erweitertes Wohnzimmer. Gegessen wird, was an dem Tag gefischt und geschält wurde, und man zahlt, was man geben möchte. Kaum habe ich auf der Insel besser gegessen als bei den beiden.

Wenige Wochen zuvor hatten Julian und ich uns bei einem Teller Spaghetti mit Tomatensoße in Moria kennengelernt. Julian war für ein Fotoprojekt auf die Insel gekommen, für das er länger bleiben würde. Selten habe ich jemanden getroffen, der beim ersten Treffen weniger spricht und gleichzeitig eine solche Friedlichkeit ausstrahlt. Er wurde zu einem meiner besten Freunde auf der Insel. Wir konnten auf engstem Raum viel Zeit miteinander verbringen – vielleicht, wie Julian wahrscheinlich sagen würde, weil er schwieg, während ich redete. In den Wochen nach unserem ersten Treffen begannen wir auch zusammenzuarbeiten. Auf den ersten Blick sorgte das bei den Bewohner:innen manchmal für Verwirrung, da wir meist zusammen auftauchten, sehr viel Zeit hatten und offensichtlich zu keiner humanitären Organisation auf der Insel gehörten. Die meiste Zeit verbrachten wir damit, Familien wiederzusehen, zusammen mit ihnen zu essen, etwas über ihr Leben zu erfahren, zu staunen und manchmal auch nach dem Essen in den Zelten einfach einzuschlafen. Wir hatten kein ausgesuchtes Ziel. Es ging vor allem darum, zu verstehen, wie der Alltag in Moria funktionierte. An einem Ort, der keinen Alltag zuließ.

*

Mit jedem weiteren Donnerschlag schien sich der kleine Raum, an dessen Wänden Gitarren und Teppiche hingen, immer weiter zusammenzuziehen, genauso wie der Rest der Insel Anfang Herbst den Tagesablauf, soweit es ging, von draußen nach drinnen verlegte. Sobald sich der erste Regen ankündigt, schließen alle meine Nachbarn um diese Jahreszeit schnell ihre Fensterläden, stapeln die Plastikstühle in den Eingangshallen, verrammeln die kleinen Glasfenster an den Gebetsschreinen mit einem Stein, damit das Licht der Kerzen nicht erlischt. Kommt der Regen, wird das Licht erst grau, dann blau, und wenn es gelb geworden ist, weiß man, dass das Wasser nach wenigen Minuten schuhhoch in den Gassen steht. Ein Ablaufsystem gibt es kaum. Es ist, als würde der Regen nicht zum Inselleben gehören, obwohl er einem im Winter bis unter die Bettdecke folgt, die mit jeder Woche zum Jahresende hin feuchter wird.

Auf der Rückfahrt vom Restaurant nach Mytilini hatte der Regen noch nicht voll eingesetzt. Die Straße war dunkel, und wir kamen an Schafherden vorbei, die sich wie weiße Ringe um die Bäume in den Feldern gelegt hatten. Als wir den großen Steinbruch erreichten, der die Wegabzweigung nach Moria markiert, staunte ich gerade über die verschiedenen Farben der Gesteinsschichten, die man, wie die Schafe auf den Feldern, noch in der Nacht leuchten sah. Wir bogen mit dem Auto in Richtung Moria ab. Schon einen Kilometer vor unserem Ziel hörte man die Geräusche der kleinen Stadt, zu der das Lager angewachsen war.

An der Betonwand neben dem Abwasserkanal hatte sich bereits ein kleines Rinnsal gebildet, in dem sich die Schatten der Menschen, die Matratzen und Planen auf ihren Köpfen balancierten, spiegelten. Während sich die Inselbevölkerung bei einem nahenden Sturm wie eine schließende Faust in ihre Häuser zurückzog, passierte in Moria das Gegenteil. Der Wind zerrte an den Zeltplanen und brachte das ganze Lager in Bewegung. Der Regen warf die Menschen aus den Zelten.

Wir fuhren an die Ecke zum Seitenaufgang. Julian schaute fragend auf seine Kamera, die im Kofferraum lag, und ich steckte mein Notizbuch in die Jackentasche. In diesem Moment waren wir uns nicht sicher, was hier überhaupt unsere Aufgabe war. Das Berichten? Wir beschlossen, im Lager nach den Jungs zu sehen, die Julian schon seit einigen Wochen begleitete. Wir waren noch nicht mal bis zum Seitenaufgang gekommen, als es so heftig zu regnen begann, dass im Lichtschein der einzigen Laterne die Regenflut zu Tausenden weißen Streifen zusammenlief. Innerhalb weniger Sekunden waren wir völlig durchnässt.

«Strom fällt aus», schrieb ich in mein Notizbuch, und immer mehr Menschen rannten den Abhang hinunter, bevor ich das labbrig gewordene Papier in meinen Hosenbund steckte. In den Zelten um uns herum leuchteten Handytaschenlampen auf. Es wurde immer hektischer. Die Menschen rutschten vom vordersten Eck ins hinterste und wieder zurück, bis die meisten schließlich die Reißverschlüsse öffneten. Binnen weniger Sekunden waren die Zelte vollgelaufen. Es fühlte sich so an, als ob der ganze Hang ins Rutschen geraten war. Menschen stürzten aus den Zelten und rutschten auf Sneakern und Flip-Flops den Abhang hinunter. Ein Rollstuhlfahrer blieb im Schlamm stecken. Zwei Kinder hatten ihre Bücher in durchsichtige Müllbeutel eingeschlagen und liefen an uns vorbei. Zwei Jungs rauchten unter dem Vordach eines Zelts und leuchteten mit einer Handykamera den treibenden Holzbrettern hinterher. Sie hatten sich von den Gemüsekisten gelöst, die die Bewohner:innen zur Stabilisierung unter die Zelte legten.

Während wir den Berg hinaufliefen, wurde aus dem kleinen Abwasserkanal in wenigen Minuten ein kleiner Bach, in dem Plastikflaschen, Schuhe und Baumzweige nach unten trieben. Dann liefen die Gullideckel über. Kleine Fontänen sprudelten über den Bordstein in die Zelte hinein. Reißverschlüsse öffneten sich. In diesem Moment kam keine Feuerwehr, niemand von den Behörden, der ansprechbar gewesen wäre. Niemand, der den Menschen gesagt hätte, wo sie die Nacht verbringen sollten.

Wir gingen noch ein Stück weiter den Berg hinauf, tiefer ins Feld hinein, dort, wo sich irgendwo das Zelt der Jungs befand. Am Nachmittag hatten wir noch mit ihnen Karten gespielt. Doch an diesem Abend würden wir nicht mehr bei ihrem Zelt ankommen.

Vor einem blau beleuchteten Zelt grub eine Frau mit einem Löffel einen dünnen Graben, damit das Wasser abfließen konnte. In der anderen Hand hielt sie eine Taschenlampe. Hinter ihr lagen zwei Kinder auf einem Turm von Bastmatten, Filzdecken und Plastikboxen, damit das Wasser sie nicht erreichen konnte. Julian steckte die Kamera weg.

Immer mehr Menschen liefen hinter die Absperrung des Camps, drückten sich in die Eingänge der dort befindlichen Container. Neben uns rutschten immer mehr Zelte, Planen und Holzpaneelen den Abhang hinab. Wir blieben stehen. Da sah ich einen Mann langsam den Berg hinunterlaufen. Auf dem rechten Arm trug er einen Jungen. Vielleicht seinen Sohn. In der rechten Hand hielt er einen Wasserkocher. Dann hielt er kurz an und fragte: «Hilft denn niemand?»

In dieser Nacht standen Hunderte Menschen ohne ein Dach über dem Kopf im Regen. Zurück in meiner Wohnung, schmiss ich meine durchweichten Klamotten in die Waschmaschine, setzte mich an den Küchentisch und schaute aus dem Fenster auf den schwarzen Hinterhof, bis das Rattern der Waschmaschine einsetzte. Fortan wurde der Regen zum Maßstab eines tiefen Risses, der sich durch die unterschiedlichen Lebenswelten auf der Insel zog.

3
Die mächtigste Frau von Moria

Sie trug viele Namen. «Die Anwältin» oder «Mama Maryam» waren die geläufigsten. Das erste Mal traf ich «die mächtigste Frau von Moria» Mitte März 2019 lachend am Haupteingang des Lagers. Maryam Janikhushk schob ihr dunkelrotes Tuch von den Schultern und schüttelte den Staub aus. Die Hitze brannte an diesem Tag kleine Wellen in den Asphalt. «Entweder versinkst du im Schlamm oder du wirst zur Rosine», sagte sie glucksend. Während ich versuchte, flach durch die Zähne zu atmen, war Maryam die Hitze nicht anzumerken. Ihr Blick war fokussiert. Meiner hingegen schweifte nach der warmen Fahrradfahrt in alle Richtungen ab. Ich zog eine Wasserflasche aus dem Rucksack und fragte beim Kiosk nach ein paar Keksen. Maryam nickte und stellte zwei Stühle in den Kies. Dem einen fehlte die Lehne, dem anderen ein Bein. So saßen wir uns gegenüber, die Ellbogen auf die Knie gestützt, wie zwei Boxerinnen vor der ersten Runde, und mir wurde schnell klar, dass ich Maryam in den nächsten Jahren noch öfter sehen würde.

Auch wenn ich das Gefühl hatte, dass wir noch Stunden hätten reden können: Ihr blieben nur wenige Minuten, bevor sie im Trubel des Lageralltags wieder verschwinden musste. Maryam war frühmorgens um sechs Uhr aus dem Container im Inneren des Lagers gekommen, wo ihre beiden Töchter noch schliefen. Sie hatte sich von ihrem Mann verabschiedet, den sie meist bis zum Abend nicht mehr sah, und hatte sich das braune Lederbuch für ihre Notizen unter den Arm geklemmt. Sie war an den Dixi-Toiletten und Zelten vorbeigelaufen und am Eingang des Abteils für unbegleitete Minderjährige stehen geblieben, um einen der Jungen zu fragen, wie es ihnen in dieser Nacht ergangen war. «Keiner gestorben, Madam», sagte der nur und drückte sich an ihr vorbei zur Essensausgabe. Nach dem langen Winter von 2018 war das Lager mittlerweile dreifach überbelegt. Immer wieder kam es zu blutigen Schlägereien unter einzelnen Gruppen, die Maryam in den Griff bekommen wollte.

Sie selbst war erst Ende Januar 2019 in Moria angekommen. Eine Woche später wurde sie zur Leiterin der afghanischen Gemeinde im Lager gewählt. In der Folge war sie als erste Frau dafür verantwortlich, die Interessen aller Afghan:innen vor der Camp-Verwaltung zu vertreten. Später drückte sie es so aus, dass die Rolle als Leiterin vor allem eine symbolische Bedeutung gehabt habe. Ihre Mittel, den Menschen wirklich zu helfen, waren jedenfalls von Anbeginn begrenzt. «Eine der Frauen, die ich jeden Tag sehe, braucht dringend eine Prothese», sagte sie, «doch hier auf der Insel gibt es überhaupt niemanden, der solche Prothesen herstellt. Und aus Athen werden sie nicht bestellt.» Ein Beispiel von vielen Hürden, die Maryam im Alltag nicht überspringen konnte. Schon auf dem Weg zu den Büros der Hilfsorganisationen oder der Camp-Verwaltung liefen ihr jeden Morgen die Frauen und Männer hinterher. Sie stellten Fragen wie:

«Wo finde ich meine Frau?»

«Warum ist mein Interview erst in zwei Jahren und das von meinem Nachbarn in einer Woche? Wir kommen doch aus der gleichen Region und kamen am gleichen Tag an!?»

«Warum sitzt mein Mann seit der Ankunft im Abschiebegefängnis?»
«Wo bekomme ich Milchpulver für mein Kind?»
«Warum gibt der Militärarzt bei Tuberkulose nur Paracetamol?»
Maryam versuchte zu vermitteln. Doch sie steckte selbst mitten in ihrem eigenen Asylverfahren und hatte zwei schulreife Kinder in dem Container sitzen, während die Zahl der Bewohner:innen im Camp auf 10 000 stieg und die Bürokratie ins Stocken geriet.

Im Herbst 2019 spitzte sich die Situation noch einmal zu. Die Elektrizität fiel stundenweise aus, es kam wegen Nichtigkeiten zu großen Auseinandersetzungen, die nicht selten mit schweren Verletzungen der Beteiligten endeten, etwa wenn jemand einem anderen den Steckdosenplatz streitig machte oder das Wasser in der Essensausgabe ausgegangen war. Die wichtigste Währung im Lager war Wissen. Informationen wurden angesichts der angespannten Lage zur Ware. Sie konnten das Überleben sichern oder zur Freiheit verhelfen. Jene, die vermeintlich mehr davon besaßen als andere, so wie Maryam, wurden ständig befragt und erregten Misstrauen. Denn die meisten Menschen wollten nur eines: schnellstmöglich raus aus Moria. Und viele konnten sich kaum vorstellen, dass jemand einen solchen Job wie Maryam erledigte, ohne dafür Geld zu bekommen.

Was ihr in dieser Zeit Hoffnung gab, sagte sie, sei die Hilfsbereitschaft der Menschen untereinander gewesen. Unter den Nachbarn wurde faktisch alles geteilt: Töpfe, Sim-Karten, die Familienpackung Shampoo, die Kinderbetreuung, der Fön, die Kopfschmerztabletten, das Nähzeug, die Spielkarten, die Solarlampen für die Nacht und das Brennholz. Maryams Beitrag zur Gemeinschaft lag auf der Hand: Sie konnte Englisch sprechen und hatte schon früher mit Organisationen zusammengearbeitet. «Der eine hat Streichhölzer, der andere kann Englisch», sagte sie und fügte an: «Ohne gegenseitige Hilfe kommen wir hier nicht durch.»

Sie schlief in dieser Zeit nur sehr wenig. Das Adrenalin hielt sie wach, ebenso das unablässige Klopfen an ihrer Containertür: Immer gab es etwas, um das sie sich kümmern musste.

Über Nacht hatte Maryams Familie ihr Haus in Masar-e Scharif verlassen müssen. Sie kam aus der israelitischen Gemeinde, und Maryam hatte in Afghanistan für internationale Organisationen gearbeitet, die sich vor allem für die Bildungsrechte von Frauen und Nomad:innen einsetzten. Dadurch geriet sie früh ins Fadenkreuz radikalislamistischer Gruppen im Land. Erst als ein Kugelhagel Vorhänge und Türen durchlöcherte und den Wächter ihres Hauses tötete, erhörte sie die Bitte ihres Ehemanns, dass sie sich schnellstmöglich in Sicherheit bringen müssten. Zuerst flohen sie in die Türkei und hofften, dort für eine Weile bleiben zu können. Maryams Priorität lag auf der Schulbildung ihrer Kinder. Doch ihre Tochter Arezu durfte nur ein Jahr lang die Schule besuchen, weil Flüchtenden aus Afghanistan in der Türkei nur eingeschränkt Asyl zuerkannt wird. Maryam und ihrem Mann war es daher auch unmöglich, dort einen Job zu bekommen. Sie rangen sich nach tagelangen Diskussionen zur gefährlichen Überfahrt nach Griechenland durch. Es war die schwerste Entscheidung ihres Lebens, sagte sie. Doch ein Leben in der Sackgasse, ohne Bildung und Perspektiven, schien für sie keine Option zu sein.

Als Maryam in Moria ankam, habe sie geglaubt, nicht in Europa angekommen zu sein. Die Menschen kochten mit Feuer, bauten sich Hütten, schleppten Wasser über weite Strecken. «Ich kannte dieses Leben von den Nomaden, mit denen ich früher lebte», sagte sie später. Aber sie dachte sich auch, dass das schon eine Weile gehen würde und sie auch beides unter einen Hut bekäme, die Belange von über 8000 Afghan:innen und die Bedürfnisse ihrer eigenen Familie. Mit der Zeit wuchsen die Zweifel.

Sechs Monate später trafen wir uns auf einer Bank am Hauptplatz von Mytilini wieder. Diesmal trug sie kein Notizbuch mehr bei sich, das Ehrenamt der Vermittlerin hatte sie aufgegeben.

4
Eisenhüttenstadt

Als Omar zur Tür hereinkam, lächelte er, als ob wir uns kennen würden, und streckte seine rechte Hand aus. In der linken hielt er seinen Gehstock fest umklammert. In dem Gemeinschaftsraum der Eisenhüttenstädter Kirche roch es wie früher in der Schule. Eine Mischung aus Brotzeitboxen und Bastelkleber. Omar Mansoor kam zur gleichen Zeit wie Maryam auf der Insel an. Das, was er mir zwei Jahre später, am

13. August 2021, im Rückblick auf seine Zeit auf der Insel erzählte – und vor allem *wie* er es erzählte –, sagt viel darüber aus, welche unsichtbaren und doch tiefen Verletzungen das Lagerleben in den Menschen hinterlassen hat.

An manchen Tagen dachte er, dass es einfacher gewesen wäre, aufzugeben. «Warum ich so sehr am Leben hänge, das weiß ich nicht», sagte er. Er schob seine dicke Brille zurück und blickte auf. Draußen war das Vogelgezwitscher aus den Bäumen des Kirchengartens zu hören. Dazwischen jauchzte eine Gruppe von Kindergartenkindern, die in Regenjacken über das Feld liefen. Als ich ihn fragte, wie es denn gewesen sei, in Moria zu leben, lächelte er – wie so oft, wenn seine Gedanken auf eine Sackgasse zusteuerten.

Ein paar Monate sei er in Moria gewesen, sagte er. Dabei stellten wir später fest, dass es zwei Jahre gewesen waren. Über diese Zeit wolle er nicht mehr sprechen. Damals war er 21 Jahre alt.

Omar war als politischer Gefangener im Sudan in monatelanger Haft schwer gefoltert worden und dabei fast komplett erblindet. Er hatte schwer verletzt entkommen können und floh zunächst nach Ägypten, dann in die Türkei und setzte von dort mit einem Schlauchboot auf Lesvos über.

Als er die Insel betrat, hatte er keine Ahnung, ob er noch in der Türkei oder schon in Europa war. Doch das war noch seine geringste Sorge bei der Ankunft. Noch an der Küste konnte er sich kaum mehr auf den Beinen halten, erzählte er. Immer wieder knickten seine Knie weg. Die Wunden an seinen Oberschenkeln brannten, genauso wie die Risse auf seinem Rücken, die nach der Gefangenschaft nie medizinisch behandelt worden waren.

Eigentlich hätte er einen Rollstuhl und sofortige medizinische Betreuung gebraucht. Stattdessen drückte ihm ein Mitarbeiter einer Hilfsorganisation am Eingang von Moria ein Kindersommerzelt in die Hände, sagte Omar. Etwa einen Meter sei es lang gewesen. Kurz darauf stand er in einem Olivenhain, ohne Schaufel oder Schnüre, um das Zelt aufzubauen. Da habe er sich erst einmal an den Rand auf einen Stein gesetzt. Die meisten Menschen um ihn herum sprachen nur Dari. Hätte er in diesen Tagen nicht eine Familie aus dem Irak getroffen, die ihn unter ihre Fittiche nahm, hätte er nicht gewusst, wie er in Moria überleben sollte.

Die irakischen Nachbar:innen halfen ihm, sein Zelt neben dem ihren aufzubauen, und brachten mithilfe einer Plastikplane eine Art Vordach zwischen den beiden Zelten an. Sie wollten zur Stelle sein, falls es zu einem Notfall kam, etwa einer Schlägerei oder einem Feuer, was nicht selten passierte. Weil er nur mit großer Mühe gehen konnte, brauchte Omar jedes Mal mehrere Stunden, um die vermeintlich einfachsten Tagesrituale zu erledigen: den Hinweg zum Duschen, das Schlangestehen vor den Kabinen, den Rückweg den Hügel hinauf. Um Essen zu bekommen, gab er seine Marken seiner «neuen Familie», wie er sagte, die manchmal schon im Morgengrauen für eine Flasche Wasser und ein eingepacktes Croissant anstand.

Mehrere Male wurde Omar ohnmächtig, konnte nicht weitergehen oder lag tagelang regungslos in seinem Zelt. Brach eine Schlägerei in der Nähe aus, setzten sich die Nachbarn schützend auch vor seinen Eingang. Und sie kochten für ihn mit. Wie so viele in Moria, die einander unterstützten. Eine einzige gute Erinnerung hat Omar an diese Zeit: den Geruch von frisch gebackenem Brot.

*

Fenet erklärte mir einmal, der Geschmack des Brotes erinnere die Menschen daran, wer sie vor der Flucht gewesen waren. Er schaffe ein Gefühl der Komplizenschaft mit den Menschen, die diesen Geschmack genauso wie ein Buch über die eigene Vergangenheit lesen könnten. Das Essen ist eine Konstante in unserem Leben, die als Erstes wegbricht, wenn wir unser Zuhause verlassen. Erst wenn sich irgendeine Form des Alltags wieder einrichten lässt, kehrt das Brot zurück. Nicht oft schafften es die Menschen in den vergangenen Jahren aus Moria hinaus, um auf der Insel Griechisch essen oder einkaufen zu gehen. Die Enden der Olivenbaumfelder funktionierten für viele wie eine unsichtbare Grenze. Dabei erinnert sich Fenet noch sehr gut an das erste Mal in einem lokalen Supermarkt:

«Ich dachte, die Menschen kaufen Schlangen ein», sagte sie. Dunkellila hingen die Tentakel des Oktopusses aus dem Korb einer älteren Frau, die vor ihr an der Kasse stand. In Äthiopien käme keiner auf die Idee, den «Achtfuß» gegen die Steine zu schlagen und in die Sonne zu hängen, sagte Fenet. «Bis jetzt», ergänzte sie lachend.

Nachdem sie von Moria nach Mytilini gezogen war, arbeitete Fenet im Frühling 2019 als Köchin im Restaurant Nan, das 2016 von der Organisation *Lesvos Solidarity* eröffnet wurde, um Flüchtenden, die auf der Insel gelandet sind, eine Brücke in die Beschäftigung und Integration in die griechische Inselwelt zu schlagen. Es lag mitten in Mytilini, auf der Rückseite der Küstenstraße. Dahinter tanzte die Jugend der Insel samstags bis tief in die Nacht in wummernden Bars und Cafés, und die älteren Herren belebten die Tische morgens wieder mit einem Nescafé auf Eis.

Schon in ihrer Kindheit halfen Fenets Schwestern ihrer Mutter beim Kochen. Fenet mochte es hingegen viel lieber, draußen zu sein und mit anderen Kindern neue Verstecke in der Nachbarschaft zu finden. «Mein Blick war zu weit für die Wände», erzählte sie später bei einem unserer vielen Treffen am Küchentisch. Für das Frühstück war sie am Wochenende trotzdem zuständig. Sie holte das Brot aus dem Ofen ihrer Mutter, wenn ihre Geschwister aus der Kirche zurückkamen. Heute knetet sie ihr ganzes Herz in den Teig für ein Brot, das sie für ihre Freunde backt. Immer wieder stand ein Linsengericht oder gebackener Blumenkohl in einer kleinen Tupperdose auf dem Fenstersims vor meiner Haustür. Meistens schaffte ich es nicht mal mehr, meine Schuhe auszuziehen, bevor ich ihre Gerichte verschlungen hatte.

Dreimal am Tag erhielten die Menschen in Moria eine Mahlzeit. Dafür mussten sie in einem umzäunten Korridor anstehen. Die Essensschlange wurde von der Polizei und teilweise dem Militär überwacht. Nicht selten, berichteten Dutzende Bewohner:innen, trieben die Soldat:innen die Menschen mit Stöcken in die Schlange zurück. Fast täglich erreichten mich Videos von dem Gedränge in dem käfigartigen Schlauch, in dem sich Hunderte Menschen mit ihren Ausweisen drängten, um an eine Plastikflasche Wasser, ein abgepacktes Nudelgericht oder Schokocroissant zu kommen. «Der Käfig bringt für viele Menschen schlimme Erinnerungen hoch», sagte Maryam einmal. Besonders für Menschen, die zuvor in Gefangenschaft gelebt oder Folter erlebt hatten, bedeutete das Prozedere der Essensausgabe im Lager eine besondere Qual; viele stellten sich daher gar nicht erst an. Sie kochten und backten selbst – so viel es eben ging.

Damit wurden die vielen Brotbacköfen zu einem Zeichen des Widerstands in Moria. «Kein Feuer kann einen Brotofen zerstören», sagte eine der Brotbäckerinnen aus Kunduz. Sie wusste, wovon sie sprach: Ihr

Haus war einige Jahre zuvor in Kunduz von den Taliban abgebrannt worden. Auch dort hatte es einen Ofen vor dem Haus gegeben, der weitgehend unversehrt geblieben war. Drei Jahre später, in den Tagen nach dem großen Feuer von Moria, sollte mir ihr Satz wieder ins Gedächtnis schießen. Die Brotöfen hatten tatsächlich überlebt.

Obwohl die Elektrizität regelmäßig ausfiel, es keinen Kühlschrank oder Kochplatten gab und im Winter nach fünf Uhr abends im Lager schon die Dunkelheit einsetzte, kochten die Menschen das ganze Jahr über meist selbst, auf Feuerholz, auf Gaskochern, auf heißen Steinen. Der Widerstand gegen die kontrollierte Abhängigkeit in Moria kannte viele Orte. So hatten die Menschen zwar keine Tür, aber einen kleinen Spiegel an der Zeltdecke, der den Raum größer wirken ließ. Da war kein Garten und kaum Wasser zum Duschen, aber sie pflanzten kleine Tomaten in einem selbstangelegten Beet neben ihrem Zelt, um etwas wachsen zu sehen. Die eigene Freiheit konnte meist an der Länge eines Spaziergangs bemessen werden, da niemand einen Ausflug an den Strand mit einem Auto planen konnte, und doch war die Rückseite des Hügels von Moria, die in die grünen Hügel blicken lässt, an schönen Tagen mit Picknickdecken gespickt, auf denen Teekannen standen und Karamellbonbons in kleinen Schachteln warteten.

*

Omar konnte die Insel noch rechtzeitig vor dem großen Feuer im September 2020 verlassen. Kurz zuvor hatten ihm die Behörden einen anerkannten Schutzstatus ausgestellt. So erging es auch der irakischen Familie im Nachbarzelt. Der Familienvater nahm an diesem Tag auch Omar Mansoors kleine Reisetasche auf die Schulter, und zusammen verließen sie das schlammige Gelände. «Wir dachten, nun seien wir endlich frei», sagte Omar. Ihre Hoffnung war, dass auf dem griechischen Festland alles besser werden würde.

Bis zu seiner Abfahrt hatte Omar keinen anderen Ort auf der Insel gesehen als das Lager. Es war höchste Zeit, dass er von dort wegkam. Nach zwei Jahren Lageraufenthalt brauchte er mehr denn je eine Physiotherapie, die es in der Form auf der Insel schlichtweg nicht gab. Auch hatte seine Sehkraft stark nachgelassen. Zum Optiker in die Stadt war er nie gekommen. Mytilini schien eine ganze Welt von Moria entfernt zu liegen. Dabei waren es nur acht Kilometer dorthin. Auf dem Festland meldete er sich für das Helios-Programm an, das einzige derzeit in Griechenland existierende Integrationsprogramm. Es wird von EU-Geldern bezahlt und soll anerkannte Geflüchtete bis zu ein Jahr bei der Wohnungsmiete unterstützen. Doch Omars Antrag wurde abgelehnt, das Programm war überfüllt. Er pendelte sieben Monate lang zwischen verschiedenen Wohnungen von Bekannten, den Parks und den Straßen der Stadt. Außerdem wurde ihm nach positivem Asylbescheid nach 30 Tagen der monatliche Zuschuss entzogen, den er vorher im Lager noch bekommen hatte. Wie Tausende andere Menschen, die von der Insel auf das Festland übersiedelten, war Omar wieder obdachlos geworden.

Bis ihn die irakische Familie ein letztes Mal in Thessaloniki wiederfand und ihm ein Zugticket löste, das ihn über viele Umwege nach Deutschland brachte.

5

Eine Liebesgeschichte

Ohne Usman, sagte Ovileya noch im Herbst 2017, wäre sie niemals in den Flieger von Dhaka nach Istanbul gestiegen. Beide hatten sich zwei Jahre zuvor auf Facebook kennengelernt. Ovileya schrieb Usman über das Telefon ihrer Mutter, und Usman schrieb ihr vom Telefon seiner Schwester zurück. Sie waren etwa im gleichen Alter, doch Hunderte Kilometer voneinander entfernt. Ovileya in Dhaka, Bangladesch. Usman in Gujrat, Pakistan.

Wochenlang schrieben sie sich, tauschten sich darüber aus, wie es ist, nicht in diese Gesellschaft zu passen, über die Gewalt, die sie in der Familie erfuhren, die Angehörigen, die einen zu etwas machen wollten, das man nicht war, über die Schuldgefühle, die damit verbunden waren, und das Gefühl, an manchen Tagen nicht am Leben zu sein. Sie unterhielten sich jeden Tag. Bis sich Ovileya eine Woche lang nicht mehr meldete. Erst dachte Usman, ihre Mutter sei ihr auf die Schliche gekommen und habe ihr vielleicht das Telefon weggenommen. Tagelang starrte er auf das Telefon seiner Schwester und wartete auf eine Antwort.

Doch dann, eine Woche später, hatte er wieder eine Nachricht im

Facebook-Postfach. Ovileya schrieb ihm, dass sie von ihren Schulkameraden vergewaltigt worden sei und danach versucht habe, sich das Leben zu nehmen. Jetzt lag sie mit aufgeschnittenen Pulsadern im Krankenhaus und wusste nicht mehr, wohin.

«Lass uns nach Europa gehen», antwortete ihr Usman, «überleg es dir.» Er hatte schon lange darüber nachgedacht, Pakistan zu verlassen. Er wurde selbst immer wieder von seinem Stiefvater misshandelt, weil auch er, wie er war, nicht in sein Umfeld zu passen schien. Er wusste, dass er nicht lange so weiterleben konnte.

Ovileya überlegte, und sie sprach mit ihrer Mutter. Die hatte zwar nie verstanden, warum ihr Kind anders sprach als die übrigen Jungen und sich manchmal mit den Kleidern der Schwestern vor dem Spiegel drehte. Doch sie wusste, dass Ovileya in Dhaka nicht mehr sicher war. Sie half dabei, das Geld für das Visum und den Flug zusammenzukratzen. Von dort aus würde es irgendwie weitergehen nach Europa, wo man sein konnte, wer man war – dachte Ovileya.

Usman sagte niemandem etwas von seinem Plan. Er fuhr mit dem Bus nach Quetta und lief anschließend tagelang über die Gebirgskette in den Iran. Von dort aus ging es mit kleinen Autos und zu Fuß weiter in die Türkei. Bis er in ein Schlauchboot nach Lesvos stieg.

Als Usman im Juni 2016 das «Willkommenszelt» von Moria auf Lesvos betrat, hatte er seit vielen Monaten nichts mehr von Ovileya gehört. Doch der Plan war klar: Sie würden sich auf der griechischen Insel treffen. Ovileya kam Mitte Dezember, also sechs Monate später in Moria an. Jeden Tag hatte Usman auf Ovileya gewartet, die er zu diesem Zeitpunkt noch Ovil nannte. Er erkannte sie bei ihrer ersten Begegnung schließlich schon aus der Ferne. Sie trug eine dicke Pudelmütze und mehrere Pullover und Jacken übereinander, als sie ankam.

*

Ovileya und Usman gehörten zu meinen ersten Freunden auf der Insel. Wir lernten uns ein Jahr nach ihrer Ankunft, im November 2017, in Armitas Küche kennen, als ich selbst noch gar nicht auf Lesvos wohnte. Sie lebten erst seit wenigen Wochen in einer Wohnung des Flüchtlingshilfswerks UNHCR in Mytilini und kamen, wie auch an diesem Abend, immer mal wieder auf einen Tratsch bei Armita vorbei.

Ovileya setzte die Plastiktüte mit der Tupperdose vorsichtig neben ihren blauen Turnschuhen ab und drückte uns beim Kennenlernen gleich alle ans Herz, während Usman, noch im Türrahmen hinter ihr, etwas verlegen seine Hand ausstreckte und seine schlaksigen Beine durchdrückte. Er trug einen kantigen Haarschnitt und war einen Kopf größer als Ovileya.

Wir gingen in die Küche und quetschten uns in die Eckbank. Ovileya stellte ihre Handtasche auf dem Tisch ab. Darin trug sie stets alles mit sich: ihren Pass, ihre Dokumente, Kopien von Usmans Unterlagen, eine kleine Flasche Wasser.

«Warum ist es denn jetzt schon so kalt?», fragte Usman und blinzelte schnell hinter seiner schwarzgerahmten Brille. Seit dem vergangenen Winter in Moria waren seine Augen angeschlagen gewesen. Nun konnte er sie endlich untersuchen lassen.

Armita übergoss ein paar schwarze Oliven in einer kleinen Schale mit Olivenöl und holte eine Packung Sesamstangen aus dem Regal. «Moment», sagte Ovileya und zog eine kleine Tupperdose aus ihrer Tasche. Sie sprang auf, öffnete die Schublade und reichte uns allen einen Löffel. «Erstmal was Süßes!» Sie hatte Payesh dabei, einen bengalischen Reispudding, der mit Kondensmilch, Kardamom und Zucker cremig gerührt wird und nach jedem Löffel ein bisschen was am Gaumen kleben bleibt.

Armita schenkte die halbe Flasche Wein, die sie noch im Kühlschrank fand, in Schnapsgläsern aus, damit jeder noch was davon abbekam. Ihre Wangen leuchteten, als sie von dem vergangenen Wochenende erzählte, an dem sie alle tanzen gegangen waren. «So viel habe ich mich seit Jahren nicht mehr geschüttelt», sagte Armita. Sie setzte sich auf einen Stuhl und ließ ihre Hände ganz langsam um sich selbst kreisen. Wie zwei Vögel im Aufwärtsflug. Usman suchte eines der Bollywood-Lieder auf seinem Telefon aus. Manches, was sie an diesem Abend erzählten, klang so fern, als würden sie über andere Menschen sprechen. Während Ovileya redete, legte Usman oft den Kopf zur Seite und hörte ihr zu, als würde auch er ihre Geschichte zum ersten Mal hören. Er war ein ruhiger Mensch, der sehr gut zuhören konnte. Als Ovileya zu erzählen begann, wie sie sich zum ersten Mal nach ihrer Ankunft in Moria gesehen hatten, blinzelten seine Augen immer schneller, und er schaute in sein kleines, leeres Trinkglas.

Die beiden waren als Verschworene auf eine gemeinsame Reise gegangen, ohne zu wissen, ob sie sich auf dieser Reise jemals begegnen würden.

Nach ihrer Ankunft in der Türkei war Ovileya von einer kriminellen Bande entführt und erneut misshandelt worden, bevor sie gegen Lösegeld freigelassen wurde. Usman hörte mehrere Monate nichts von ihr. Seine Erleichterung war groß, als sie sich endlich gegenüberstanden. Danach blieben sie mehrere Wintermonate lang in Moria. Gemeinsam in einem kleinen Zelt, das man nur mit einem Reißverschluss schließen konnte und das beim ersten Regen sofort volllief. Auf der Straße wurden sie regelmäßig beschimpft. In einer Nacht kam einer der Jungs aus dem Lager und bedrohte sie mit einem Messer, erzählten sie. «Haut ab», sagte er, «wir wollen euch hier nicht.» Für die beiden war die Welt außerhalb ihrer provisorischen dünnen Stoffwände nicht sicher. Und durch den Stress und das kalte Zelt wurde Ovileya immer öfter krank.

In Usmans Gedanken mischten sich in dieser Zeit Panikattacken. Auch sein Gang veränderte sich. Manchmal, sagte er, verkrampften sich seine Hände so stark, dass er die Fingernagelabdrücke in seinen Handballen noch Stunden später sehen konnte. Er fühlte sich für die Situation verantwortlich.

Ihr sehnlichster Wunsch, einen friedlichen Ort zu finden, an dem man sein konnte, wer man war, hatte den beiden Mut gegeben, ihre Familien und ihre Heimat zu verlassen und das Meer zu überqueren. Bis ihre Zukunft an den Mauern der griechischen Bürokratie zerschellte. Als Ovileya nach mehreren Monaten endlich einen positiven Asylbescheid erhielt, wartete Usman noch immer auf eine Entscheidung. Was aber, wenn er abgelehnt würde? Er biss die Seiten seiner Fingernägel ab, als er an diesem Abend aussprach, wovor er sich am meisten fürchtete.

«Ich glaube einfach nicht, dass wir unterschiedlich behandelt werden», sagte Ovileya und strich ihm über die Schulter. Um die Stimmung etwas aufzulockern, schob sie nach: «Sonst mache ich einfach auf der Insel einen Schönheitssalon auf. Oder ein Restaurant.» «Und ich helfe dann bei allem, was ansteht», ergänzte Usman. «Jetzt habe ich sie ja sowieso jeden Tag an der Backe.» Ovileya zwickte ihm in den Oberarm und wischte ein paarmal mit ihrer Hand durch die Luft, als wolle sie ein paar Fliegen vertreiben. Dann forderte sie: «Armita! Hol doch mal deine Lautsprecher.»

Wir tanzten an diesem Abend zur neuesten Bollywood-Musik und zu ein paar 90er-Hits wie Papierfliegen durch die kleine Küche. Ovileya warf ihren Kopf über die rechte Schulter und fächelte sich Luft zu. Anschließend schnellte ihr Kopf auf die andere Seite, und sie trippelte schnell auf ihren Sneakern, warf den Kopf in den Nacken und schaute hinauf zur Küchendecke. Wir versuchten alle gleichzeitig, ihr nachzuahmen, bis Ovileyas rote Wollmütze auf den Boden fiel und wir uns lachend wie eine Gruppe Zauberer in einer fernen Manege voreinander verbeugten.

*

Ein Jahr später – mittlerweile lebte auch ich auf der Insel – waren die beiden in eine Ein-Zimmer-Wohnung gezogen. Als ich sie einmal besuchte, ließ Usman Okraschoten aus einer beschichteten Pfanne in eine Porzellanschale gleiten, der Reis war schon fertig. Ovileya klopfte auf den Teppichboden vor sich, und ich nahm ihr gegenüber Platz, als Usman uns Teller und Besteck in die Hände gab. Ovileya arbeitete mittlerweile, wie Fenet, mehrmals in der Woche im Restaurant Nan. Usman versuchte, auf einer anderen griechischen Inseln einen Job zu finden – doch er musste weiterhin auf Lesvos bleiben, weil sein Asylantrag noch immer bearbeitet wurde.

Nach meinem dritten Teller lagen wir ausgestreckt auf dem Boden vor Ovileyas neuem Schminktisch und rauchten. Ich erzählte den beiden, dass ich den Winter nun erstmal auf der Insel bleiben würde, und wir machten ein Foto für Armita, die uns seit ihrer Abreise sehr fehlte. Als wir die Teller in die kleine Küchennische trugen, sagte Usman: «Hast du von dem jungen Seán gehört, der verhaftet wurde?»

6
Vorläufige Freiheit

Ende November 2018 fuhr ich mit der Fähre nach Chios. Zum ersten Mal besuchte ich eine andere Ägäische Insel, auf der sich ebenfalls ein Fluchtlager befand. Fanny Binder war schon seit über einer Woche hier. Sie war Seán sofort hinterhergereist, nachdem man ihn von heute auf morgen von der überfüllten Polizeistation in Mytilini in Handschellen auf die Fähre und in das nächste Männergefängnis nach Chios gebracht hatte.

Fanny begrüßte mich am Hafen mit einem Lächeln. «Auch schön hier», sagte sie. Wir schlenderten die Uferpromenade entlang, schauten in die Schaufenster der kleinen Läden, zwischendurch wischte sie sich immer wieder Tränen aus den Augen. Seit drei Monaten war ihr Sohn nun im Gefängnis. Und Fanny seit drei Monaten in Griechenland. Mittlerweile war sie sich nicht mehr sicher, ob sie an Weihnachten wieder gemeinsam an einem Tisch in Irland sitzen könnten. Die näher rückenden Feiertage erinnerten Fanny an das Leben vor der Verhaftung. Noch immer wusste sie nicht, wie es eigentlich zu der Anklage hatte kommen können.

«Komm heute Nachmittag mit, wir schnippeln ein bisschen Gemüse weg.» Um von ihren Gedanken, die sich im Kreis drehten, loszukommen, engagierte sich Fanny mittlerweile in einer Gemeinschaftsküche, die jeden Tag für 200 Menschen im Lager von Chios Essen zubereitete und etwa 30 Busminuten davon entfernt lag. Vor der Küche standen ein paar Freiwillige im Schatten. Zwei von ihnen teilten sich eine Zigarette und bliesen den Rauch in Richtung der Windmühlen, deren Blätter sich an diesem Tag an der Küste von Chios so schnell drehten, als würden sie bald abheben. Fanny legte eine blaue Schürze um und band ihre roten Haare mit einem Baumwollhalstuch zusammen. Heute gab es rote Linsen. Auf dem Boden standen zwei große Gaskanonen neben einem riesigen Topf, der bis zum Rand schwarz angelaufen war. Der riesige Holzkochlöffel reichte Fanny bis zur Hüfte. Sie zog einen Sack Zwiebeln aus der Vorratskammer, in der sich Dosen mit Kichererbsen neben Tomatensaft stapelten, und fing an, die Zwiebeln zu schneiden. Als sie die Ärmel hochzog, kamen auf ihrem Unterarm ein paar blaue Flecken und Kratzspuren zum Vorschein.

«Ich bin am Morgen in der Dusche ausgerutscht. Das Telefon hat geklingelt», murmelte sie. Fanny hatte ihr Telefon seit drei Monaten nicht mehr lautlos gestellt. Jeden Moment konnte Seán anrufen. Aber zurückrufen konnte sie nicht, die Nummer aus dem Gefängnis war stets unterdrückt. Ein tiefes Lachen kam aus ihrer Brust, dann schüttelte sie den Kopf. Bald, sagte sie, müsse das alles hier doch vorbei sein. Danach würde sich auch ihr Leben in Irland verändern. Wie genau, wusste sie noch nicht. Doch was sie in den letzten drei Monaten erlebt hatte, ließ sie nicht mehr los. «Faltencremes im Reformhaus», sagte sie, «verkaufe ich auf jeden Fall nie wieder.»

Am Tag darauf gab sie einen Kochkurs in einem Naturkostladen. «Der erste vegane Kochkurs auf der Insel», sagte Fanny. Die Besitzerin hatte an den Holzlaternen im Hafen weiße Zettel aufgehängt. Bis zum Abend hatte sich eine kleine Gruppe angemeldet. Für Fanny stand ein großer Holztisch am Eingang bereit, darauf lagen Mörser, Mixer, frische Kräuter, Linsen, Bohnen und Zitronen. Ein druckreifes Stillleben. Sie hatte ihre Haare zurückgebunden und trug ein schwarzes, langärmliges Shirt. Zweimal zählte sie durch die Gegenstände auf dem Tisch und fing an, Gemüse zu schälen.

Erst klingelte es noch leise, dann brach der Ton immer lauter durch das Summen des Mixers. Fanny drehte sich zu ihrer Jacke um, die hinter ihr an der Wand hing. Der Rote-Bete-Saft tropfte von ihrem Kochlöffel auf den Steinboden. Dann hörte das Klingeln abrupt auf. «Oh shit», sagte sie leise.

Die Teilnehmer:innen des Kochkurses, die in einem Stuhlkreis um den großen Tisch voller Kräuter, Nüsse und Öle versammelt waren, hatten nichts gemerkt. Nur eine ältere Dame kommentierte, es passiere ihr auch ständig, dass ihr Telefon unkontrolliert klingelte. Sie wusste nicht, dass es das erste Mal war, dass Fanny in den letzten drei Monaten einen Anruf von Seán verpasst hatte.

*

Am nächsten Tag fuhr ich zurück nach Lesvos. Fanny blieb auf Chios zurück. Eine Woche später klingelte ihr Telefon erneut – im Badezimmer. Es war der 4. Dezember 2018. Nachdem sie abgehoben hatte, erfuhr sie: Seán kam auf 5000 Euro Kaution bis zum Gerichtstermin frei. Sie ging vor dem Waschbecken in die Knie und musste sich in die Toilette übergeben.

Einen Tag später stand sie vor ihrem Sohn. In seiner linken Hand trug er die Flickendecke, die sie ihm in seiner zweiten Gefängniswoche in Mytilini gebracht hatte. Sie machte noch ein Bild, dann ließ sie nach dreieinhalb Monaten zum ersten Mal das Telefon fallen.

II

Das lange Jahr

1

Proteste

Auf dem Weg die Treppe hinunter versuchte ich ein paar Bilder von der Kamera zu löschen. Das letzte Bild war gelb und verschwommen, aus dem Fenster eines Taxis fotografiert, das mich wenige Tage zuvor zum Flughafen in Teheran gebracht hatte. Auf einem weiteren Bild waren Hunderte Kerzen, die Brückenbögen beleuchteten, zu sehen. Der Moment, kurz bevor die Trauermenge Schüsse hörte, Hunderte Studierende sich an den Händen nahmen und die Straße hinaufrannten. «Ihr tötet eure eigenen Kinder», schrie ein Mann. Kamen die Schüsse von oben? Oder von rechts? War es Tränengas? Oder scharfe Munition? In der Ungewissheit verlor sich die Menge in Nebenstraßen, lief in Gemüseläden und drückte sich in Hauseingänge.

Nachdem am Morgen des 8. Januar 2020 eine Boeing mit 176 Menschen an Bord nahe dem Teheraner Imam-Chomeini-Flughafen abgestürzt war, versammelten sich zahllose Menschen mit Kerzen neben der Universität, um der Opfer zu gedenken. Niemand hatte den Absturz überlebt. Nach tagelangen Vertuschungsversuchen hatten die Revolutionsgarden schließlich doch eingeräumt, das ukrainische Passagierflugzeug, das auf dem Weg nach Kiew war, durch eine Panne mit einer Luftabwehrrakete abgeschossen zu haben.

Schon zwei Monate zuvor, im November 2019, gingen so viele Menschen gegen das iranische Regime auf die Straße wie seit der Grünen Revolution 2009 nicht mehr. Damals wurden laut der Menschenrechtsorganisation *Amnesty International* 304 Menschen getötet. Auch an diesem Januartag 2019 waren sich die Studierenden darüber im Klaren, was sie riskierten. Auf jeden Protest folgten Verhaftungen, Schüsse und eine immense Polizeigewalt.

«Man protestiert, weil es demütigend wäre, es zu unterlassen – es wäre auszehrend, tödlich. Man protestiert (…), *um den gegenwärtigen Augenblick zu retten,* was immer die Zukunft auch bringen mag», schrieb der Autor John Berger. In dem Moment, als die Menschen die Kerzen unter den Brückenbögen entzündeten, vereinte sie der lautlose Widerstand gegen ein Regime, das die eigene Bevölkerung seit Jahrzehnten entrechtete. Später bestätigte die iranische Nachrichtenagentur Irna Meldungen aus dem Ausland, dass sich an diesem Samstag in Teheran 3000 Menschen versammelt hatten, um zu protestieren. Die Bilder der verschwommenen Kerzen, die ich eine Woche später auf dem Weg in die Innenstadt von Mytilini durchsah, um Platz auf der Speicherkarte zu schaffen, bleiben eine Erinnerung an die Kraft, die sich in diesem Moment freisetzte. Eine Kraft, die sich auch zwei Jahre später mit voller Wucht über das ganze Land ausbreiten würde, als Menschen landesweit und unter Todesgefahr mit dem kurdischen Protestruf «Frau, Leben, Freiheit» das Ende des iranischen Regimes forderten und eine Revolution begannen.

Auch der erste Tag zurück auf der Insel begann im Widerstand.

Wenige Minuten bevor ich meine Wohnung verließ, rief Maryam Janikhusk an. Sie lebte mittlerweile mit ihrer Familie in einer kleinen Wohnung in der Nachbarschaft, mit einem Gurkenbaum vor der Haustür. Dutzende Frauen seien auf dem Weg von Moria in die Stadt, um zu protestieren, sagte sie. Ihre Stimme klang ruhig. Und doch war ihr anzuhören, dass sie die Nacht kaum geschlafen hatte. «Ich habe kein gutes Gefühl», sagte sie. Noch immer war sie täglich mit den Afghan:innen in Moria in Kontakt, auch wenn sie mittlerweile bei einer humanitären Organisation in der Stadt arbeitete, die eine Anlaufstelle für Menschen war, die geschlechterspezifische Gewalt erfahren hatten. Ihre Tochter Arezu ging mittlerweile in der Stadt in die fünfte Klasse, sprach fast fließend Griechisch und brachte mir an manchen Sonntagen in dem kleinen Wohnzimmer, in dem die Familie tagsüber aß und Gäste empfing und nachts schlief, ein paar Worte Dari bei. Eigentlich sollte ihr Leben in der Stadt etwas ruhiger werden. Doch die Situation hatte sich in den letzten Wochen in Moria so zugespitzt, dass Maryam wieder bis tief in die Nacht Anrufe bekam, weil die Menschen nicht mehr wussten, wann

Proteste

das alles ein Ende haben sollte, das Anstehen, das Frieren, die unbehandelten Wunden, die Schlägereien, die Demütigung, jeden Morgen wieder mit nassen Füßen aufwachen zu müssen. Schon in den Wochen zuvor war es immer wieder zu kleineren Protestausbrüchen gekommen. Eltern verloren ihre Kinder im Gedränge, die Polizei reagierte mit Tränengas. Danach saßen die Menschen durchweicht und mit brennenden Augen in ihren Zelten, und es hatte doch nichts gebracht, die ganze Familie einer solchen Gefahr auszusetzen. Doch diesmal, sagte Maryam, sei es ein reiner Frauenprotest – und die Protestlerinnen seien auf dem Weg nach Mytilini. «Sie haben einfach genug», sagte sie noch etwas lauter als sonst, bevor sie auflegte.

Auf dem Weg zum Rathaus wölbte sich mein Regenschirm gleich zweimal nach außen, der Regen kam von allen Seiten. Ich konnte mir halbwegs vorstellen, wie durchnässt die Frauen sein mussten, als sie in der Innenstadt ankamen. Neben dem Rathaus standen schon zwei blinkende Polizeiwagen, davor eine kleine Gruppe von Frauen mit Buggys, Kindern auf den Schultern, neben ihnen weitere Frauen und Großmütter. Einige von ihnen hatten eine dünne Plastikhaut über ihren Handtaschen und Turnbeuteln angebracht, in denen sie ihre Papiere und ihr Geld mit sich trugen. In Moria gab es schlicht keinen sichereren Ort, an dem man seine Wertsachen hätte zurücklassen können. Eine der Frauen wischte sich die aufgelöste Mascara unter den Augen weg. Mittlerweile regnete es so stark, dass man das Gefühl hatte, in einer Waschmaschine durchgeschüttelt zu werden.

Als der Wind nachließ, positionierten sich die Protestierenden vor einem der Küstenwachenschiffe in dem kleinen Parkabschnitt vor der Hafensohle von Mytilini. Die Polizei versuchte, die Straße für den Verkehr offen zu halten. Eine ältere Frau aus Kunduz nahm ihre Enkelin auf den Arm und setzte sich neben mich auf den Bordstein. Sie streckte mir eine Packung Taschentücher entgegen, damit ich mir das Gesicht trockenwischen konnte. Ich reichte ihr im Gegenzug die triefende Tüte Lukumades aus meiner Tasche, frittierte Bällchen mit Sirup und Nüssen, die man am besten sofort in den Mund steckt, ohne abzubeißen, wenn man seine Jacke nicht in einen klebrigen Fliegenfänger verwandeln will. Zu dritt kleckerten wir den Zuckersaft auf die nasse Straße, auf der sich immer mehr Frauen versammelten.

Sie habe heute gezögert hierherzukommen, sagte die ältere Frau, nachdem wir mit einem weiteren Taschentuch den Sirup von unseren Händen abgewischt hatten. Seit Tagen, sagte sie, hätten die Menschen, die in den Olivenbaumhainen leben, keine Elektrizität mehr. Die selbstverlegten Leitungen hielten dem Regen nicht stand. Es ginge ihr gar nicht darum, Strom zu haben, um abends ein Buch zu lesen oder das Handy zu laden. Das sei ein Luxus, auf den sie verzichten könne. Das Problem sei vielmehr, dass kein Heizstrahler mehr funktionierte, um Kleider zu trocknen, kein Wasserkocher ansprang, um Tee zu kochen, und keine Herdplatte lief, um Milch oder Reis aufzuwärmen. Die Füße der Kinder seien am Morgen so verschrumpelt, als hätte man sie über Nacht in der mit Wasser gefüllten Badewanne baumeln lassen. Die Frauen wollten heute nochmal auf die Straße gehen, um für beschleunigte Asylverfahren zu demonstrieren, bevor ihre Kraft ganz nachlasse. Das Schwierige seien nicht die Lebensumstände, sagte die Frau – der Körper sei stark; es sei das Warten auf eine Entscheidung, die von Leuten getroffen werde, die einem keine Auskunft gäben. Und die auch sprechend schwiegen, wenn man beispielsweise am EASO-Asylbüro klopfte, um eine Antwort zu bekommen. Nie gab es eine konkrete Auskunft darüber, wie lange man noch in dem Sommerzelt zwischen den Olivenhainen zu sitzen habe.

Anfang 2020 lebten laut dem UN-Flüchtlingshilfswerk 42 000 geflüchtete Menschen in den fünf Ägäischen Insellagern – fast die Hälfte davon auf Lesvos. In den Monaten zuvor waren die Zahlen der Ankommenden wieder gestiegen. Schon im letzten Monat hatte die griechische Regierung auf die überfüllten Lager mit immer drastischeren Maßnahmen reagiert und angekündigt, bis zum Sommer geschlossene Camps für Geflüchtete auf allen fünf Inseln zu errichten. Diese sollten insgesamt für 20 000 Menschen ausgelegt sein, der Rest der Männer, Frauen und Kinder sollte in die Türkei abgeschoben werden – eine Art Ergänzung zur EU-Türkei-Erklärung.

Nach den neuen Pandemiebestimmungen Anfang 2020 stellten nicht nur die Touristenfähren zwischen Mytilini und Ayvalik ihren Betrieb ein, auch die Flüchtenden konnten weder in die Türkei zurück noch auf das Festland weiterreisen. Gleichzeitig wurde es für viele Menschen aus Syrien und Afghanistan auch in der Türkei immer schwieriger. Deshalb versuchten sie, trotz rigider türkischer Grenzkontrollen über das Meer wieder auf die Inseln zu gelangen.

Fakt war: In der Türkei konnten Schutzsuchende schon seit Jahren kaum mehr Asyl beantragen. Die Stimmung im Land, in dem über 3,6 Millionen Syrer:innen und Hunderttausende Afghan:innen mit eingeschränktem Schutzstatus lebten, war bereits vor einiger Zeit gekippt. Auf Twitter trendete der Hashtag #ÜlkemdeSuriyeliİstemiyorum (#IchWillKeineSyrerMehrInMeinemLand), und es kam regelmäßig zu gewalttätigen Übergriffen auf Geflüchtete. Mit der Wirtschaftskrise verloren viele geflüchtete Menschen in der Türkei ihre Gelegenheitsjobs auf dem Bau oder auf den Gemüseplantagen, mit denen sie zuvor ihre Familien mehr schlecht als recht über Wasser halten konnten. Es kam vermehrt zu Polizeirazzien, bei denen Afghan:innen aufgegriffen und wieder zurück in den Iran deportiert wurden. 2019 wurden nach Angaben der Regierung in Ankara über 300 000 Geflüchtete ohne Papiere verhaftet und Zehntausende Flüchtende aus Afghanistan abgeschoben. Diese Entwicklung verdeutlichte, dass die Türkei für viele Menschen kein «sicheres Drittland» war, zumal Ankara die Genfer Fluchtkonvention geografisch einschränkte, indem es Staatsangehörigen, die nicht aus Europarat-Staaten kamen, kein volles Asyl gewährte.

Im November 2019 kam ein weiterer Unsicherheitsfaktor für Syrer:innen in der Türkei hinzu: UN-Generalsekretär António Guterres verständigte sich mit dem türkischen Staatspräsidenten Recep Tayyip Erdoğan bei einem Treffen in Istanbul darauf, Gebiete im Norden Syriens für die Umsiedlung von syrischen Geflüchteten aus der Türkei zu prüfen. Zuvor hatte Erdoğan angekündigt, bis zu zwei Millionen syrische Geflüchtete aus der Türkei in den Norden Syriens umsiedeln zu wollen – in ein Gebiet, das nur 120 Kilometer lang und etwa 30 Kilometer breit ist und überwiegend von Kurd:innen besiedelt wird.

Die gingen deshalb zu Recht davon aus, dass die türkische Regierung die demographische Zusammensetzung der Gegend dauerhaft nach ihren Interessen gestalten wollte. Arabische Syrer:innen sollten demnach die Bevölkerungsverhältnisse in dem Gebiet an der Südgrenze der Türkei so verändern, dass sich die kurdischen Ambitionen auf mehr Autonomie von selbst erledigten. Menschenrechtsorganisationen sprachen in diesem Zusammenhang von «ethnischen Säuberungen», die oft mit Plünderungen, Ermordungen und Verfolgung einhergingen – der türkische Einmarsch in der kurdischen Stadt Afrin in Nordsyrien im Frühjahr 2018 diente im Rückblick als abschreckendes Fanal. Noch immer sind heute Hunderttausende Kurd:innen dazu gezwungen, in Zeltstädten und bei Angehörigen zu leben, weil es ihnen verwehrt wird, in die von der Türkei besetzten Gebiete zurückzukehren. In ihren Häusern leben mittlerweile oftmals Familien von dschihadistischen Proxysöldnern, die die Türkei für die Aufrechterhaltung ihrer Besatzung einsetzt.

Gleichzeitig leben die 3,6 Millionen Syrer:innen in der Türkei mittlerweile in der ständigen Angst, in ein Land zurückgezwungen zu werden, in dem weiterhin Krieg herrscht. Erdoğans Plan sollte 26 Milliarden Dollar kosten, das Geld vorwiegend von der UNO und aus Europa kommen. Und der türkische Staatspräsident drohte: Stellte sich Europa quer, könne er jederzeit die Grenzen öffnen. Die Menschen, die Tag für Tag im nasskalten Winter von Moria ums Überleben kämpften, waren zu einem Spielball der Geopolitik geworden. Sie gerieten dadurch an die Grenzen ihrer Überlebensfähigkeit, wie an diesem Januarmorgen auf Lesvos.

*

Nach einer Stunde löste die Polizei die Demonstration in Mytilini wieder auf und wies die Frauen an, mit ihren Kindern nach Moria zurückzukehren. Als ich seitlich auf die protestierende Menge zuging, um ein Foto zu machen, stellte sich mir ein Polizist in den Weg und forderte mich auf, den Platz zu verlassen. Ich gab mich als Journalistin zu erkennen und holte meinen Presseausweis aus der Tasche. Doch noch bevor ich ihn aufklappen konnte, griff der Polizist nach meinem Arm, brachte mich auf die andere Straßenseite und sagte: «Berichten Sie aus Ihrem eigenen Land.» Es war das letzte Mal, dass ich die Frauen mit ihren Bannern in Mytilini protestieren sah. Fortan erreichten nur noch wenige Protestierende die Stadt, da sie zuvor von der Polizei umstellt wurden.

*

Schon am Montag, den 3. Februar 2020, rief mich Maryam wieder frühmorgens an. In den letzten Tagen war es erneut zu kleineren Protesten gekommen, in denen ein paar Dutzend Protestierende in Mytilini «Lesvos people, we are sorry» skandiert hatten. Doch heute waren es Hunderte Menschen, die sich von Moria auf den Weg in die Stadt machten.

Proteste

Seit Stunden stand Maryams Telefon nicht mehr still. Sie sagte, diesmal seien alle dabei. Menschen im Rollstuhl, auf Krücken – sie habe erfolglos versucht, sie davon abzuhalten. Seit ihrer Zeit als Sprecherin der Afghan:innen im Lager trieb Maryam die Angst um, dass sich die Menschen durch ihre Proteste am Ende nur selbst schadeten. In den letzten Monaten hatte sich die Gewalt nochmals intensiviert. «Die Sicherheit der Menschen im Camp ist wichtiger als unser Asylprozess. Gibt es gewaltsame Ausschreitungen im Camp, verlangsamt sich auch der Prozess der Asylbehörden», sagte sie mir noch im Herbst 2019, als ein 15-jähriger Junge aus Afghanistan bei einer Messerstecherei gestorben war. «Wenn ein Streit eskaliert, wird binnen Sekunden ein Feuer daraus», erklärte sie die Situation damals.

Zusammen mit einer Gruppe italienischer Fotografen fuhr ich zur Polizeiabsperrung neben dem Stromkraftwerk, das am Ortsausgang von Mytilini liegt. Zahlreiche Polizeiwagen und ein Feuerwehrwagen überholten uns auf dem Weg. Kurz nach einer Kreuzung stoppten sie, und die Polizist:innen stellten sich in zwei Reihen hinter einem Polizeibus auf. Sie versuchten, die Straße abzuriegeln, damit der Protest die Stadt erst gar nicht erreichen konnte. Während die Fotografen die Hügel hinaufrannten, auf denen es zu brennen begann, blieb ich auf der Straße zurück. Es war nur schwer zu erkennen, was hinter dem großen Feuerwehrwagen passierte. In der Luft lag ein beißender Gestank von verbranntem Plastik, juckendem Tränengas und nassem Rauch. Eine Einheit der Spezialpolizei rannte den brennenden Grasbüscheln entgegen und stellte sich einem Mann mit Kinderwagen in den Weg, der gerade versuchte, die Büsche zu umkurven und über die Hügel nach Mytilini zu gelangen.

Tränengaspatronen knallten. Steine flogen in Richtung der Polizist:innen, abgeworfen von einzelnen Gruppen, die sich auf den Hügeln versteckt hielten. Die Polizei reagierte mit Blendgranaten, die sich immer wieder in den Büschen verfingen und Feuer auslösten. Ich hörte Kinder schreien. Die Polizei hatte das Ziel, die Protestierenden mit aller Kraft am Zugang zur Insel-Hauptstadt zu hindern. Trotzdem brachen regelmäßig Menschen durch die Absperrung oder wateten mit ihren Schuhen einfach durch das seichte Wasser am Ufer entlang. Diesmal waren sie jedoch von der Angst getrieben, im Tränengaskessel gefangen zu sein.

Neben einem stillgelegten Lkw auf dem Küstenstreifen hinter der

Absperrung lief ein Mann aus Afghanistan, seine beiden Kinder an der Hand. Sein Sohn hielt die Arme nach vorne ausgestreckt – wegen des Tränengases konnte er nichts mehr sehen. Um seine Augen lag eine weiße Salzkruste – eine Mischung aus Tränen und Coca-Cola, das gegen das blendende Tränengas helfen soll. Als er würgend auf die Knie ging, fragte mich sein Vater: «Kannst du eine Nachricht aufnehmen?»

Ich zog mein Telefon aus der Tasche. Wir warteten einen Moment, bis die Sirene des Feuerwehrwagens hinter uns verklungen war, dann begann der Vater in die Kamera zu sprechen:

«Wir sind nicht wegen Brot, Wasser, Kleidung oder Geld [nach Europa] gekommen.

Wir sind gekommen, damit unsere Kinder eine Ausbildung erhalten und atmen können.

Das ist meine Tochter und ich möchte, dass sie lebt. Wenn es Menschenrechte gibt, wenn Europa diese Rechte verteidigt, dann beenden Sie bitte dieses Leid. Wenn nicht, dann deportiert uns. Deportiert uns.»

Er richtete sich auf, nahm seinen Sohn wieder an die Hand, seine Tochter auf den Arm und lief zurück in die Richtung, wo der Rauch herkam. Er müsse seine Frau und sein drittes Kind finden. Es sei erst wenige Wochen alt.

Kinder, Männer auf Krückstöcken, ältere Frauen in Rollstühlen, Geschwister mit Kinderwagen und ihren Pässen in der Hand liefen kreuz und quer in alle Richtungen. Hinter dem Feuerwehrwagen sah es mittlerweile aus wie auf einem Schlachtfeld. Ein Junge bückte sich und schleuderte eine zischende Tränengaspatrone zurück zu den Polizist:innen. Dazwischen hielt eine junge Frau mit einem blauen Halstuch um den Kopf ihr Baby in die Luft und schrie: «Schaut, was ihr getan habt! Schaut!» Ihr Baby hatte Schaum vor dem Mund. «Ich habe keinen sicheren Ort für sie. Nirgends.»

Neben mir brach ein Mann am Straßenrand zusammen, während eine weitere Sondereinheit der Polizei mit Schlagstöcken in der Hand auf die Protestierenden zuschritt. Auch er hatte Schaum vor dem Mund. An ihm lief wieder der Vater mit seinem zitternden Sohn und seiner Tochter auf dem Arm vorbei. Mitten durch die Feuerwehrabsperrung, direkt hinein in die Menge. Als wir versuchten, einen Krankenwagen

Proteste

zu rufen, hob minutenlang niemand ab. Alle Leitungen waren überlastet. Als nach einer halben Stunde endlich Hilfe kam, war der Mann noch immer bewusstlos. Sein Kopf lag auf der pinken Mappe mit seinen Dokumenten. Als die Sanitäter ihn auf die Liege wuchteten, saßen schon zwei weitere Personen im Krankenwagen. «Wir sind dafür einfach nicht ausgestattet», schrie einer der Sanitäter mit stressgeröteten Wangen. Noch bevor die Tür schloss, klemmte einer der Umstehenden dem Mann seine Papiere unter den Arm. Mitfahren konnte keiner. Es war kein Platz mehr.

Kurz darauf drangen nach einer hitzigen Bürgerversammlung, bei der auch der Regionalgouverneur Kostas Moutzouris und der Bürgermeister von Mytilini anwesend waren, wütende Inselbewohner:innen in das Generalsekretariat für Ägäis- und Inselpolitik ein und forderten die sofortige Schließung des Lagers. «Die Regierung drängt auf die Einrichtung neuer Migrantenlager, die Hunderte von Millionen kosten werden und die, wenn man rechnen kann, keine Probleme lösen, sondern sie, im Gegenteil, verschlimmern werden», sagte der Regionalgouverneur Moutzouris weiter.

Am Abend lag die Erschütterung der Gewalt noch in der Luft, trotzdem waren die Bars in der Hauptstadt voll. Zusammen mit Freunden setzte ich mich auf einen der hohen Barhocker und ließ den Tag mit ihnen Revue passieren, während wir einem Orchester aus Mali aus dem Plattenspieler lauschten. Neben mir fuhr ein kleiner Junge mit einem Holzauto die Barkante ab, während seine Mutter den Hund einfing und seine Hausaufgaben auf dem Nebentisch einsammelte. Wir bekamen noch eine Schale mit gesalzenen Nüssen hingestellt, hörten eine weitere Platte und machten uns auf den Weg in die Nacht. Doch einen Abend später brach die Wut auch über das Zentrum der Stadt herein.

In Mytilini hatte sich eine Gruppe von vermummten Jugendlichen versammelt, die Straßenkontrollen durchführten, um gezielt Flüchtende und humanitäre Helfer:innen zu schikanieren. Als ein paar Demonstrant:innen der linken Studierendenbewegung, die zuvor mit Bannern auf dem Weg nach Moria waren, an meiner Lieblingsbar vorbeikamen, wurden sie von ein paar der Jugendlichen angegriffen. Die Bar wurde zu ihrem Schutzschild. In den Tagen danach war die Stadt kaum mehr wiederzuerkennen. Die Situation schien außer Kontrolle geraten.

2
Sprite im Krankenhaus

Die Rollläden der Empfangsfenster waren heruntergelassen. Ohne das Schmatzen einer älteren Dame vor den Flügeltüren des Krankenhauses hätte man nur die Klimaanlage summen hören. Manchmal wirkte das Krankenhaus in Mytilini wie ein verlassener Verwaltungstrakt, zumindest so lange, bis man den ersten Stock erreichte und das Piepen der Maschinen wahrnehmen konnte.

Yasmin A. lehnte mit einer Dose Sprite in der Hand an der Wand. Ihre Augen fixierten die Türklinke. Seit zehn Stunden war sie nun schon hier. Statt einem weißen Kittel trug sie einen selbstgestrickten Poncho, eine Nadelstreifenhose und ein Paar rosafarbene Turnschuhe mit goldenen Schnürsenkeln. Mit ihrem Outfit hätte sie auch in irgendeinem angesagten Café stehen können, wären da nicht ihre unruhigen Finger auf der Blechdose und das grellweiße Licht der Neonröhren gewesen. Sie arbeitete in dem Beruf, den sie immer ausüben wollte: als Krankenschwester. Nur ohne Kittel, ohne Bezahlung und ohne Versicherung.

Bei einer Infusion seien einer älteren somalischen Patientin zwei Venen geplatzt, sagte sie. Die Nadel könne sie ihr anlegen, aber sie brauche dafür das richtige Material, und die Schwestern seien schon seit einer halben Stunde in einer Besprechung.

Fast jeden Tag kam die 22-Jährige ins Krankenhaus, um für schwerkranke Patient:innen, die es von Moria in das Krankenhaus von Mytilini geschafft hatten, zu übersetzen. Manchmal half sie auch in der Pflege aus, wenn die Schwestern überfordert waren. Eigentlich die ganze Zeit, da der orchestrierte Ausnahmezustand hier Alltag war.

Viele Flüchtende aus Somalia, die auf der Insel ankamen, sagte Yasmin, seien Überlebende schwerer Folter, flohen vor dem Terror der Al-Shabab-Miliz oder hätten chronische Krankheiten wie Tuberkulose oder Krebs, die auf der Flucht nicht behandelt werden können. Sie würden aus ihrer Heimat fliehen, sobald genügend Geld da war, von Somalia in Richtung Sudan, weiter nach Libyen oder in die Türkei, in der Hoffnung, nach Europa zu gelangen, um dort medizinisch versorgt zu werden. Während der Flucht verschlimmerte sich ihr Zustand oft, und in Fluchtlagern wie Moria blieben ihre Krankheiten dann auch meist unbehandelt. Auf Fälle von Tuberkulose oder Krebserkrankungen war das örtliche Krankenhaus nicht ausgelegt. Für kompliziertere Behandlungen mussten auch die Inselbewohner:innen seit Jahrzehnten das Flugzeug oder die Fähre nach Athen nehmen. Für Geflüchtete, die keine Sondererlaubnis zum Verlassen der Insel bekamen, war das keine Option.

Ohne Yasmins Übersetzungshilfe wäre es für viele unmöglich gewesen, selbst das Krankenhaus in Mytilini zu erreichen. Im Lager konnte nur eine offizielle Stelle, wie zum Beispiel die Polizei, einen Krankenwagen rufen. Nur über einen offiziellen Anruf war es möglich, eingeliefert zu werden. Kein leichtes Unterfangen, wenn die meiste Zeit im Lager kaum ein:e Polizist:in ansprechbar sei, sagte Yasmin.

Manchmal, wenn der Bus nicht kam oder wieder mal randvoll war, lief Yasmin die zweistündige Wegstrecke aus Moria zu Fuß in die Stadt. Noch in Mogadischu hatte sie eine Ausbildung zur Krankenschwester begonnen. Jeden Morgen war sie zu dem Ausbildungszentrum gelaufen, in dem sie mit anderen Frauen zwei Jahre lang einer Lehre nachging, bis zwei ihrer Kolleginnen auf dem Weg dorthin von Al-Shabaab-Mitgliedern entführt wurden. In den Tagen danach war sie trotzdem weiter zum Krankenhaus gelaufen. Ihr Vater, der Leiter des Theaters von Mogadischu, hatte sie zu der Ausbildung ermutigt. Für ihn, sagte Yasmin, wäre es schlimmer gewesen, seine Töchter im Haus eingesperrt zu wissen. Bis er selbst von der Miliz entführt wurde. Danach floh Yasmin innerhalb weniger Stunden zusammen mit ihrer Mutter, ihren drei Schwestern und ihrer einjährigen Nichte. Ein Freund ihres Vaters stellte für die Frauen den Kontakt zu einem Schleuser her, der sie aus Somalia wegbrachte. Erst als sie nach mehreren Wochen an der türkischen Küste stand, konnte Yasmin den Geruch von Motoröl, ungelüfteten Industriescheunen und muffigen Isomatten hinter sich lassen. Der erste Blick aus dem Fenster des Busses verschlug ihr bei der Ankunft in Moria den Atem. Überall standen Zelte. Manche waren mit bloßen Steinen am Boden befestigt, andere verfügten über notdürftige Vorbauten aus Ästen und Wagenreifen, um mehr Platz zu schaffen. Wie sollte es möglich sein, hier zu leben?

Schon am ersten Tag nach ihrer Ankunft engagierte sich Yasmin für die somalische Gemeinde im Lager. Als eine der wenigen sprach sie fließend Englisch. Während sie versuchte, ihr eigenes Asylverfahren zu beschleunigen, begleitete sie Familien bei Behördengängen, übersetzte bei Bankanliegen und half dabei, Telefonkarten zu aktivieren. Und sie traf bald auf eine Reihe von schwerkranken Menschen, die unbehandelt in ihren Zelten lagen. «Diejenigen, die man draußen an der Essensschlange, bei den Toiletten, auf dem Weg sieht, um die muss ich mich nicht sorgen», sagte sie bei unserem ersten Treffen im Lager. Es ging um die Menschen, die nicht mehr am Leben teilhaben konnten, unbehandelt im Verborgenen blieben – um diejenigen, die es am schlimmsten erwischt hatte.

In Moria gab es zu diesem Zeitpunkt nur einen Militärarzt für die Nacht. Die NGOs waren notorisch überlastet und mussten schwere Fälle an das Krankenhaus weiterleiten. Doch dort wurden seit Juli 2019 nur noch Notfälle angenommen. Damals hatte die griechische Regierung Asylsuchenden sowie Personen ohne Papiere die Sozialversicherungsnummer entzogen und damit den Zugang zur öffentlichen Gesundheitsversorgung versperrt. Laut der Hilfsorganisation *Ärzte ohne Grenzen*, die in einer Feldklinik außerhalb des Lagers operierte, hatten im Januar 2020 über 55 000 geflüchtete Menschen in Griechenland keinen Anspruch mehr auf medizinische Behandlung.

Yasmin trank den letzten Schluck Sprite, stützte sich mit einem Fuß von der Wand ab und ging zurück ins Behandlungszimmer. Drei Menschen lagen dort dicht nebeneinander. Über ihnen betete die heilige Maria in einem winzigen Schrein. Yasmin klappte das Kopfteil eines der Betten herunter. Die Augen des Mannes, der auf der Liege lag, waren geschlossen. Auch er hatte den Fluchtweg aus Somalia nach Europa zurückgelegt. Mit Lymphknotenkrebs, sagte Yasmin. Seit über einem Jahr war er nun schon im Lager. Der Militärarzt in Moria habe ihm fiebersenkende Schmerzmittel verschrieben. Erst vor einer Woche hatte Yasmin ihn mit einem Taxi ins Krankenhaus bringen können. Er war so abgemagert, dass er mit einer Sonde ernährt werden musste. «Wenn er von den Maschinen getrennt wird, stirbt er», sagte Yasmin.

*

Sprite im Krankenhaus

Als Dimitra Ippioty an meinen Tisch kam, schenkten sich die ersten Gäste in der kleinen Bar am unteren Ende der Einkaufsstraße von Mytilini bereits ein kaltes Feierabendbier ein. Ippioty stand der Arbeitstag jedoch erst noch bevor. In zwei Stunden begann ihre Abendschicht im kleinen Notfallkrankenhaus IKA, das etwa eine halbe Stunde zu Fuß von dem großen Hafenkrankenhaus der Stadt entfernt liegt. An der Seitenwand der Klinik stand «Moria = Death» in blauen Großbuchstaben gesprayt.

«Wenn du denkst, dass es gar nicht mehr abstruser werden kann, kommt die nächste Woche», sagte Ippioty. Ihre müden Augen wirkten hinter den dicken Gläsern ihrer Brille noch kleiner, als sie durch die Müdigkeit sowieso schon waren. Schon seit mehreren Jahren arbeitete sie als Krankenschwester auf der Insel, auf der sie geboren war.

2015 leistete sie Erste Hilfe an der Küste, besorgte Medikamente und sah den Menschen nach, die spätestens fünf Tage später in Richtung Europa weiterreisten.

Heute, knappe fünf Jahre später, stand Ippioty bei jeder Schicht vor einem Scherbenhaufen unbehandelter Krankheiten und Traumata – vor den Folgen der Inhaftierung Tausender Geflüchteter auf engstem Raum. Die Frustration war ihr anzusehen. Sie sehe nicht ein, Menschen behandeln zu müssen, die in Moria gezwungenermaßen verrückt werden. Man müsse sich das manchmal laut vorsagen: «Du stehst morgens in einem Zelt auf, an dem die Scheiße entlangläuft, dann wartest du stundenlang in einer Schlange, um abgepackte Croissants und eine Flasche Wasser zu bekommen, und hast niemanden, der dir Auskunft darüber gibt, wann das alles aufhören soll.»

Nachts kamen Menschen mit Messerwunden in die Klinik, Frauen, die gerade ihre Babys verloren oder einfach nur Zahnschmerzen hatten. Oft war es schwer, sich zu verständigen – dann half nur noch Google Translate. Manche Menschen wollten die Klinik nach der Behandlung nicht mehr verlassen. Sie fragten, ob sie noch ein paar Stunden im Wartezimmer sitzen bleiben konnten, bevor sie zurück nach Moria mussten.

Das Schlimmste seien die unsichtbaren Verletzungen, die Traumata. Dafür sei niemand ausgebildet worden. Nicht die Polizist:innen und auch nicht die Ärzt:innen vor Ort. Man könne sie auch nicht behandeln, solange die Menschen jedes Mal wieder an den Ort zurückkehren müssten, der sie kaputtmacht. Ippioty stand auf, schmiss energisch ihre

Tasche über die Schulter, um ihrem Ärger Luft zu machen, und trat ihre Schicht an.

«Wir haben hier ein Sprichwort: ein Loch ins Wasser bohren», sagte sie noch. So fühle sich ihre Arbeit an.

*

Nach den Protesten im Februar wurden die wütenden Stimmen der Inselbewohner:innen immer lauter. Es musste sich etwas ändern. Auf Kundgebungen und in der lokalen Presse forderten viele die Schließung des Lagers. Die neue konservative Regierung kündigte an, bis zum Ende des Jahres fünf geschlossene Lager auf den fünf Ägäischen Inseln Samos, Chios, Kos, Leros und Lesvos zu bauen. Doch dieser Entschluss war genau das Gegenteil von dem, was die Menschen auf den Inseln hören wollten. Im Gemüseladen, an der Strandbar und beim Metzger kamen die Gespräche immer wieder auf Moria. «Nach all diesen Jahren der Verzweiflung», sagte ein Freund auf der Insel, «ist die einzige Antwort aus Athen: neue Lager?» Er war fassungslos. Der angestaute Frust der vergangenen Jahre fand durch die Ankündigung aus Athen ein neues Ventil.

Mitte Februar fuhren ein paar Bauern mit Traktoren zum «Schwimmwestenfriedhof» im Norden der Insel. Seit Sommer 2015 stapelten sich hier neben alten Schiffswracks Tausende Schwimmwesten zu einem meterhohen Plastikhaufen, der unter der griechischen Sonne verblich. Die Traktorfahrer luden ihre Baggerschaufeln voller Westen und fuhren sie über eine Stunde zurück nach Vastria, an jenen Ort, wo das neue Lager gebaut werden sollte. Im Hinterland der Insel, wo die Wildpferde grasten, Asphaltwege endeten und keine Zeichen menschlicher Zivilisation außer einer Mülldeponie existierten. Hier wurden die Schwimmwesten abgeladen und zu einem riesigen «Oxi» («Nein» auf Griechisch) geformt.

Ende Februar 2020 antwortete die Regierung in Athen unter dem neuen Ministerpräsidenten Kyriakos Mitsotakis auf den Widerstand der Inselbewohner:innen und schickte Spezialeinheiten der Polizei. Sie sollten gewährleisten, dass das Baumaterial sicher an der vorgesehenen Stelle ankam.

Noch in der Nacht fuhren Bauern mit ihren Traktoren am Hafen vor und verbarrikadierten den Eingang. Als die Spezialeinheiten mit Helmen und Schutzschildern von der eisernen Rampe marschierten, flogen ihnen die ersten Steine entgegen. «Niemand soll zur Arbeit gehen, niemand soll zur Schule gehen, kein Geschäft soll öffnen», verkündete die zentrale Gewerkschaft von Lesvos zwei Tage später. «Wir rufen alle Arbeiter, die Bevölkerung von Lesvos, Gremien und Verbände auf, sich gegen die Pläne der Regierung zu stellen, die unsere Insel und andere Inseln in der Ägäis in ein riesiges Gefängnis für menschliche Seelen verwandeln will.»

Am nächsten Tag blieben tatsächlich alle Geschäfte, Tankstellen, Schulen und Cafés geschlossen. «Wir streiken!», rief mir der Besitzer von einem kleinen Laden mit einem Karton Zitronen in den Händen zu, bevor er ratternd die Rollläden herunterließ.

Vor meinem kleinen Balkon strömten lärmende Familien mit Griechenlandflaggen in allen Größen zum Gerichtssaal. An der Spitze sangen zwei ältere Herren lauthals die Nationalhymne. Nicht stolz, sondern wütend sangen sie.

Eine Gruppe von Demonstrierenden blieb in Mytilini, eine andere fuhr zur Mitte der Insel – nach Mantamados, eine Ortschaft, die nicht nur für ihre Töpferwaren und den Bio-Ziegenkäse bekannt geworden ist, sondern auch als Sitz der Kommunistischen Partei Griechenlands (KKE). Über der Stadt sollte im Hinterland in naher Zukunft das neue Hochsicherheitslager entstehen.

«Wir verteidigen unser Land», schrie ein Bauer aus Mantamados in ein Mikrofon, «koste es, was es wolle.» Bauern, Priester, Studentinnen, Barbesitzer, die Gemüsefrauen vom Samstagsmarkt – alle waren sie auf der Straße versammelt, und die Anzahl der ankommenden Pick-ups nahm weiter zu. Es schien, als hätte sich die ganze Inselbevölkerung in dem Frust des jahrelangen «Überhörtwerdens» vereint und auf der Zufahrtstraße neben dem grauen Wellengang der Küste versammelt. Erst drei Kurven weiter sah ich die Polizeieinheit vor einem großen Wasserwerfer stehen. Ringsum eine brüllende Menge von Menschen, die mit Steinen und ausgerissenen Rasenstücken aus allen Richtungen auf die Polizei losgingen. Immer wieder krachte es, als ob man auf dem Echoboden eines Kupferkessels stehen würde. Die Polizist:innen warfen Tränengas und Blendgranaten. Die Bewohner:innen waren vorbereitet. Sie trugen Schwimmbrillen und Gasmasken, andere behielten ihre Motorradhelme auf dem Kopf. Viele Menschen, die aus den Autos stiegen, hatten sich eine daumendicke Schicht Maaloxan um die Augen geschmiert, eine Art weißen Sirup, der normalerweise bei Sodbrennen verschrieben wird.

Im Sekundentakt feuerte die Polizei Tränengaspatronen in die Menge. Die Menschen schossen Steine und Fahnen zurück. Ein Priester mit Holzstock und schwarzer Kutte entriss seinem Nebenmann den Lautsprecher und schrie seine Wut hinein. Hinter ihm brannten Äste auf dem Asphalt.

Mit jeder Patrone schwollen die Protestgesänge an. Die Wucht, mit der die Polizei aus Athen gegen die Bevölkerung vorging, bestätigte das Gefühl der Protestierenden, dass ihre Stimme in den Plänen der griechischen Regierung nichts zählte.

«Nicht einmal die Junta hat so etwas getan», sagte später Konstantinos Moutzouris, der Gouverneur der Region Nordägäis, und bezog sich dabei auf die Militärdiktatur, die von 1967 bis 1974 in Athen an der Macht war. Die Polizei versuchte, sich einen Weg zu der Abzweigung zu bahnen, die zum prospektiven Camp-Gelände führen sollte. Doch der Frust der Inselbewohner:innen traf sie unvorbereitet. Brennende Autoreifen rollten über die Straße, und als die Polizei mit ihren Bussen den Waldeingang erreichte, fingen einzelne Bewohner:innen an, ihre eigenen Bäume am Straßenrand zu fällen, damit die Kolonne nicht mehr durchkam.

Nach einer Stunde gab die Polizei schließlich auf. Einzelne Polizist:innen schlugen in der Wut mit ihren Schlagstöcken die Fenster der parkenden Autos ein. Die brüllende Menge lief der Einheit johlend und spuckend hinterher. Ihr Triumphgefühl war in diesem Moment mit den Händen zu greifen.

Noch konzentrierte sich die Wut der örtlichen Bevölkerung auf die Athener Regierung und die Spezialeinheiten. Doch als wir mit unseren Kameras an einigen Pick-ups vorbeiliefen, wurden auch wir Journalist:innen, die wir sichtlich nicht von der Insel kamen, immer wieder angespuckt oder angeschrien. Die Wut einzelner Gruppen stülpte sich langsam über alles und jeden, der oder die *von außen* angereist war. Vorboten einer Gewaltspirale, die das Leben auf der Insel verändern sollte. Noch am Abend brannte die Militärkaserne von Mytilini. Zwei Menschen wurden ins Krankenhaus gebracht. Mehrere Protestierende und Polizist:innen verletzt.

Eine Woche später kündigte die türkische Regierung an, die Grenzen für Flüchtende nach Europa zu öffnen und Grenzkontrollen auszusetzen.

3
Außer Kontrolle

In der Nacht, in der die Türkei ihre Grenzen öffnete, brühte uns Marianna noch einen starken Kaffee über dem Gaskocher. Die große glänzende Kaffeemaschine im «Goji-Café» war schon außer Betrieb, als Julian und ich am späten Abend das kleine Fischerdorf Skala Sikamineas erreichten. Wenige Stunden zuvor hatte Präsident Erdoğan verkündet, die «Tore geöffnet» zu haben. Und weiter: «Die Europäische Union muss ihre Zusagen einhalten. Es ist nicht unsere Aufgabe, uns um so viele Flüchtlinge zu kümmern, sie zu versorgen.» Daraufhin ließ Regierungssprecher Stelios Petsas im griechischen Staatsfernsehen ERT verkünden: «Die Regierung wird alles tun, um ihre Grenze zu schützen».

Nachdem wir unseren Kaffee getrunken hatten, schloss Marianna das Lokal ab, und wir gingen hinaus zum Hafen. Wir liefen zu den schaukelnden Fischerbooten, die im Wind leicht gegeneinanderschlugen, und schauten auf das düstere Meer. Im kleinen Dorf gingen die Lichter aus, während in der nur wenige Kilometer Luftlinie entfernten Türkei noch vereinzelte Leuchtpunkte tanzten. Außer dem Geräusch des Windes war es totenstill.

Wir setzten uns ins Auto und schliefen sofort auf den kalten Polstersitzen ein. Vier Stunden später klopfte ein Freund mit frischem Kaffee ans Fenster. Auch er war gekommen, um sich einen Eindruck von der Situation vor Ort zu verschaffen. «Happy Sunday», sagte er, der sich selbst seit 2016 auf der Insel humanitär engagierte. «Noch immer nichts», erwiderte Julian. Wir freuten uns über den mitgebrachten Kaffee. Die Temperaturen lagen nur knapp über dem Gefrierpunkt, als wir aus dem Auto stiegen. Der saure Geruch der Olivenölfabrik lag in der Luft. Am Horizont war ein rosafarbener Lichtstreifen im Dunkel zu erkennen.

Dann blinkte plötzlich mein Telefon. Wir bekamen die Nachricht, dass die einzig verbliebene humanitäre Organisation im Dorf, *Lighthouse Relief*, ein Boot gesichtet hatte. 300 Meter in Richtung der heißen Quellen von Efthalou. Die ersten Helfer:innen eilten neben ein paar Fotograf:innen mit gelben Westen zur Küste hinunter. Zum letzten Mal sah ich, dass ein Boot auf der Insel ankam und andere Menschen den Ankommenden gleichzeitig helfen konnten.

Das mausgraue Schlauchboot schwappte langsam über die Steine am Strand. Darin und drumherum waren etwa 50 Menschen zu sehen. Ihre Silhouetten hoben sich gegen den Morgenhimmel ab. Niemand unterhielt sich. Es war, als ob die Zeit nochmal eine Schleife in der Stille drehen würde, bevor der Tag begann.

Zwei Männer sprangen von den dünnen Holzpaletten ins Wasser und zogen das Boot an Land. Eine ältere Frau streifte ihre Sandalen ab und übergab sie einem älteren Mann, der sie über den Henkel seines hölzernen Krückstocks hängte. Er selbst stand bis zu den Waden im seicht tanzenden Wasser, stemmte sich mit Stock und Hüfte gegen das Boot, um Halt zu finden, und stützte seine Frau bei ihrem langsamen Sprung aus dem Boot. Danach kam das Boot in Bewegung. Die Menschen gingen an Land.

An der steinigen Küste angekommen, küsste ein Mann seine Tochter auf die Stirn. Neben ihm rief eine Frau «Wir sind in Sicherheit!» in ihr Telefon. Es musste sich um eine Sprachnachricht handeln, die wegen des schlechten Empfangs erst später gesendet werden konnte, denn sie stopfte das Telefon sofort wieder in ihre Umhängetasche, ohne auf eine Antwort zu warten, und bedankte sich stattdessen bei den Helfer:innen von Lighthouse Relief für die kleine Flasche Wasser.

Sie kümmerten sich um jede einzelne ankommende Person und wickelten den Kindern silberfarbige Wärmefolien um Kopf und Füße. Ein Mädchen hatte sich auf dem Boot die Beine eingeklemmt, die daraufhin steif geworden waren. Ihr Blick richtete sich starr auf die Wellen. Ein Moment der Stille ging neben dem Klicken der Kameras durch die Gruppe, als alle, mit Wasser und Keksen versorgt, die aufgehende Sonne beobachteten. Auch die Helfer:innen sagten nur das Nötigste.

Dann hörte man, wie Autotüren zugeschlagen wurden. Die ersten TV-Journalist:innen trafen ein. Eine türkische Reporterin lief zwischen den Bäumen den Kies hinunter und hielt einem Mädchen ein oranges Mikrofon entgegen. Ich sah das Mädchen im Scheinwerferlicht aufblitzen, dann verschwand es, mitsamt seinen nassen Trainingshosen, im Wust der Fotograf:innen.

Eine halbe Stunde später kam der Anruf, dass ein zweites Boot an den schroffen Küsten etwa eine halbe Stunde östlich gelandet sei. Wieder wurden Autotüren zugeschlagen. Auch die Helfer:innen fuhren los, um Erste Hilfe zu leisten.

Erst auf der Rückfahrt nach Mytilini erfuhren wir, dass die Familien aus dem ersten Boot, das am frühen Morgen angekommen war, noch sechs Stunden am Strand hatten warten müssen, bevor sie ein Bus einsammelte, um sie nach Moria zu bringen. An der Kreuzung nach Moria musste der Bus stehen bleiben. Eine Gruppe von Anwohner:innen hatte den Weg versperrt. Ein Video, das jemand im Bus gefilmt hatte, zeigte die Szene. «Wir wollen unsere Insel wieder», brüllte ein junger Mann den Fensterscheiben entgegen. Ältere Männer in blauen Leinenjacken, Frauen mit Café-Bechern in der Hand liefen vor dem Bus her. «Geht zurück! Wir wollen euch nicht», schrien sie. Ein paar junge Griechen lehnten am Zaun, die Arme verschränkt. Eine Geste, die den Groll gegen die Ankommenden zum Ausdruck brachte.

Das Video zeigt auch die Stille, die sich zur selben Zeit im Businneren ausbreitete. Die Geflüchteten starrten wortlos aus dem Fenster. Was sie sahen, war pure Verachtung, gerichtet gegen jene, die der Situation schutzlos ausgeliefert waren. Dabei sollten in den nächsten zwei Tagen nicht mehr als 900 Geflüchtete auf den Inseln ankommen – eine Zahl, die nicht zu der Eskalation auf der Insel zu passen schien. Doch um die Menschen, die ankamen, ging es schon lange nicht mehr. Die Wut hatte sich verselbständigt.

Auf dem Rückweg in die Stadt warnte uns ein Freund am Telefon, die Hauptstraße von Moria bei der Rückfahrt in den Süden zu meiden, da sich dort mit Steinen und Schlagstöcken bewaffnete Gruppen einfänden, um die Busse mit den ankommenden Flüchtenden zu blockieren. Eine Stunde später lief ein Boot ohne Motor an der Hafenmole des Fischerdorfes Thermi im Süden der Insel ein. Einige Anwohner:innen postierten sich an der Küste. Sie schrien die Männer, Frauen und Kinder an, sie sollten in die Türkei zurückkehren, und stießen das Boot mit Stöcken und Füßen von der Mole fort.

Der Fotograf Michael Trammer lief auf das gegenüberliegende Pier, um den Vorfall zu dokumentieren. Nach kurzer Zeit spalteten sich ein paar Männer von den Protestierenden ab, liefen auf ihn zu, warfen seine Kamera ins Hafenbecken und traten auf ihn und seinen Kopf ein. Einen Tag später entschloss sich Trammer, wegen der enormen Drohungen vonseiten rechter Gruppierungen die Insel zu verlassen.

Zur gleichen Zeit wurde das Auto einer irischen Ärztin, die erst eine Woche zuvor auf der Insel angekommen war, auf dem Weg nach Moria von einer Gruppe von Motorradfahrern mit Baseballschlägern und Holzbrettern angegriffen. Die Polizei riet ihr und ihren Kolleg:innen – Psycholog:innen und Übersetzer:innen –, erstmal nicht in ihre Unterkünfte zurückzukehren. Randalierende Gruppen warfen Fenster von Büros humanitärer Organisationen ein und hatten eine Art Hetzjagd auf humanitäre Helfer:innen und Geflüchtete begonnen.

Am 1. März 2020 stand das Transitlager des Flüchtlingshilfswerks UNHCR in Flammen, das in den letzten Jahren wenige Meter über Skala Sikamineas – also jenem Fischerdorf, in dem wir noch wenige Tage zuvor die ersten Boote hatten ankommen sehen – als Erstversorgungszentrum für Geflüchtete gedient hatte.

Meine kleine Wohnung wurde aufgrund ihrer zentralen Lage in den nächsten Tagen und Wochen zum Treffpunkt von Fotograf:innen, Journalist:innen und anderen humanitären Helfer:innen, die zwischendurch in aller Schnelle Texte schreiben, Bilder hochladen oder Interviews führen mussten.

Obwohl nur wenige Boote die Küste erreichten, reagierte die griechische Regierung mit einer Entscheidung, die es zuvor in der EU in dieser Form noch nicht gegeben hatte. Noch am gleichen Tag setzte Griechenland innerhalb weniger Stunden das Grundrecht auf Asyl für einen Monat aus. Jeder Mensch, der die Grenze ohne Pass überschritt, wurde verhaftet. Artikel 14 der UN-Menschenrechtskonvention besagt, dass jeder das Recht habe, «in anderen Ländern vor Verfolgung Asyl zu suchen und zu genießen». Das galt nicht mehr. Das Kriterium der Schutzbedürftigkeit der Menschen, die ankamen, wurde von einem auf den anderen Tag suspendiert. Adonis Georgiadis, der Vizepräsident der griechischen Regierungspartei Nea Dimokratia, drohte an, es werde «lebenslange Haft für alle geben, die nicht zurückwollen». In einem Interview mit der ZEIT sagte er: «Eines muss klar sein: Wer glaubt, dass er durch Griechenland durchkommt, um nach Europa zu gelangen, macht einen großen Fehler. Durch Griechenland wird niemand nach Europa durchkommen.»

Außer Kontrolle

Immer mehr Frauen, Männer und Kinder wurden in dieser Zeit in einen eingezäunten Tanker am Hafen von Mytilini gebracht. Am 2. März verweigerte ein dänisches Boot, das im Rahmen der *Frontex*-Operation Poseidon im Einsatz war, den Befehl der Einsatzleitung. Es sollte 33 gerettete Menschen aus dem Meer in ihr Schlauchboot zurückbringen und aus den griechischen Hoheitsgewässern in türkische Gewässer ziehen. Die Besatzung war der Ansicht, dieser Befehl sei für die Menschen lebensgefährlich, und brachte sie stattdessen auf die Insel Kos. Oberleutnant Jan Niegsch und Polizeichef Jens Møller, die für die dänische Einheit zuständig waren, bestätigten in dieser Zeit, dass die griechische Küstenwache den Befehl hatte, Boote daran zu hindern, die Seegrenze zwischen der Türkei und Griechenland zu passieren. Der Grundstein für die alltägliche Praxis der illegalen Pushbacks war gelegt.

Athen verstärkte unterdessen die Polizeieinheiten an der Landgrenze zur Türkei. Tausende Menschen blieben im Polizeikessel zwischen den beiden Ländern stecken. Sie wurden zuvor von türkischen Shuttlebussen an die Grenze gebracht. Die griechische Regierung reagierte abermals mit Tränengas und voller Härte. Fünf Tage nach Erdoğans vermeintlicher Grenzöffnung wurde der 42-jährige Pakistaner Muhammad Gulzar erschossen. Seine Frau stand direkt neben ihm, als es geschah, erst zwei Monate zuvor hatten die beiden geheiratet. Nach Recherchen des *Spiegel* und von *Lighthouse Reports* hatten an diesem Tag mit großer Wahrscheinlichkeit griechische Grenzschützer scharf auf die Menschen geschossen. Damit war eine weitere Stufe der Eskalation erreicht.

In Brüssel äußerten sich die Abgeordneten des Ausschusses für bürgerliche Freiheiten (LIBE) am selben Tag in «tiefer Besorgnis über die sich verschlechternde humanitäre Situation» an den Grenzen. Zeitgleich kam es auf der Insel zu immer heftigeren Übergriffen: Ärzt:innen wurden auf dem Weg von Moria nach Hause im Auto attackiert, Helfer:innen aus ihren Autos gezogen. Die meisten humanitären Operationen wurden daraufhin eingestellt. Unzählige Mitarbeiter:innen internationaler NGOs verließen aus Sicherheitsgründen die Insel. Auch die Türen der Hilfsorganisation *Ärzte ohne Grenzen* blieben zwei Tage lang verriegelt.

Eines Abends zogen Julian und ich vorsichtshalber die Mietwagensticker von unserem Auto ab, bevor wir uns die wenigen Kilometer auf den Weg ins Lager machten.

Kurz vor der Abbiegung zur Stromanlage an der Küstenstraße waren die Straßenlaternen ausgefallen. Nur schemenhaft erkannte ich eine größere Gruppe von Menschen am Straßenrand und dachte, es seien Camp-Bewohner:innen auf dem Weg zurück nach Moria. Als wir näher an die Gruppe heranfuhren, konnten wir Ketten, Schlagstöcke und Kapuzen erkennen. Es dauerte nur wenige Sekunden, bis einer der Männer aus der Gruppe «MKO» (das griechische Kürzel für «NGO») schrie und vor unsere Kühlerhaube sprang, um das Auto zu stoppen. Julian versuchte, den Rückwärtsgang einzulegen und umzudrehen. Nun kamen weitere Männer, um die Türen aufzureißen und mit nagelgespickten Holzschlägern die Scheiben einzuschlagen. In einem Hagel aus Schlagstöcken konnte Julian beschleunigen und uns aus der Situation hinausmanövrieren.

Kurz nach dem Vorfall erreichte uns die Nachricht der Crew der Berliner Mission «Mare Liberum», eines Menschenrechtsbeobachtungsschiffes in der Ägäis, dass eine Gruppe von maskierten Männern ihr Deck mit Benzin übergossen hatte. Neben der weitgehenden Einstellung aller humanitären Operationen kamen auch kaum noch Journalist:innen auf der Insel an. Und viele derjenigen, die noch kamen, waren ausgerüstet, als würden sie in ein Kriegsgebiet reisen. Im Gepäck hatten sie Helme, und manche internationale Fernsehteams hatten sogar Sicherheitspersonal dabei.

Die Gewalteskalation war das Ergebnis einer europäischen Politik, die keine Vorstellung und keinen Plan hatte, was mit den geflüchteten Menschen auf den griechischen Inseln passieren sollte. Man ließ die Sache einfach laufen. «Der Hass bricht nicht plötzlich auf, sondern er wird gezüchtet. Alle, die ihn als spontan oder individuell deuten, tragen unfreiwillig dazu bei, dass er weiter genährt werden kann», schreibt Carolin Emcke in ihrem Buch «Gegen den Hass». Man stand vor den Scherben einer europäischen Politik, die sich nicht nur abgewendet, sondern ganz bewusst Augen und Ohren verschlossen hatte, wenn es um die Einhaltung der eigens auferlegten rechtsstaatlichen Standards bezüglich der Übernahme der Schutzverantwortung ging.

Bei einem Treffen der EU-Regierungschefs in Athen am 3. März 2020 stand jedoch nicht der Schutz von Menschen, die seit Jahren Gewalt, Ausgrenzung und Verwahrlosung auf der Insel ausgeliefert waren, auf der Tagesordnung, sondern die Aufrüstung der Grenzen. Bei einem

Treffen mit dem griechischen Ministerpräsidenten Kyriakos Mitsotakis äußerte EU-Kommissionspräsidentin Ursula von der Leyen, Griechenland sei das «Schutzschild» gegen Migration. «Zusätzlich zu den derzeit 530 Grenzschutzbeamten wird *Frontex* 100 Grenzschutzbeamte an den Land- und Seegrenzen einsetzen.» Zudem werde die EU dieses «Schutzschild», so von der Leyen, auch finanziell unterstützen: mit 700 Millionen Euro für das Migrationsmanagement.

*

«Wie ist Ihr Nachmittag, Madam?», fragte mich ein Junge auf einem leeren Feld neben den sanitären Anlagen, als wir es zwei Tage nach unserer rasanten Autofahrt wieder nach Moria geschafft hatten. Er hatte seine Beine gewissenhaft überkreuzt, als säße er in einem Wartezimmer. «Auf ein Spiel?», fragte er. Mit dem Finger bohrte er drei Löcher in den Boden. Wer es auf einen Hieb schaffte, die Murmeln darin zu versenken, hatte gewonnen.

Wir spielten eine Runde, und ich war überrascht, wie wenig sich der Junge von dem Trubel um ihn herum beeindrucken ließ. Hinter ihm liefen Menschen, mit Holzpaletten beladen, den Berg hinunter, Familien schrien sich über die Zelte hinweg etwas zu. An einem der Zelte neben dem Murmelplatz versammelten sich auf einmal mehrere Menschen, was darauf hindeutete, dass es ein Problem gab oder dass irgendwas passiert war. Ich deutete hin und fragte den Jungen, ob er wisse, was los sei.

Er richtete sich auf, klopfte den Staub von seinen Hosen, bedeutete seinen Mitspielern, auf ihn zu warten, und führte mich zum Ort des Geschehens. Als ich beim Zelt ankam, erfuhr ich, dass eine darin lebende ältere Frau schon seit Tagen nicht mehr aufstehen konnte. Ihr Sohn hatte ein Loch neben dem Zelt gegraben und es mit einer UNHCR-Plane abgehängt, damit sie sich zum Duschen hineinlegen konnte.

Mehr war im Moment nicht möglich. Die Frau musste dringend ins Krankenhaus. Aber dort würden mittlerweile fast alle Camp-Bewohner:innen abgelehnt, sagte der Mann. Als ich Maryam anrief, kannte ich ihre Antwort schon. Niemand wusste in dieser Zeit, wo noch Hilfe herzubekommen war. Die Notfalltelefone schienen kaum noch besetzt.

«Nur mit Glück», sagte Maryam, bekämen die Menschen jetzt noch irgendeine Form der Behandlung. Noch mehr als zuvor blieben die Menschen in Moria sich selbst überlassen.

4

Isolation

Mitte März 2020 wartete ich in Athen auf einen Flug nach München, als mich meine Freundin Rachael anrief, die den Garten eines Gemeindezentrums auf der Insel verwaltet hatte. Zusammen mit ihrer Hündin Bella, einem fuchsbraunen Kokoni, war sie mit ihrer Organisation aus Sicherheitsgründen schon zwei Wochen zuvor von der Insel evakuiert worden. «Hast du Platz für den Pelzball?», fragte sie mich am Telefon. Sie musste schnellstmöglich in die USA zurückreisen, bevor die Trump-Regierung aufgrund der Pandemie die Grenzen dichtmachte. Die Beschränkungen der Fluggesellschaften, machten es den beiden zu dem Zeitpunkt unmöglich, gemeinsam über den Atlantik zu reisen. Eine Stunde später stand Bella mit wedelndem Fuchsschwanz neben mir an der Sicherheitskontrolle.

An einem Vormittag in der Nähe von München backte ich ein paar Tage später einen Apfelkuchen, während meine Eltern mit Bella spazieren gingen. Im Radio hörte ich einen Beitrag von Urlaubern, die unter dem Slogan «Aktion Luftbrücke» von der Bundesregierung aus Marrakesch ausgeflogen werden sollten. «Wir sind in absoluter Unsicherheit, seit Freitag in Marokko! Die Grenzen dicht», sagte ein Urlauber im Radio. «Ich will wieder zurück!» Die Pandemie hatte mittlerweile ganz Europa im Griff. Die Grenzen wurden geschlossen, in Deutschland wurde die humanitäre Aufnahme von Schutzbedürftigen ausgesetzt, und immer mehr Menschen zogen sich weltweit in die Selbstisolation zurück. Rachael sollte tatsächlich erst wieder in knapp einem Jahr nach Europa zurückkehren können. Bella würde also vorerst im bayerischen Voralpenland bleiben.

Als der Teig fertiggeknetet war und ich die Kuchenform eingefettet hatte, klingelte mein Telefon. Es war Yasmin. Sie sagte, dass es im Lager noch bis in die frühen Morgenstunden gebrannt habe. Und sie fragte

Isolation

auch, ob es wahr sei, dass man Moria jetzt einzäunen würde. In den lokalen Medien wurde berichtet, dass die Stadt plane, die Geflüchteten während der Pandemie von der Stadtbevölkerung zu isolieren. Draußen schien die Sonne. Ich telefonierte herum, um zu verstehen, was diesmal zu dem Feuer in Moria geführt hatte.

Ein sechsjähriges Mädchen war dabei ums Leben gekommen. Es hatte eine Stunde gedauert, bis die Feuerwehr das Feuer löschen konnte. Am Telefon sagte mir Omar Alshakal, er habe in einem der abgebrannten Container gestanden und den Körper des verbrannten Kindes in eine Decke gewickelt. Omar war im Sommer 2014 noch vor der großen Migrationsbewegung aus Syrien auf der Insel angekommen. Drei Jahre später gründete er dort die humanitäre Organisation *Refugee for Refugees*.

Bis in die frühen Morgenstunden, erzählte er mir am Telefon, hatten Dutzende Bewohner:innen des Lagers einen sicheren Schlafplatz gesucht. Die Brandursache blieb ungeklärt. Bis dato war noch kein Corona-Fall im Lager bestätigt worden. Doch die wenigen verbliebenen Ärzt:innen, Anwält:innen und Sozialarbeiter:innen rechneten längst mit einem größeren Ausbruch. Schutz dagegen war kaum vorhanden: Die Zelte standen inzwischen so eng beieinander, dass sich sogar Kleinkinder seitlich durch die Zeltwände schieben mussten. Eine Toilette sollte laut *Ärzte ohne Grenzen* für 167 Menschen reichen. Eine fünfköpfige Familie schlief auf drei Quadratmetern Zeltboden. Die Verwaltung hatte offenbar tatsächlich das Ziel, das Lager abzuschotten und unbewohnbar zu machen. Doch vorerst nicht mit Zäunen. Seit Wochen wurde der Müll nicht mehr abtransportiert – die Müllwagen, so Omar, passten zum Teil gar nicht mehr durch die Gassen.

*

Anfang Mai rollte der Besitzer des kleinen Tante-Emma-Ladens an meiner Straßenecke ein Orangenbonbon in den Zehn-Euro-Schein, den er mir als Rückgeld feierlich überreichte. «Willkommen zurück», sagte er, «jetzt ist wieder alles ruhig.» Tatsächlich hatte die Gewaltbereitschaft einzelner radikaler Gruppen infolge der Pandemiebeschränkungen zwischenzeitlich wieder abgenommen.

«Und in Moria?», fragte er vorsichtig, als ich schon fast aus der Tür war. Als ich mich umdrehte, kniff er die Lippen zusammen. In diesem

Moment hatten wir alle keine richtige Vorstellung davon, wie die Situation für die Menschen im Lager gerade aussah. In den Wochen, in denen ich mich selbst vor der Pandemie zurückziehen konnte, war der Ausnahmezustand in Moria jedoch mit jeder Woche weiter eskaliert.

Am 5. April traten Inhaftierte im Abschiebegefängnis von Moria, das sich neben dem Haupteingang in einem extra abgeschotteten Teil befand, in den Hungerstreik, um gegen die Haftbedingungen zu protestieren. In den engen Räumen hätten sie keine Chance, sich zu isolieren, hieß es in ihrer Protestschrift. Sie hatten keine Straftat begangen, sondern saßen nur aufgrund ihres unklaren Aufenthaltsstatus ein. Viele der Festgenommenen kamen aus Kamerun, Ghana und Nigeria. Menschen aus diesen Ländern erhalten in Europa statistisch in weniger als 25 Prozent der Fälle den Status als anerkannte Geflüchtete. Die meisten von ihnen wurden kurz nach der Ankunft festgenommen. Die Männer saßen über 22 Stunden am Tag in der Zelle, bei jeweils einer Stunde Freigang im Hof morgens und abends – ohne jede Rechtsberatung und ohne überhaupt zu wissen, warum.

In diesem Jahr wurde die sofortige und dauerhafte Inhaftierung von Geflüchteten laut NGOs und Menschenrechtsanwält:innen immer mehr zur Praxis, obwohl sie eigentlich erst in letzter Instanz erfolgen durfte, wie mir Minos Mouzourakis, Rechtsreferent der griechischen Organisation *Refugee Support Aegean*, ein Jahr später erklärte. Also erst dann, wenn alternative Maßnahmen ausgeschöpft seien – zum Beispiel die Möglichkeit, dass die betroffenen Personen sich regelmäßig bei den Behörden melden. Laut griechischem und europäischem Recht müssen sich die Abschiebezentren für Geflüchtete klar von Gefängnissen unterscheiden. Die Abschiebehaft darf keiner Bestrafung gleichkommen, sondern soll allein der Vorbereitung auf die Rückführung in ein sicheres Drittland oder das Herkunftsland dienen. In der Realität unterschieden sich die Lebensbedingungen in vielen Abschiebezentren wie etwa dem in Moria aber kaum von Gefängnissen. Das Anti-Folter-Komitee des Europarats verurteilte die Zustände in Griechenland schon vor 2015 wiederholt aufs Schärfste, auch weil kaum jemand erfuhr, was in der Haft vor sich ging. Trotz Protesten waren die Männer nun schon über zwei Monate in Haft.

Am 17. April wurde ein 16-jähriger Junge der Hazara-Gemeinde aus Afghanistan nach einer gewaltsamen Auseinandersetzung mit Messer-

Isolation

stichen ins Krankenhaus eingeliefert. Dort starb er einen Tag später. 300 Menschen protestierten in den Tagen darauf in Andenken an den Jungen und verlangten die Aufklärung seiner Todesumstände, nachdem er zu spät ins Krankenhaus eingeliefert worden sein sollte.

Eine Woche später, am 22. April, wurden zwei Camp-Bewohner aus Afghanistan und dem Iran von einem 55-jährigen Bewohner des Nachbardorfes von Moria mit einer Schrotflinte in den Rücken geschossen und mit leichten Verletzungen ins Krankenhaus eingeliefert. Sie waren in der Nähe des Dorfes unterwegs gewesen, hieß es später in der Lokalpresse. Einen Tag später wurde der Schütze vor Gericht geführt, nachdem man die Tatwaffe gefunden hatte – vor dem Gerichtsgebäude versammelten sich 100 Menschen zu seiner Unterstützung.

Am 29. April erreichte mich das Bild einiger Protestierender vor Moria, die ein weißes Banner hochhielten, auf das sie in Großbuchstaben geschrieben hatten: «Close the prisons / our brothers / have commited no crime».

Von alldem schien während der Pandemie nur wenig in der Welt außerhalb des Lagers anzukommen. Zusammen mit Julian, der mit mir Anfang Mai 2020 auf die Insel zurückreiste, fuhr ich fortan fast täglich nach Moria. Zum gleichen Zeitpunkt schlug das griechische Migrationsministerium nun tatsächlich vor, einen Zaun um das Lager zu bauen, nachdem Eleftherios Douroudis, der Generaldirektor der örtlichen Polizei, verkündet hatte, dass die vor dem Camp stationierten Polizist:innen «27 000 Versuche» von Bewohner:innen verhindert hätten, aus dem Lager zu entkommen. Der Bürgermeister des Dorfes Moria lehnte den Vorschlag über den Bau dieses Sicherheitszauns ab. Als Grund gab er an, das Lager solle seinen provisorischen Charakter behalten.

*

Yasmin arbeitete mittlerweile Tag und Nacht. Die Straße nach Moria war neuerdings durch einen Polizei-Checkpoint und eine rot-weiße Banderole versperrt. Nur Lkws, Journalist:innen und Mitarbeiter:innen humanitärer Organisationen durften die Absperrung passieren. Die Camp-Bewohner:innen brauchten eine Extragenehmigung, um das Lagergelände zu verlassen.

Wir trafen uns in den nächsten Wochen entweder im Krankenhaus oder an der Absperrung zum Lager, die auch sie nur in medizinischen Notfällen passieren durfte. Es sei ein Wunder, sagte sie, dass die Pandemie im Lager noch nicht ausgebrochen war. Eines Nachmittags setzten wir uns auf das verbrannte Gras neben der Feldklinik von *Ärzte ohne Grenzen*. Yasmin hatte eine Thermoskanne voller grünem Tee mit Ingwerscheiben und gefüllte Teigtaschen mitgebracht. Ihr pinkes Tuch hob sich leuchtend von den grünen Büschen ringsum ab. Sie fing an, über die Situation im Lager zu sprechen. Das Gespräch wurde später zu einem Protokoll:

Zusammen mit meiner kleinen Nichte sind wir sechs Frauen. Wir haben alle eine Taktik entwickelt, um mit der Belastung umzugehen. Meine jüngere Schwester lernt zum Beispiel mithilfe von Filmuntertiteln Koreanisch. Am Anfang befestigten wir Blumen in den Ecken des Zeltes, schüttelten jeden Morgen die Decken aus und sangen mit meiner Mutter alte Lieder aus meiner Kindheit – damit sie für ein paar Momente vergessen konnte, wo wir waren. Oft spielten wir bis tief in die Nacht Karten und tranken Tee, wenn der Strom nicht ausfiel. Vor sechs Monaten wurde der Rest meiner Familie auf das Festland in ein Lager transferiert. Obwohl wir alle die gleiche Fluchtgeschichte haben, sind wir in unterschiedlichen Stadien des Asylverfahrens. Im Gegensatz zu mir bekamen meine Geschwister ihre Papiere. Ich musste hierbleiben, um auf meinen Reisepass zu warten, mit dem ich auf die Fähre steigen kann.

Als Krankenschwester behandelte ich in den ersten Wochen der Ausgangssperre Menschen, die unter Fieber und starken Kopfschmerzen litten, mit Knoblauch, den wir zuvor in großen Töpfen über dem Feuer ausgekocht hatten. Stundenlang standen wir vor dem kleinen Supermarkt an – manchmal war der Knoblauch schon ausverkauft, bis wir an der Reihe waren.

Die Angriffe von gewalttätigen Gruppen auf Ärztinnen und Sozialarbeiterinnen im Frühling und die Isolation in der Pandemie führten dazu, dass auf einmal fast niemand mehr ins Camp kam. Die Kinderklinik von Ärzte ohne Grenzen schließt schon um 16:30 Uhr – ab da setzen die Schlägereien um die letzten Ressourcen ein. Nacht für Nacht. Ab 16 Uhr ist nur noch ein Militärarzt anwesend – und am Wochenende manchmal gar niemand mehr. Trifft dich am Freitag ein Schlaganfall, wirst du erst am Montag behandelt.

Isolation

In einer Nacht stellte ich mich mit einer anderen Frau aus Somalia in die Warteschlange vor der Militärklinik. Der Frau war beim Schneiden ein Messer in die obere Bauchdecke abgerutscht. Die Wunde war nicht allzu tief, doch sie blutete stark. Zwei Nähte hätten es getan, aber die Militärärztin, die in dieser Nacht Schicht hatte, sagte, ein großes Pflaster sei genug. Natürlich brach die Wunde am nächsten Morgen wieder auf – ich musste mit der Frau ins Krankenhaus.

Ein Problem ist, dass die Behörden hier oft gar nicht wissen, was die Anzeichen von traumatischer Belastung sind. Die Traumata hier können so schwer sein, dass sich die Betroffenen manchmal nicht mal mehr an ihren Namen erinnern. Die Polizisten denken dann oft, sie würden auf den Arm genommen, und werden grob, wenn sich jemand nicht an das eigene Geburtsdatum oder die Zeltnummer erinnern kann. Erst heute Morgen sah ich einen afghanischen Mann vor dem Haupteingang des Camps, der sich mit einem Messer erst in die Arme und dann in den Hals schnitt. Er wurde von der Polizei abtransportiert. Wohin, das wissen wir nicht. Psychologisch wird er mit Sicherheit nicht betreut. Darauf ist hier niemand auf der Insel vorbereitet.

Die Isolierung ist vor allem psychisch schwer auszuhalten. Hier gibt es keine Tür, die du einen Moment lang schließen kannst, um dich zurückzuziehen und durchzuatmen. Für manche endet die Isolation sogar tödlich. Im letzten halben Jahr begleitete ich einen 30-jährigen Mann mit schwerer Herzerkrankung fast wöchentlich ins Krankenhaus, wo ich für ihn übersetzte. Die Ärzte sagten, er könne wieder gesund werden. Doch mit der Ausgangsbeschränkung brach auch seine Behandlung ab, sein Zustand verschlechterte sich mit jedem Tag. Man konnte ihm nicht direkt ansehen, wie schwerkrank er war. Immer machte er Witze, jeder kannte ihn hier. Er hieß Adam. An einem Tag Anfang April wollte er in die Hafenstadt, um seine Medikamente zu kaufen. ‹Du machst uns doch etwas vor›, sagte die Polizei zu ihm, als er eine Ausgangsgenehmigung beantragte, ‹du willst doch nur einkaufen gehen.› Es dauerte Stunden, bis wir die Polizisten endlich überzeugen konnten. Adam starb am 29. April auf dem Weg zum Krankenhaus. Immer wieder sagte er in den Tagen zuvor zu mir: ‹Yasmin, hilf mir.› Ich sagte ihm, dass ich ihm nicht helfen könne, da ich hier auch nur Gast sei. Heute fühle ich mich schuldig.

Eine Woche später verlor eine Frau im Zelt neben mir ihr Kind, wir schafften es zum Krankenhaus, das Personal dort wollte sie aber nicht behandeln. Eine Frau am Eingang schrie mich an: ‹Du kannst hier nicht ohne Maske hinein, du steckst uns alle an.› Ich wusste nicht mehr, was ich sagen soll. In Moria gibt es keine Masken und keine Apotheke. Woher sollte ich auf einmal eine Maske haben?

Weil ich als Geflüchtete heute anerkannt bin, muss ich bis Ende Juni das Camp verlassen, sobald ich meine Reisedokumente habe. Gehe ich nicht – so steht es auf den Aushängen an der Essensausgabe und den Toiletten –, wird mir der Fluchtstatus aberkannt. Heute bekommen immer mehr Frauen in unserem Container einen blauen Stempel in den Pass. Damit dürfen sie die Fähre nehmen und im ganzen Land reisen. Doch wohin sie gehen sollten, wissen sie nicht. Jetzt sitzen viele auf Pappdeckeln am Victoriaplatz in Athen oder haben sich mit ein paar anderen Frauen ein Hotelzimmer gemietet. Die meisten sind verzweifelt, und einige wollen sogar zurück nach Moria.

Manchmal denke ich an die Frau zurück, die ich war, als ich aus Somalia floh, und schaue auf die, die ich jetzt bin. Ich bin stärker geworden. Die Zeit hier hat mein Herz gebrochen, aber meinen Blick auf die Welt geschärft.

5
Abbas

Abbas stand neben den Mülltonnen am Haupteingang. Über seinen Ohren hingen Kopfhörer wie umgeknickte Tulpen, die er nur wieder rasch auf die richtige Seite klappen musste, sobald sein Telefon klingelte. So geschäftig wie an diesem Morgen hatte ich ihn, der meist nur allein im Lager unterwegs war, noch nie gesehen. «Neuer Pullover?», fragte ich. «Ne, nur zum Trocknen in der Sonne auf das Hausdach gespannt», antwortete er. «Das ist das beste Bügeleisen, das man sich vorstellen kann.» Tatsächlich wurde es in diesen Mai-Tagen 2020 immer wärmer auf der Insel. Vor der Ausgangssperre war Abbas, dessen Name für das Buch geändert wurde, kurz nach dem Aufstehen regelmäßig in die Stadt gelaufen, um die Wellen zu beobachten, ab und zu einen Kaffee zu trinken und den Fischern beim Knüpfen ihrer Netze zuzusehen.

Abbas

Schon frühmorgens, wenn die meisten Menschen im Lager noch schliefen, schüttelte er sein Kissen auf, legte seine Wolldecke und die restlichen T-Shirts mit der grünen Cargohose sorgfältig gefaltet darauf, steckte seine Papiere in seine Brusttasche und schloss das Vorhängeschloss hinter sich ab.

Er hatte die kleine Holzhütte, in der wir mit ausgestreckten Füßen sitzen konnten, mit alten Apfelkisten und UNHCR-Wolldecken zusammengezimmert und mit einer Baggerplane umspannt, die er auf der Straße gefunden hatte. Als ich ihn zum ersten Mal sah, stand seine Hütte am Rande des Lagers, fernab vom nächsten Zelt, wo er den Überblick behalten konnte und der Gestank der Müllberge nicht bis zu ihm hinaufkam. Er konnte als ehemaliger Soldat nur schlafen, wenn es absolut ruhig war. «Oder eben im Stehen, aber dafür brauche ich keine Hütte.»

Abbas hatte im Sudan Englisch studiert und dort als Übersetzer für die russischen Truppen gearbeitet, bevor er später nach Ägypten floh. Als wir uns an diesem warmen Tag im Mai zum Fastenbrechen trafen, steckte er seit über neun Monaten auf der Insel fest. Jeder Tag war eine neue Herausforderung. Abbas war die Hälfte seines Lebens auf der Flucht gewesen. Tagelang hatte er sich in Lkws oder Baracken versteckt, ohne die Sonne zu sehen – und war ihr dann bei tagelangen Fußmärschen über Waldwege und Berge wieder komplett ausgesetzt. Das Schlimmste sei die Bewegungslosigkeit, hatte er mir bei einem unserer ersten Treffen gesagt. «Wenn du aufhörst, in Bewegung zu sein, stirbt das Herz.»

Heute, am Tag des Eid Al Fitr (Fastenbrechen), hatte Abbas schon sehr früh angerufen. Seit 4:30 Uhr war er auf den Beinen. Mit schnellen Schritten lief er nun an ein paar verknitterten Gesichtern vorbei, die verschlafen aus ihren Zelten blickten. Vor einigen anderen Zelten hockten Frauen und Männer, die versuchten, ein kleines Feuer für den ersten Tee anzuzünden. Im Mai konnte sich die Hitze schon frühmorgens in nassen Tropfen unter den Plastikplanen absetzen. Ich hüpfte Abbas mehr hinterher, als dass ich hinter ihm her gegangen wäre; er war wie immer einen Gang zu schnell für mich. Auch er hatte im Lager einen Spitznamen bekommen. In der sudanesischen Gemeinde wurde er «der Boxer» genannt, bei seinen syrischen Nachbarn war er «der Panther», weil er sich, wie sie sagten, so leise und schnell durch die engen Gassen bewegen konnte, dass keiner ihn wahrnahm. Seitdem ein Freund uns einander vorgestellt hatte, liefen wir – Abbas, der Fotograf Julian und ich – nachmittags meist zu dritt durch das Camp. Abbas zeigte uns seine Überlebensstrategien an diesem Ort, etwa wie man vermeintlich giftige Schlangen in Plastikflaschen fängt, wie man Blattsalat unter den Olivenbäumen pflanzt oder kleine Gräben für den Wasserabfluss aushebt. Morgens bereitete er sich meist einen knackigen Salat mit frischem Olivenöl zu. «Das abgepackte Schokocroissant macht dich nur noch schlaffer», sagte er. Ansonsten gehörte das Kochen nicht zu seinen Stärken; meist, wie auch heute, waren seine Freunde dafür zuständig.

Mit vollgepackten Plastiktüten stand Salah Aram, gelernter Ingenieur und Chefkoch der Gruppe, mit zwei weiteren Freunden aus dem Sudan unter dem Felsvorsprung, der ein paar Meter über dem Camp aufragte. Sie alle trugen an diesem Tag weiße Hemden und hatten Hammelfleisch und einen Sack weißer Zwiebeln gekauft. In einer anderen Tüte steckten drei riesige Flaschen Coca-Cola und Reis. Wir liefen den Berg hinauf, um einen guten Platz zum Grillen zu finden. Abbas kannte einen Baum, zu dem er gerne ging, da dort der Boden besonders flach war.

Kurz vor der Ankunft schnitten uns zwei Polizisten jedoch den Weg ab. Eine absurde Konversation begann:

«Zurück ins Camp!», sagte einer der beiden. Der andere streckte neben ihm die Hand in Richtung der Zelte aus.

«Hier ist doch noch Camp-Gelände», erwiderte Abbas.

«Das ist nicht dein Land», antwortete der Polizist.

«Ich will dieses Land auch gar nicht», sagte Abbas. «Ich möchte nur grillen.»

«Zurück ins Camp!», wiederholte der Polizist. Nur etwa 70 Menschen durften in dieser Zeit pro Tag mit einer Spezialgenehmigung an den Polizeisperren vorbei. Das letzte Zelt des Camps lag nur drei Schritte von dem Platz, den Abbas ausgesucht hatte, entfernt. Während in Griechenland der Wettkampf um die Tourist:innen allmählich wieder Fahrt aufnahm und sich die Bars an der Hafenpromenade füllten, ging die Ausgangssperre für die 18 000 Menschen in Moria zum zweiten Mal in die Verlängerung. Obwohl es bis Mai noch keinen bestätigten Corona-Fall im Camp gegeben hatte, durfte bis zum 7. Juni niemand das Camp-Gelände verlassen. Jeder Verstoß wurde mit bis zu 300 Euro Geldstrafe geahndet.

Das wusste auch Salah, der seinen Freund beschwichtigend an der

Hand nahm. «Aber wir sitzen doch immer hier», sagte Abbas, «das ist doch noch Camp-Gelände.» Es ging eine Weile hin und her, bis die Polizisten drohten, Abbas auf die Polizeistation zu bringen. Er ließ seine Arme sinken. «Ich bin nicht zum Kämpfen nach Europa gekommen.» Nachdem die Polizisten meine Papiere kontrolliert hatten und zum Streifenwagen zurückgegangen waren, lehnten sich die zwei Freunde an einen Olivenbaum und blickten über das plattgetretene Gras zur lärmenden Zeltstadt hinunter. «Entweder sprechen hier alle lauter mit mir, brüllen mich an – im Krankenhaus, bei der Essensausgabe, bei der Einteilung zum Duschen –, als hätte ich keinen Verstand», sagte Salah, «oder sie gehen aus der Kapelle raus, wenn ich sie betrete. Drehen mir auf der Straße den Rücken zu.» Als alleinreisende Männer hätten sie die allerschlechtesten Karten von allen, meinte auch Abbas. Keiner würde sie nach ihrer Ausbildung fragen oder sich dafür interessieren, wer sie seien. Sie seien als Gruppe entweder unsichtbar oder gefährlich.

Gemeinsam mit Aram zogen Abbas und Julian die schwere Plastiktüte voller Maiskolben, Kirschsaft und Hammelfleisch über den Boden zu einem tieferen Schattenplatz unter einen halb abgeholzten Olivenbaum. Auf dem Weg mussten wir den vielen Fäkalien ausweichen, die neben Plastikflaschen und Tablettenpackungen im Gras herumlagen.

«Lasst uns noch einen Baum weiter laufen, nicht, dass wir versehentlich die Küche mit der Toilette verwechseln», sagte Salah. Als wir die Lichtung erreicht hatten, band er sich eine Schürze aus verknoteten Plastiktüten um sein weißes Hemd und rollte die Ärmel hoch.

Abbas drückte uns allen einen Klecks hellgrüne Spülseife in die Hände. Salah hob eine Flasche Wasser in Hüfthöhe, damit wir uns vor dem Kochen die Hände waschen konnten. In dem kleinen Einkaufsladen im Lager gab es nur noch zwei Kartons, an der Kasse wurde die Seife jetzt rationiert. Dabei sei es nicht schwer gewesen, ein paar Flaschen vom Lidl zu bekommen. «Jeder findet hier einen Weg», sagte auch Abbas. Wir trugen Steine zusammen, auf die wir uns setzen konnten, um die Zwiebeln zu schälen. Eine zweite Gruppe kam, fing an, Feuerholz zu sammeln, und brachte einen verkohlten Eisentopf, den sie mit viel Wasser ausspülte. Einer der Jungs stellte eine Musikbox auf, und beinahe hätte ich vergessen, wo wir waren, wenn uns die Gespräche nicht immer wieder auf die Zustände im Lager gebracht hätten.

Zwei Monate nach der Eskalation der Proteste öffnete das Asylbüro im Mai 2020 wieder seine Pforten. Die Hoffnung, Antworten zu bekommen, war groß: «Ich konnte die Schlange von Menschen von meinem Zelt aus sehen», sagte Abbas, «alle hofften, dass das Warten endlich aufhört.» Doch es kam anders: 1400 Asylanträge wurden an diesem Tag in erster Instanz abgelehnt. Zehn Tage hatten die Betroffenen anschließend Zeit, um Einspruch einzulegen. Doch dafür mussten sie zur kostenlosen Rechtsberatung nach Mytilini kommen. Trotz Ausgangssperre machte sich also eine Gruppe über die Olivenbaumfelder auf den Weg. Doch nicht alle von ihnen hätten das Camp-Gelände an diesem Tag auch verlassen dürfen. Beim Anstehen in der Stadt gab die Polizei deshalb Bußgeldbescheide von 150 Euro an diejenigen aus, die die Ausgangssperre missachtet hatten. «Das ist doch absurd», sagte Abbas und lud uns noch mehr Zwiebeln auf die Teller, «das Prinzip geht vorne und hinten nicht auf.»

*

In den Tagen nach unserer kleinen Feier spitzte sich die Sicherheitslage im Lager weiter zu. «Im Moment ist ein Kampf um den Markt ausgebrochen», sagte Abbas. «Einzelne Gruppen streiten sich, wer Kartoffeln verkaufen und die Kioske verwalten darf.» Am Abend zuvor war erneut ein 23-jähriger Mann aus Afghanistan bei einer Messerstecherei ums Leben gekommen. Seit dem 1. Januar waren laut Polizei 13 schwere Messerangriffe in Moria dokumentiert worden. Vier Menschen waren an den Übergriffen gestorben, zwölf schwer verletzt worden. Wir liefen wieder durch die Felder – Abbas' Freiheit konnte in diesen Tagen an den Rändern der Felder bemessen werden. Der Lärm machte ihm zunehmend zu schaffen. Er vermisste es, eine Auszeit bei einem Spaziergang oder Kaffee in einem der Stadtparks nehmen zu können.

«Es sind Kinder, die nicht einmal wissen, wie man ein Messer richtig hält.» Die echten Terroristen, erklärte Abbas, stiegen in die Flugzeuge nach Europa, die kämen nicht im Boot. Oft habe ihn die Polizei gefragt, ob er ihnen nicht helfen könne, die Mörder zu finden, weil er viele Menschen kenne und immer einen guten Überblick habe. Er lehnte jedoch ab. Den prekären Status quo im Camp durch die Zusammenarbeit mit einer ansonsten untätigen Polizei noch zu verschlimmern, käme ihm nicht in den Sinn. «Das Gleiche tun ja auch die Organisationen», sagte er, «auch wenn sie gute Absichten haben, arbeiten sie mit denjenigen zusammen, die dieses Unrecht jeden Tag erlauben.» Bis zuletzt blieb ihm die Rolle vieler humanitärer Helfer:innen im Lager ein Rätsel.

Am nächsten Tag waren auf der Verkehrsinsel, an der Abzweigung zwischen Mytilini und Moria, nur noch die Fetzen des einstigen Absperrbands zu sehen. Nach über 140 Tagen in der Ausgangssperre wollte jeder nur noch raus aus dem Camp. Der einzige Ausweg: Taxis. Die durften das Gelände im Gegensatz zum Bus ohne Ausnahmegenehmigung verlassen: für 10 Euro pro Person. «Ticket» nannten es viele. Eines, das sich nur die wenigsten leisten konnten. Abbas gehörte nicht dazu. Doch er fand andere Wege, sich abzulenken. Einer davon war Sport.

Wenn die Sonne langsam über den welligen Hügeln unterging, lief er mit ein paar Freunden zum Ende der Asphaltstraße, kurz vor der Polizeiabsperrung, und begann zu trainieren. Im Lockdown war die Straße zu einem langgestreckten Freiluft-Fitnessstudio umfunktioniert worden. Kinder spielten hier Fußball, einige Frauen dehnten sich an den Leitplanken oder gingen eingehakt den Straßenabschnitt hoch und runter. An einem Nachmittag brachte Abbas, Julian und mir ein paar Kung-Fu-Tricks bei. Wir standen in den Feldern mit den Dornenbüschen, als er seine Flip-Flops abstreifte, in die Hocke ging und mit einer Wucht in die Luft kickte, dass ich die Bewegung noch später in meinen Ohren rauschen hörte. Das Gras war mittlerweile zu Stroh geworden. Bei über 32 Grad brannte die Sonne schon frühmorgens gnadenlos auf einen nieder. Nach den ersten fünf Push-ups lagen wir alle ausgelaugt im Stroh.

Eine Gruppe von etwa 30 kongolesischen Frauen und Männern wiegte unter einer blauen Plastikplane in einer Morgenandacht die Oberkörper auf und ab. «Jeder sucht einen anderen Weg aus dem Wahnsinn», sagte Abbas, «das muss man den Menschen lassen.»

Eines Tages faltete Abbas seinen Pullover auf seinen flachen Rucksack. Sieben Flaschen Wasser lehnten gegen die Zeltplane. Ein Apfelstück für den Abend lag auf einem Kartonstück. Er hatte es mit Zitrone eingerieben, damit es sich nicht braun verfärbte. Jedes Essen teilte sich Abbas genau ein. Stundenlang stand er manchmal für Seife und einen Kopfsalat beim einzigen Supermarkt an. Heute habe er jedoch seinen Rucksack gepackt. Für den Fall, dass er es aus dem Lager schaffen würde. Immer wieder erhielten die Angehörigen von manchen besonders vulnerablen Gruppen ein Fährticket nach Athen – auch, wenn ihr Asylverfahren noch nicht abgeschlossen war. Einige Unterkünfte wurden eigens dafür vom Flüchtlingshilfswerk des UNHCR angemietet. Abbas bezweifelte, dass ihm jemals ein Schutzstatus zuerkannt würde, doch er wusste, dass die griechische Regierung das widersprüchliche Ziel verfolgte, die Insellager weitgehend zu entlasten, ohne sich Gedanken darüber zu machen, was mit den Menschen auf dem Festland passieren würde.

Abbas rang mit der Überlegung, zum Hafen zu gehen und sein Glück zu versuchen. Doch er wusste: Selbst wenn er es schaffte, die Insel zu verlassen, würde in Athen nur die nächste Phase der Obdachlosigkeit auf ihn warten.

Er schob jetzt eine Holzplatte vor seine Hüttentür. Erst am Abend zuvor waren seinem Freund Salah, der in der Mitte des Camps wohnte, das Handy und die Papiere gestohlen worden. Die Spannung im Camp war in diesen Tagen mit den Händen zu greifen. Abbas lief bis zur Polizeiabsperrung, wo wir uns verabschiedeten. Auf dem Weg sagte er noch: «Für Moria ist kein Mensch geboren worden.»

6
Die letzte Tankstelle

Um zu verstehen, wie es mit den Menschen weiterging, die in diesen Tagen die Insel verließen, stieg ich Mitte Juli 2020 auf die Fähre nach Athen. Von dort reiste ich bis an die nordmazedonische Grenze. In Moria brannte es an diesem Tag wieder. Durch einen starken Wind drohten die Flammen bis auf das Kloster von Agios Raphael überzugreifen. Später hieß es zunächst, Campbewohner:innen hätten das Feuer gelegt. Dann wurden Gerüchte laut, es seien rechtsradikale Gruppierungen gewesen, die sich nach dem Feuer zu einer Demonstration getroffen hatten. Bei Temperaturen von über 35 Grad und starken Winden waren in dieser Woche auch auf anderen Inseln der Nord-Ägäis und der Peloponnes Feuer ausgebrochen.

Vor mir fuhren zahllose Autos auf die Fähre. Heftiges Winken und Hupen. Ein älterer Mann balancierte drei plastikverschweißte Kuchen-

packungen an einem Mädchen aus Syrien vorbei, das sich gegen den Rollstuhl ihres Vaters stemmte.
«Welche Nationalität?»
«Deutsch.»
«Hier entlang.»
Bei der Auffahrt auf die Fähre gab es seit ein paar Wochen zwei Schlangen: eine für Geflüchtete und eine für Inselbewohner:innen und Tourist:innen. Ich winkte Fenet zum Abschied, die mich zur Fähre gebracht hatte. Sie wohnte in dieser Zeit in einer Wohnung für alleinreisende Frauen, direkt gegenüber vom Hafen. Jeden Tag konnte sie von ihrem Schlafzimmer aus beobachten, wie sich Menschen aus Moria auf die Reise nach Athen machten. Mittlerweile lebten im Lager knapp 6000 Menschen weniger als noch im Frühjahr. Doch das waren nicht unbedingt gute Nachrichten.

Anfang Juni teilte der griechische Migrationsminister Notis Mitarakis mit, dass die Asylbehörden seit Januar 11 000 negative Asylbescheide ausgestellt hätten, um Deportationen zu beschleunigen und die Insellager zu entlasten. Zugleich bekamen Hunderte Familien binnen weniger Tage einen Stempel in den Ausweis gedrückt, der ihnen den Status als «Flüchtlinge» verlieh. Ob anerkannt oder abgelehnt – beide Gruppen durften nur mehr 30 Tage in den Camps bleiben. Die monatliche Unterstützung von etwa 90 Euro wurde ihnen nach der Frist gestrichen.

«Den Rollstuhl im Hubraum parken», befahl der Ticketkontrolleur am Eingang der Fähre. Während die Gäste mit Kabinenbuchung ihre Schlüssel entgegennahmen, stand die siebenköpfige Familie verloren an der Rezeption. «Vermeiden Sie, auf der Fähre herumzulaufen», schallte es durch die Lautsprecher. Das Fährpersonal wies die Familie an, nach draußen an Deck zu gehen.

«Kann ich dich etwas fragen?» Eine junge Frau, die zu der Familie gehörte, sprach mich an. Sie hatte wohl bemerkt, dass ich sie beim Aufstieg auf die Fähre beobachtet hatte. Ich blinzelte zu ihr hinüber und schob meine Spinatasche zurück in die Verpackung, um nicht gleich den Mund voller Brösel zu haben.

Sie streckte ihre Hände an der Reling aus und lehnte sich zurück. «Meine Freunde sagten mir, ich solle das Kopftuch ausziehen, da ich jetzt in Europa bin», sagte sie auf Englisch. Erst jetzt fiel mir das hellblaue Tuch auf, das um ihre Schultern lag. «Dabei habe ich das Gefühl, ich habe Europa noch gar nicht gesehen.» Sie erwartete keine Antwort von mir, sondern sah mich einfach nur sehr aufmerksam an. Ich zog die Spinattasche wieder aus der Packung, und wir brachen beide ein Stück davon ab. Anfang des Jahres war sie mit ihrer Familie auf der Insel angekommen, erzählte sie. Ihr Name war Bara. Vor einer Woche war sie mit ihrer Familie von der Asylbehörde einbestellt worden, und ihnen wurde ebenjener Stempel in den Pass gedrückt, der es ihnen nun erlaubte, weiterzureisen. Ganz plötzlich.

«Wir konnten noch mit dem Taxi dem Rauch entkommen», sagte sie. Als sie von meinem Beruf hörte, lachte sie kurz auf und warf den Kopf in den Nacken. «Das lernst du schnell in Moria», sagte sie, «so viele Journalisten fragen dich nach den Zuständen im Lager, doch nie ändert sich etwas.»

Der Empfang sprang vom griechischen ins türkische Mobilnetz um. Aus dem Fenster erkannten wir die etwas abgerockten Fassaden der Hafenpromenade von Chios. Dort stiegen junge Soldaten, eine Basketballjugendgruppe und zwei somalische Frauen mit einem Korb voller Fladenbrot zu. Das letzte Mal war ich vor zwei Jahren mit Fanny Binder hier gewesen. Seitdem hatte ich die Insel nicht mehr besucht, obwohl auch hier, im Lager von Vial, noch immer 4000 Menschen unter ähnlichen Bedingungen wie in Moria ausharrten.

Es gab noch einen weiteren Halt in Samos, dann fuhr die Fähre durch die Nacht. Bara und ihre Familie hatten sich in einer Ecke auf dem Oberdeck eingerichtet. Sie war es von Moria gewöhnt, dass immer ein Familienmitglied wach blieb, um im Notfall reagieren und alle anderen aufwecken zu können. Auf der Fähre würde es an diesem Morgen vermutlich zu keinen Zwischenfällen wie Feuern, Schlägereien oder Raubzügen kommen, sagte sie, doch angekommen seien sie noch lange nicht.

Morgens um 6:57 Uhr wachte ich neben einer der Couchvorrichtungen im Wartesaal vom Dröhnen der Fähre auf. Das Deck wurde von der aufgehenden Sonne rot angeleuchtet. Ein Mann bekreuzigte sich vor mir an der Reling. Bara und ihre Familie standen schon vor der Rolltreppe, die nach unten in den Hubraum führte. Sie hatte einen dünnen Spalt im Rucksack offen gelassen, damit ihre Zahnbürste schneller trocknen konnte. Jetzt musste dann doch alles ganz schnell gehen. In den nächsten Tagen würden sie bei ihrem Bruder unterkommen, der schon

Die letzte Tankstelle

einige Wochen vor ihnen Asyl zuerkannt bekommen und eine kleine Wohnung am Stadtrand gemietet hatte.

«Ein bisschen Angst habe ich, von der Fähre zu steigen», sagte sie. Wir winkten uns zu, und ich stieg in den Bus zum Viktoriaplatz in Athen. Dort versammelten sich jene Familien, die weder Verwandte noch Freunde noch sonstige Anlaufstellen in Athen hatten.

*

Im Café Attika an der Ecke des Platzes gab es frisch gepressten Orangensaft für zwei Euro. Die Kellnerin lehnte mit heruntergezogener Maske an der Kaffeemaschine und klackerte mit rosa Schellacknägeln auf der Handytastatur herum. Die Temperaturen waren an diesem Tag noch einmal um zwei Grad gestiegen. Jeder Schritt in der Sonne strengte an.

Hinter dem Café strich ein älterer Mann ein Bettlaken auf dem Asphalt zurecht. Er zog die Schuhe aus und stellte sie neben das Laken. Dann legte er sich bäuchlings darauf und verschränkte die Hände unter dem Kopf. In der vergangenen Woche hatte die Stadtverwaltung dort die Parkbänke abmontiert. Der Platz in Piräus, dem historischen Hafen der griechischen Hauptstadt, war zu einem Treffpunkt für die Menschen aus Moria geworden.

Auf einer UNHCR-Decke saß eine ältere Frau aus Afghanistan. Sie trug einen Teebeutel um ihr Handgelenk. «Meine Tasche», sagte sie lachend. Sie war 74. Vor zwei Jahren war sie mit ihrem ältesten Sohn nach Griechenland geflohen, sagte sie. Ihr Mann sei «schon lange» tot. Seit gestern Mittag habe sie nichts mehr gegessen. Nur einmal am Tag kämen ein paar junge Menschen, die Essen brächten.

Gestern in der Nacht waren die Menschen von der Polizei von dem Platz vertrieben worden, heute Morgen vom Straßenreinigungstrupp in die nächste Seitenstraße. Neben der älteren Frau saß eine Frau aus Kunduz. Sie hielt ihren zweijährigen Sohn im Arm. Sein Gesicht war blutverschmiert. Er konnte das Essen seit Tagen nicht mehr bei sich behalten. Er hatte eine Hasenscharte, die dringend hätte operiert werden müssen. Ihr Mann war auf Wohnungssuche. Seit drei Wochen. Zwischendurch schaltete sie immer wieder das Telefon aus, um Akku zu sparen. Eine Steckdose gab es hier nicht. Nur ein Restaurant auf dem Platz erlaubte es der Familie, einmal am Tag auf die Toilette zu gehen.

Noch vor einer Woche hatten sie alle überstürzt und hoffnungsvoll das Lager in Moria verlassen. In Athen schienen sie aber nur in einer noch größeren Sackgasse gelandet zu sein. So unhygienisch Moria auch gewesen war: Das Lager lag in der Natur, und irgendwo hatte man dort immer etwas zu essen gefunden.

Fariba Naim stand vor einem abgebrochenen Besenkopf, den eine Familie zum Fegen in einen der Bäume gehängt hatte. Ich hatte ihren Kontakt von einer Freundin bekommen, die in Moria als humanitäre Helferin arbeitete. Fariba sprach sehr gut Englisch und war fast täglich am Viktoriaplatz, um für die Neuankommenden zu übersetzen oder ihnen bei Behördengängen zu helfen. Seit neun Monaten war die 24-Jährige aus Masar-e Scharif mit ihrem sieben Jahre jüngeren Bruder in Griechenland, seit zwei Wochen in Athen. Sie hatte für 350 Euro ein kleines Zimmer mieten können. Doch das konnte sie sich von ihrem Ersparten nur einen Monat lang leisten. Mit der Anerkennung ihres Asylstatus waren auch die staatlichen Hilfszahlungen eingestellt worden. «‹Glückwunsch!›, sagten sie uns in der Asylbehörde. ‹Jetzt dürft ihr euch in Griechenland frei bewegen.›» Dabei wurde gleichzeitig ihre Geldkarte gesperrt, die zumindest noch 90 Euro im Monat garantiert hatte. Seither suchte sie vergeblich nach einem Minijob in Athen. «Ausweglos», sagte sie, «das machen alle.»

*

Nicht weit vom Omonia-Platz im Zentrum Athens traf ich Ahmad Ebrahimi. Er trug ein grünes T-Shirt und rauchte Camel-Zigaretten. Wir kannten uns noch von der Insel, wo er in den letzten Jahren auch an einem Film über sein Leben in Moria gearbeitet hatte. Mittlerweile lebte er in der griechischen Hauptstadt. In den letzten Wochen besuchte er regelmäßig die Familien auf dem Viktoriaplatz. Manche von ihnen, sagte er, waren zuvor schon über zehn Jahre in der Türkei gewesen, ohne dass sie dort eine Gesundheitsversorgung gehabt hätten. Doch nun, mit anerkanntem Fluchtstatus in Griechenland, seien sie noch rechtloser als zuvor. Die Jobs, Ausbildungsplätze oder Zuschüsse für Wohnungen könne man an einer Hand abzählen.

Der 33-jährige Filmemacher aus der afghanischen Stadt Herat war 2018 nach Griechenland gekommen. Im Februar war er von Lesvos nach

Athen gezogen, mit anerkanntem Fluchtstatus. «Kurz bevor der Wahnsinn auf der Insel ausbrach», sagte er. Vor sechs Jahren hatte er in Kabul einen Film über die Taliban gedreht. Kurz danach musste er fliehen. Im Winter 2022 würde sein erster Film aus Griechenland erscheinen: «Citizen of Moria». Dafür hatte Ahmad Szenen in seinem engen Zelt und in der Dusche gedreht, in den schlimmsten und in den hoffnungsvollsten Momenten. «Moria war mir die größte Schule und der größte Feind im Leben», sagte er, «es hat mir gezeigt, in welcher Welt wir leben, und mich gleichzeitig von vielen Vorurteilen befreit. Im Gegensatz zu damals, in Afghanistan, glaube ich heute nicht mehr, dass irgendwer mehr wert ist als jemand anderes. In Moria waren wir auf einmal alle gleich beschissen dran.»

Das Schlimmste an diesen Lagern und jetzt am Viktoriaplatz sei, dass die Menschen mit jedem Tag nicht nur Zeit, sondern auch ihre Lebenskraft verlieren. Hier in Athen sei für viele, die, anders als er, kein Englisch sprechen würden und daher auch keine Möglichkeit hätten, einen Freundeskreis in Griechenland aufzubauen, das Ende der Hoffnung erreicht.

Auch ihm war mit dem anerkannten Fluchtstatus das Geld entzogen worden. Doch er hatte einen Job als Übersetzer und durch eine Freundin ein Zimmer in einer Wohngemeinschaft mit drei Katzen in Athen gefunden. «Jetzt lebe ich nicht mehr mit 15 000 Menschen zwischen den Olivenbäumen. Sondern mit Penelope, Sitara und Picipicino neben dem Athener Flughafen.»

Angekommen war Ahmad trotzdem nicht. Jeden Tag dachte er an seine Frau und seine drei Kinder zurück in Afghanistan. Bevor sie nicht in Sicherheit waren, würde ihn kein Ort der Welt ankommen lassen, sagte er. «Das Leben auf der Flucht ist wie in einem Computerspiel, mit jedem Level wird es schwerer.»

*

Noch am selben Abend fuhr ich nach Thessaloniki, um Ovileya zu besuchen, Rose Hansen wiederzusehen und von der Hafenstadt in den Norden nach Idomeni weiterzureisen.

Ovileya öffnete mir schwungvoll die Tür. Sie wohnte seit Anfang des Jahres in einer kleinen Wohnung in Thessaloniki und arbeitete als

Übersetzerin in der Stadt. Fröhlich saßen wir bei einem eiskalten Saft an ihrem Küchentisch und kamen aus dem Erzählen nicht mehr heraus. In der Silvesternacht von 2018 auf 2019 hatte sie beschlossen, ein neues Leben zu beginnen. Sie fühlte sich an diesem Abend besonders unwohl und dachte über all das nach, was in ihrem Leben passiert war. «Was würde dich glücklich machen?», hatte Usman sie gefragt. «Endlich als Frau leben zu können», antwortete sie. «Na dann los», sagte Usman. Fortan versteckte Ovileya nicht länger, wer sie war. Jeden Tag stand sie eine Stunde früher auf, um ihr Make-up aufzutragen, und zog an, wonach sie sich fühlte. Usman und sie lebten offen als Paar. Ein Jahr später trennten sie sich, doch ihre starke Verbindung blieb bestehen. «Usman war meine Familie», sagte Ovileya, «er hat mich bei allem unterstützt. Jetzt muss ich wieder selbst auf die Füße kommen.» Usman war auf der Insel geblieben.

«Jetzt aber raus mit uns», sagte Ovileya abrupt und klopfte auf ihre Knie. Sie ging zu ihrem Kleiderschrank, streifte sich ein Kleid über und zog ein Paar Ledersandalen an. Wir liefen zu einer Taverne an der Stadtpromenade, freuten uns über den lustigen Kellner und bestellten einen ganzen Tisch voller Essen. Wir sprachen über die Einsamkeit in der Stadt und die Enge der Insel. «Auf Lesvos hörst du jeden Gedanken deines Nachbarn», sagte sie glucksend, «die Insel funktioniert nur, solange man sie verlassen kann.» Auf dem Weg zurück zu ihrer Wohnung fiel mir auf, dass Ovileya ausgelassener sprach als noch an Inseltagen und manchmal ihre Arme ganz versunken schwingen ließ.

Am nächsten Tag fuhren wir mit der Fähre zum Stadtstrand von Perea. Ovileya blickte immer wieder über ihre Schulter, als wir zum Meer liefen. Wir lagen auf den Liegen und schauten den brechenden Wellen zu. Athen wirkte weit weg. In der Mittagshitze sprangen wir ins Wasser. Als der schillernde Hafen von Thessaloniki später auf der Fähre am Horizont auftauchte, verfärbte sich der Himmel dunkel. Weiße Wolken in grauen Hosen. Ich streckte die Arme an der Holzreling aus. Die Sonne hatte uns müde gemacht.

«Manchmal schaue ich in die Gesichter der Menschen, die hier im Schatten leben», sagte Ovileya leise, «man sieht sie in den Parks oder hinter dem Bahnhof. Manche von ihnen sprechen Bengali, wie ich.» Wir fuhren an der Villa Palataki vorbei. Seit 2006 war das ehemalige Regierungsgebäude mit seinem breiten Vorplatz und den vertrockneten Pal-

Die letzte Tankstelle

menbüscheln, die wie zerzauste Perücken im Wind flatterten, unbewohnt. «Eine seltsame Welt ist das», wunderte sich Ovileya, «in der solche Häuser leer stehen.»
Sie schaute auf das Wasser. Das Meer sah aus, als bekäme es durch die Regentropfen eine Gänsehaut. Dann sagte Ovileya: «Ich sehe mich nicht als LGBTQ+-Aktivistin, eigentlich bin ich auch gar keine Aktivistin. Ich bin eine Frau, die für ihre Rechte und die anderer kämpft.» Sie legte ihren Kopf auf die Reling und schloss die Augen. Es war einer der losgelöstesten Momente, in denen ich sie in den letzten Jahren gesehen hatte.

*

Am nächsten Tag fuhr ich an den Bahnhof von Thessaloniki. Schon vor einem Jahr war ich hier Rose Hansen begegnet. Mit einer mobilen Arztpraxis und einem Team deutscher Medizinstudent:innen versorgte sie obdachlose Geflüchtete in der Stadt. Die meisten von ihnen waren junge Männer, die auch bei NGOs oft durch jedes Unterstützungsraster fielen. Diesmal traf ich Hansen jedoch nicht neben ihrem Krankenwagen auf dem Feld, sondern in einem Bürogebäude im zweiten Stock. An den Fenstern baumelten noch immer rote Weihnachtskugeln und Lametta von der letzten Weihnachtsfeier, die einige Monate zurücklag. Gerade war sie damit beschäftigt, eine OP für den 41-jährigen Nadeem aus Pakistan zu organisieren. Drei Kliniken hatten den Patienten abgelehnt. «Dabei braucht er dringend eine Platte in der Schulter», sagte sie. Die Durchblutung war nicht mehr gewährleistet. Die Nerven waren geschädigt. Das Team hatte eine kleine Crowdfunding-Kampagne für die OP ins Leben gerufen. Jetzt musste nur noch der Termin in der Privatklinik bestätigt werden.

Hansen hatte immer drei verschiedene Taps auf dem Telefon gleichzeitig geöffnet. Zum Tippen blieb ihr meistens keine Zeit. «Obama, kannst du mal helfen? Das albanische Pärchen ist wieder da. Wir haben ihnen gestern schon T-Shirts gegeben. In Diavata können sie waschen.»

Drei Jahre lang führte Hansen nun schon ihre mobile Arztpraxis in der Hafenstadt. Seit einem halben Jahr hatte sie mit der Organisation *Medical Volunteers International* eine alte Büroetage zwischen dem Roxane-Club und dem alten Güterbahnhof angemietet. Im Juli hatten die Bordelle ringsum wieder geöffnet. Seitdem nahm der Druck aus der Nachbarschaft wieder zu. Sie waren eine der wenigen Anlaufstellen für Geflüchtete zur medizinischen Versorgung. Früher waren vor allem obdachlose Männer und Jungen die Treppen zu dem Behandlungszimmer hochgestiegen. Nach Monaten auf der Straße oder in Abbruchhäusern fanden viele von ihnen nur mehr im Verkauf von Drogen oder Zigaretten einen Weg, um zu überleben, und viele waren schmerzmittelabhängig geworden.

«Die Jungs kriegen von mir schon eins auf die Ohren, wenn sie Scheiße bauen», sagte mir Hansen bei unserem ersten Treffen im März 2019, «aber was machst du anderes, wenn sich seit Jahren kein Mensch mehr um dich kümmert?» Damals hatte sie viele Frostbeulen gesehen. Sie behandelte Erfrierungen ersten Grades und Verbrennungen gleichzeitig. Oft schliefen die Jungen zu nah am Feuer. Und der Wind drehte schnell. Ein Jahr später kamen auch immer mehr Frauen und Familien zum Team.

Thessaloniki galt den Griech:innen stets als «Mutter der Migration». Von den sephardischen Juden und Jüdinnen bis zu den Armenier:innen und griechischen Geflüchteten aus Kleinasien hatten Menschen hier Zuflucht gesucht. Bis heute ist es ein Ankunftsort für jene, die statt über das Meer über den Landweg und den Grenzfluss Evros nach Europa gekommen sind. Dabei ist es von hier aus nur mehr eine Stunde bis zur nordmazedonischen Grenze, von der aus es dann weiter in Richtung Bosnien und Herzegowina, Kroatien und, falls man die Grenzen überwinden kann, schließlich nach Zentraleuropa geht.

Der Evros bildet die natürliche Grenze zwischen Bulgarien, Griechenland und der Türkei. Er liegt über weite Strecken im militärischen Sperrgebiet. In dem Fluss sind in den vergangenen Jahren laut *Human Rights Watch* Hunderte Menschen ums Leben gekommen. Und Tausende wurden auch im Zuge gewaltvoller Pushbacks verletzt. Manche, die es über die Grenze geschafft haben, haben nach der langen Strecke nach Thessaloniki nur eine Chance der Behandlung: «Mama Rose».

Hansen war mittlerweile von Algerien über Marokko bis nach Afghanistan auf YouTube-Kanälen bekannt. «Das spricht sich hier rum», sagte sie, «haste was, kommste her.» Ein junger Mann klopfte an den Türrahmen. Er brauchte eine frische Unterhose. Auch die gab es hier für jeden Neuankömmling, da viele der Männer auf der Straße nicht waschen konnten. Rose beugte sich über eine Pappkiste und zog eine heraus. In Knallorange. Daneben verbanden drei medizinische Helfer:innen in einem kleinen Behandlungszimmer die Verletzungen von vier Patienten. Auch während des Lockdowns im März war die Klinik offen geblieben. «Da sahen wir so viele Menschen verschwinden», sagte Hansen, «früher oder später landet jeder in der Abschiebehaft, und nach den Pushbacks trauen sich viele Männer nicht mehr in die Krankenhäuser, weil sie fürchten, dort verhaftet zu werden.»

Während der strikten Ausgangssperre im Mai 2020 hätten sich die Push-backs, also die illegalen Rückführungen von Geflüchteten über den Grenzfluss, verstärkt. «Manche haben durch eine Verletzung ne Stahlplatte im Bein. Da ist es dein Tod, wenn du über das Wasser in die Türkei zurückgepusht wirst», sagte Hansen.

«Als ich Ursula von der Leyen im März an der Grenze stehen sah und sie sagte: ‹Gut so, Jungs!›, dachte ich mir: ‹Frau, du hast doch selbst sieben Kinder!›» Wir gingen raus vor die Tür. Dort wartete eine Familie auf Einlass. Die schwangere Frau drehte eine alte Klinikmaske in den verschwitzten Händen hin und her. Es durften immer nur eine Handvoll Patient:innen nach oben. Viele Geflüchtete kamen auch wegen des Essens, das jeden Abend ab fünf Uhr von der kleinen Initiative Wave im Schatten des Roxane-Clubs ausgeteilt wurde. Manchmal gab es Linsen mit viel Zwiebeln und Kartoffeln, manchmal Nudeln oder frischen Reis.

«Die meisten warten hinter dem Haus», merkte Hansen an, «seit die Puffs wieder aufhaben, sind wir jeden Tag mit den Besitzern der Clubs im Gespräch. Sie haben Angst, dass die Flüchtlinge ihre Kunden vertreiben.»

«Das hier ist mein Leben», sagte Hansen, «jeden Tag.» Sie lehnte sich an den Krankenwagen, der in der Einfahrt stand, und ließ ihren Kopf kurz nach hinten kippen. Dann fischte sie eine Zigarette aus einer Packung. Ihr Telefon klingelte. «Yes! Dann sag ich ihm jetzt, er kann den Termin raushauen.» Am Montag konnte Nadeem endlich an der Schulter operiert werden.

*

Am nächsten Tag fuhr ich in das Diavata-Camp, das 7,5 Kilometer von der schillernden Küstenpromenade von Thessaloniki entfernt liegt. Laut dem *Border Violence Monitoring Network*, das seit Jahren Menschenrechtsverletzungen entlang der Grenze dokumentiert, sollen zwischen dem 31. März und dem 5. Mai 2020 Dutzende Geflüchtete aus dem Lager gebracht und illegal in Bussen in die Türkei abgeschoben worden sein. In fast allen Fällen soll die Polizei junge, alleinstehende Männer aus Afghanistan, Pakistan und Nordafrika unter einem Vorwand aus dem Lager gebracht haben.

Mehr Peripherie als dieser Ort ist kaum vorstellbar. Die aufgeplatzten Tomaten auf dem Boden und die grünen Mülltonnen waren die einzigen Farbtupfer in der Industrielandschaft vor dem alten Militärgelände. Zwei Männer legten eine zerfledderte Matratze in den Schatten einer Isobox. Der Maschendrahtzaun vor ihnen wurde durch einen Ledergürtel zusammengehalten.

An der Bushaltestelle neben dem Haupteingang stand der elfjährige Diako Chiman aus dem Norden des Irans neben seiner Mutter. Sie wollten in die Stadt. Seit sechs Monaten lebten sie im Diavata-Lager. Beide waren über den Grenzfluss Evros «gelaufen». In den nächsten Wochen wollten sie irgendwann «zu Fuß weiter», sagte Chiman, «hier kann man einfach nicht leben». Er bewegte sich wie ein Tänzer. Mit dem Ellbogen hakte er sich an der Straßenlaterne ein und schwang sich einmal um sie herum. Mit einem breiten Lächeln ließ er seine Haare immer wieder cool über die Kapuze seines Pullis schnellen. Seit frühmorgens waren die beiden auf den Beinen. Chimans Hände waren voller weißer Narben und roter Punkte.

Seit gestern konnte er Daumen und Zeigefinger nicht mehr zusammenbringen. Seine Hand war komplett zugeschwollen. Der Arzt in Diavata hatte ihm gesagt, es seien Moskitostiche. «Dabei habe ich das auch bei anderen Kindern gesehen», sagte Chiman, «es ist die Krätze.»

Wohin sie jetzt fahren würden?

«Ins Krankenhaus», sagte Chiman, «zu Mama Rose.» Wir winkten uns zum Abschied zu, und ich stieg mit zwei Freunden ins Auto, um nach Idomeni zu fahren.

*

Die letzte Tankstelle

Kurz vor der Grenze häuften sich die griechischen Flaggen in den Vorgärten, als ob sie einen noch einmal darin erinnern wollten, wem die Sonnenblumenfelder gehörten. Dort, wo heute felderbreit der Weizen blüht, liefen 2015 Tausende Menschen über die nordmazedonische Grenze. Bis die sogenannte Balkanroute 2016 geschlossen wurde.

Waren 2015 noch Hunderttausende Menschen auf dem Landweg nach Zentraleuropa geflohen, verzeichnete die EU-Grenzschutzagentur *Frontex* für 2018 nur noch 6000 Menschen. Nicht einmal Griech:innen durften nun, inmitten der Pandemie, die Grenze passieren, allein Gütertransporte waren noch zugelassen. Trotzdem schafften es immer wieder einzelne Menschen bis nach Serbien. Die Reise kostete Geld, viel Kraft – Ressourcen, die Menschen auf dem Viktoriaplatz in Piräus nicht mehr hatten – und manche das Leben. Doch während sich die EU-Länder noch immer auf keine Verteilungsquote hatten einigen können und die Türkei kaum mehr abgelehnte Asylbewerber:innen zurücknahm, schien die irreguläre Route über Nordmazedonien der einzige Ausweg.

«Die letzte Tankstelle» vor der Grenze steht noch immer. Auch auf Deutsch ist sie an einem Straßenschild angeschrieben. «Aber nicht mal die deutschen Touristen kommen hierher», sagte der Tankstellenbesitzer. Er saß hinter einer Plexiglasscheibe und schaute sich eine knallende Krimi-Serie auf seinem iPad an.

«Nur hier geht's langsam wieder los.» Der Tankstellenwart deutete auf drei Jungs an der überdachten Rastbank vor der Tür. Sie teilten sich eine Dose RedBull und eine Packung rote Marlboro.

Heute Nacht wollten sie es wieder versuchen. Der Jüngste war 17. Dreimal hatten es zwei von ihnen schon auf die andere Grenzseite geschafft, erzählten sie. Mit dem Güterzug. Stets waren sie von der Polizei aufgegriffen worden. Diese Nacht wollten sie es über die Berge versuchen.

Im Dorfcafé waren die Tischbeläge durch die starke Sonneneinstrahlung aufgeplatzt. Jeden Abend um sieben, wenn es kühler wurde, kamen hier die ersten Menschen aus den umliegenden Waldstücken, um sich ein belegtes Sandwich zu kaufen. «Aus dem Küchenfenster, alles andere würde für Unmut im Dorf sorgen.»

Mit einem kurzen Gartenschlauch an der Ecke füllte ein Mann aus Bangladesch seine Flasche auf. Auch er hatte es schon zweimal über die Grenze versucht. Jedes Mal war er von der nordmazedonischen Polizei aufgehalten worden. Er konnte nur noch mit einem Bein fest auftreten, das andere war durch Schlagstockschläge fast gelähmt, sagte er. Bei der Frage, ob er es heute Abend wieder versuchen würde, füllten sich seine Augen mit Tränen. Dann nickte er kurz.

Um die 200 Menschen kamen jeden Tag an der Grenze an, sagte der Wirt. Ganz genau wusste das keiner. Doch seit April waren die Zahlen angestiegen. Die griechische Polizei und die *Frontex*-Beamten seien zwar vor Ort, fühlten sich aber nicht mehr verantwortlich. Hier schienen die Anweisungen andere zu sein als auf der Insel: durchlassen statt aufhalten. Es ging ja auch in die andere Richtung. Raus aus Griechenland.

Hinter der Taverne lag der Bahnhof von Idomeni. An einem Wasserhahn neben der Polizeistation standen zwei Frauen aus Eritrea und wuschen zwei Unterhosen und ein Kinderunterhemd in einer Plastikschüssel. In 50 Minuten kam der nächste Güterzug aus Thessaloniki.

Hier traf ich eine griechische Frau, die nicht erkannt werden wollte, weil sie im öffentlichen Dienst arbeitete. Sie wohnte in einem der Nachbardörfer. Seit zwei Jahren war sie täglich vor Ort – sie arbeitete hier. «Fast jede Woche sehe ich hier Menschen sterben», sagte sie, «letzte Woche war es ein 15-jähriger Junge.»

Die Menschen hielten sich seitlich an den Güterzügen fest. Oder kletterten nach oben aufs Dach, wenn es dunkel wurde. Dabei blieben viele an den Strommasten hängen. «225 Volt», sagte sie. Die Züge konnten oft nicht stoppen. Es bräuchte drei bis vier Minuten, bis ein Zug zum Stehen kam. Dann war es oft schon zu spät. In den griechischen Medien bekäme man nur mit, dass ein Zug Verspätung habe. Nicht warum.

7

Das Feuer

«Noch fünf Kästchen», sagte ein Mädchen am Eingang des Parkplatzes, «dann können wir hüpfen.» Sie ging in die Knie und zeichnete mit einer gelben Kreide eine Linie auf dem Betonboden nach. Die Kreide hatte sie noch aus ihrem Zelt mitgenommen. Um Wasser, Medikamente und Zahnbürste in den Rucksack zu packen, fehlte die Zeit. Während das Mädchen unbeeindruckt von der lärmenden Umgebung ein paar wei-

Das Feuer

tere Hüpfkästchen zeichnete, erloschen die Neonröhren der Scheinwerfer über ihr. Ein Raunen ging durch die Menge.

Hunderte Menschen lagen um sie herum auf Pappkartons auf dem Lidl-Parkplatz. Manche lagen starr unter dem Vordach des Parkplatzes, andere hatten T-Shirts um die Augen gebunden, um unter dem grellen Licht schlafen zu können. Zwei Männer zogen ihre T-Shirts nach oben und zeigten ihre Brandwunden, in der Hoffnung, ich sei eine Ärztin und keine Journalistin.

Auf der Straße vor dem Lidl donnerte ein Milchlaster vorbei. An den Seiten lagen Hunderte Menschen unter Bambuszweigen und zogen jedes Mal die Füße ein, wenn ein Auto kam. Die Straße war noch immer nicht gesperrt. Immer wieder versuchte ich, Abbas zu erreichen. Sein Telefon war aus.

Es war der zweite Tag nach dem großen Feuer von Moria, das in der Nacht vom 8. auf den 9. September 2020 ausgebrochen war. Die ersten Bilder der Flammen erreichten mich auf einem Schlafsofa, bei einer Freundin in Hamburg. Am Tag darauf nahm ich den nächstmöglichen Flug auf die Insel. Innerhalb von wenigen Stunden waren Tausende Menschen auf der Flucht vor dem Feuer. Sie hatten keine Feuerlöscher oder Brandmelder, keinen Zufluchtsort und keinen Ansprechpartner, der ihnen sagte, wo sie sich in Sicherheit bringen konnten.

*

Zurück in Moria gab es kein Geschirrklappern, kein Hämmern, keine Musik und kein Murmeln in den Zelten mehr. Einige Olivenbaumstümpfe brannten noch immer leise knisternd vor sich hin. Der Asphalt schien zu schwitzen. Dabei fielen mir zuerst die verbrannten Tomatensträucher auf, die die Bewohner:innen vor ihre Zelte gepflanzt hatten. Einige von ihnen trugen noch rote Tomaten, die wie zerplatzte Luftballons in sich zusammengefallen waren. Moria war tatsächlich bis auf die Graswurzeln niedergebrannt – dieses Feuer musste enorm gewesen sein.

Auf einer ausgebreiteten Decke vor der Kapelle zwei Kurven nach dem Lager saß Yaser Taheri mit seiner Familie. Er war einer der jungen Fotografen der *Refocus Media Labs* und hatte die Feuernacht zusammen mit seinem Freund Milad Ebrahimi dokumentiert. «So ruhig war es hier bestimmt seit vier Jahren nicht», sagte Yaser. «Ja», pflichtete sein Vater bei. Dabei war der Lärm von Tausenden Menschen nur zwei Kilometer weitergezogen. «Zum ersten Mal höre ich sogar die Grillen», sagte Yaser, «und die Gedichte von meinem Vater.» Der blickte etwas verlegen in eine Kekspackung vor ihm, von der er mir anbot. Als ihn Yaser anstupste, zog er sein Telefon hervor, auf dem er in den letzten Monaten aufgeschrieben hatte, was ihm durch den Kopf ging.

Asef Taheri schloss kurz die Augen, bevor er auf das Display schaute. Dann sagte er auf Dari: «In dieser Nacht habe ich mit dem Mond gesprochen.» Die Mittagshitze machte seine Zunge langsam. «Er gab keine Antwort», sagte er leise. Über 2500 Gedichte hatte er in seiner Zeit im Lager geschrieben. Es sei sein Fenster in eine andere Welt gewesen, jenseits des Lärms.

Seit dem Brand hatte er nichts mehr geschrieben. Nachts, wenn alle schliefen, wachte er über den kleinen Vorplatz, tagsüber schaute er den staubigen Weg zur Hauptstraße hinunter. «Erst vor einer Stunde kam eine Gruppe Männer auf Motorrädern über die Berge», sagte Yaser beiläufig. «Sie hatten Schlagstöcke aus Metall bei sich.» Sie sollen die Familien auf dem Vorplatz der Kirche angeschrien und sie aufgefordert haben, die Kapelle innerhalb von einer Stunde zu räumen. Immer wieder hörten wir in diesen Tagen von den Motorradgangs, die die Menschen, die außerhalb der Straßensperre vor dem Lidl-Parkplatz ihr Quartier aufgeschlagen hatten, einschüchterten.

«Ja, aber wohin sollen wir denn gehen?» Yaser lachte und schob seine Maske zurecht, die alle Familienmitglieder noch immer trugen, als könnte ihnen die Polizei bei einem Verstoß gegen die Maskenpflicht weiterhin ein Bußgeld von 150 Euro aufbrummen. Dabei fehlte es ihnen in dem Moment am Allernötigsten. An Wasser, Windeln für die Kleinsten, an Antworten, wie es weitergehen sollte. «Warten müssen wir», sagte Yaser, «wie immer.» Sein Vater stand auf und fegte mit einem Büschel den Staub vor dem Kirchenpflaster weg.

*

Wer hat das Lager in Brand gesteckt?, hieß es in vielen Schlagzeilen in den Tagen nach dem Feuer. Wenn man die Menschen danach fragte, lachten die meisten nur. «Ist das alles, was sie interessiert?», hörte ich einen jungen Mann auf dem Lidl-Parkplatz zu einem Reporter sagen. In einem Kommentar bei *Politico* schrieb Daniel Howden, Leiter der investigativen Rechercheplattform Lighthouse Reports, wenige Tage später: «Eine bessere Frage wäre: Wieso ist diese Feuerfalle nicht früher abgebrannt? Es ist sinnlos zu diskutieren, warum eine Streichholzschachtel Feuer fing.» Moria sei dazu konzipiert worden, Menschen unter möglichst schlechten Bedingungen unterzubringen und neue potenzielle Flüchtende von ihrem Vorhaben abzuschrecken. Das Lager, so Howden, sei politisches Kalkül gewesen. An diesem Kalkül habe sich auch nach dem Brand nichts geändert. Im Gegenteil: Durch den Plan der griechischen Regierung, neue geschlossene Hochsicherheitslager zu bauen, sei das Kalkül nun «feuerfest». Auch mit jedem weiteren Camp, das folgen würde.

Kurz nach dem Brand kündigte der griechische Premierminister Kyriakos Mitsotakis an, permanente Fluchtzentren auf der Insel zu bauen. «Ich will mit absoluter Klarheit bestätigen, dass es ein dauerhaftes Empfangs- und Identifikationszentrum geben wird», sagte Mitsotakis, «diese Nachricht will ich in alle Richtungen schicken.»

Eine Vorstellung, die bei den Menschen auf der Straße regelrecht zu Panik führte. Währenddessen zeigte man sich in Brüssel und Berlin bestürzt. Doch was die schwelenden Debatten über die Verteilung der Menschen betraf, hielt man sich auf EU-Ebene auffallend zurück. «Das Problem ist immer, wir sind nicht unendlich zu allem in der Lage. Also für alle Schicksale, die es auf der Welt gibt. Das schmerzt, aber es ist nicht aus der Welt zu räumen», sagte der damalige deutsche Innenminister Horst Seehofer. Und während die EU-Kommissarin Ylva Johansson forderte, dass es «nie wieder» zu einem «Moria» kommen dürfe, fuhren Militärfahrzeuge die Zufahrtstraße zwischen den Menschen entlang und brachten die ersten Matratzen und Zelte in das neue Übergangslager neben dem Lidl-Parkplatz, das auf einem militärischen Schießübungsplatz aufgebaut wurde, der noch eine Woche zuvor in Betrieb gewesen war.

Die Schweiz und zehn andere EU-Staaten kündigten in den Tagen nach dem Feuer an, von den etwa 13 000 vertriebenen Menschen 400 unbegleitete Minderjährige aufzunehmen. Als auch Deutschland ankündigte, vorerst nur die Aufnahme der 1553 anerkannten Geflüchteten fortzusetzen, wurde schnell klar, dass die meisten Menschen in das neue Transitcamp würden ziehen müssen. Nach den ersten vier

Tagen waren es wieder die Frauen, die dagegen auf der Straße protestierten.

*

Als wir frühmorgens bei der Polizeisperre ankamen, wedelte eine Polizistin mit ihrem Schlagstock ein «Nein» in die Luft. Keiner sollte an diesem Morgen durch die Absperrung kommen. Auch die Presse nicht. Das sei eine Anweisung von oben. Hinter dem Polizeibus liefen zahlreiche Frauen und Kinder mit Pappschildern auf der Straße umher. Drei Männer lehnten am Reifen des Polizeibusses. Sie sprachen leise auf Französisch. Ich vermutete, dass sie aus Mali kamen. Einen der Männer kannte ich von den Gottesdiensten in Moria. Beim ersten Knall zuckten ihre Schultern. Es dauerte nur wenige Sekunden, bis es wieder donnerte. Die behelmten Polizist:innen nahmen ihre Schilder hoch. Die Männer hechteten zur Seite, um dem Tränengas, das die Polizei auf die Protestierenden abfeuerte, zu entkommen. Die Polizistin bat die Presse erneut, einen Schritt zurückzutreten. Das waren keine Bilder, die in der Zeitung auftauchen sollten. Die Menschen rannten kreuz und quer über die Straße vor dem Lidl. Pappschilder fielen zu Boden.

Einige Journalist:innen liefen seitlich die Felder hinauf. Auf der Straße vor uns brachen immer mehr Menschen zusammen, auch, weil sie dehydriert waren. Die Polizei lief zwischen den Filzdecken hindurch, schoss immer wieder Tränengas in die Menge. Helfende hielten den Kindern brennendes Papier unter die Nase. Andere zerdrückten Zwiebeln auf dem Boden, wickelten den Brei in Tücher und hielten ihn den Kindern ebenfalls unter Nase und Augen. «Wir haben ja nicht mal eine Seife hier», schrie eine Frau, «wollt ihr, dass wir sterben?»

*

Einen Tag später sah ich Abbas. Wegen der glühenden Hitze am Nachmittag war kaum jemand auf der abgesperrten Straße auf den Beinen. Kerzengerade lag er unter einer grünen Plane. Der Schatten reichte ihm bis zur Brust, auf der er seine Hände gefaltet hatte. Unter seinem Kopf lagen zwei gefaltete Decken und ein fein sortierter Papierstapel in einer

Das Feuer

Plastikhülle. Während um ihn herum das Chaos ausgebrochen war, schien er selbst sehr geordnet. Wie immer.
Sein Freund neben ihm, den ich noch vom Fastenbrechen kannte, stupste ihn an. Abbas schlug sofort die Augen auf und setzte sich, ohne einmal auszuatmen, gerade auf. Jetzt erst sah ich, dass seine Haarspitzen blond gefärbt waren. Er blinzelte in das grelle Licht. «Neue Frisur?» fragte ich. Er lachte.
Vor uns versuchte ein kleiner Junge ein paar Bambusstöcke umzuknicken, die am Straßenrand wuchsen, um sie als Schattenspender zu verwenden. «Irgendwann fliegt jeder Deckel in die Luft», sagte Abbas. Er streckte seinen Fuß aus und kickte eine leere Medizinpackung auf den Bordsteinkanal. «Und bei dir? Was gibt es Neues?»
Seit gestern Abend hatte er nichts mehr getrunken. Für ihn sei das kein Problem, er wüsste notfalls immer einen Weg, um an frisches Wasser zu kommen; doch für die Familien und älteren Menschen, die nicht mehr über die Hügel klettern konnten, sei das anders. Da kaum humanitäre Helfer:innen zu den Menschen durchgelassen wurden und die Polizei immer wieder Ärzt:innen, Wasserlieferungen und Croissant-Packungen an der Polizeisperre abwies, hatten die Menschen angefangen, kleine Löcher in die dünnen, schwarzen Plastikleitungen zu bohren, um Wasser in alte Plastikflaschen abzufüllen. «Die Kinder haben alle Durchfall», sagte Abbas. Toiletten gab es keine, die Alternative war das Meer unter dem Lidl. Da könnten jedoch nur die Kinder rein, sagte Abbas. Besonders für viele Frauen und viele ältere Menschen sei es gar nicht möglich, sich zu waschen. Sie mussten ihre Notdurft in den umliegenden Feldern vor der Polizeiabsperrung verrichten. Immer wieder fielen ältere Menschen auf dem Weg die Böschung hinunter um, sagte Abbas. «Lass uns eine Runde drehen», sagte er. Wie in Moria grüßte Abbas jede zweite Person auf dem Weg zum Gemeinschaftszentrum, wo wir uns auf einen Stein setzten und den ersten Bauarbeiten am neuen Lager zusahen. «Bevor das fertiggestellt ist, muss ich hier raus», sagte er.
Das temporäre Lager wurde mittlerweile mit Hochdruck aufgebaut. Unter den Ersten, die sich einen Tag später zur Registrierung am Eingang anstellten, war Basham Halan aus Burundi. Aus seinem T-Shirt ragte ein Kugelschreiber, den kleinen schwarzen Rucksack hatte er fest um den Rücken gezurrt. Er sah aus wie ein Mathematikstudent, der vor dem Hörsaal auf die Vorlesung wartete. Seit einem

Jahr war er in Moria, sagte er. Und er hatte gehofft, dass das Warten endlich aufhört, doch die Regierung habe klargemacht, dass vorerst kein einziger Geflüchteter die Insel verlassen durfte, abgesehen von den evakuierten Minderjährigen.

Viel mehr konnte ich von Basham gar nicht erfahren, nachdem ein Polizist in Zivil auf uns zugekommen war und uns aufgefordert hatte, die Unterhaltung abzubrechen. «Warum?», fragte Halan. Eine Antwort erhielten wir nicht mehr. Da wurde ich schon auf die andere Straßenseite gezogen.

*

Am Tag darauf lief ich mit meiner Freundin Begüm Başdaş durch das Gedränge auf der Straße. Sie war Geografin, und ihr detaillierter Blick auf ihre Umgebung hatte mir schon in Moria viele Male geholfen, das System des Lagers besser zu verstehen. Auf einem Parkplatz gegenüber der Hauptstraße standen drei Frauen aus Afghanistan. Sie hielten Pappschilder in die Luft, auf denen stand: «Es ist besser, für die Freiheit zu sterben, als das ganze Leben gefangen zu sein.» Begüm machte ein Foto von ihnen und warf ihnen eine Kusshand zu. Trotz der unhygienischen Zustände war es für die meisten Menschen eine grauenvolle Vorstellung, in das neue Lager ziehen zu müssen. Uns beschlich der Eindruck, dass die Menschen so lange auf dem Grenzstreifen unterversorgt würden, bis ihr Wille gebrochen sei und sie sich freiwillig im neuen Lager registrieren lassen würden.

Unter den Frauen mit den Protestschildern stemmte sich ein Junge, schätzungsweise acht Jahre alt, mit einer blauen Maske, die zweimal um seine Ohren gefaltet war, auf seinem Knie ab. Auf die Frage, wie alt er war, antwortete er nicht. In diesem Moment schien es tatsächlich die unwichtigste aller Fragen zu sein. «Wir wollen kein Essen, kein Trinken», sagte er. Seine Augen lagen ungewöhnlich tief in einem Kranz aus Falten. Das Tränengas hatte sich in die Augenränder gebissen. «Wenn wir schlafen, brennt es, wenn wir wach sind, gibt es Krieg», beendete er seinen Satz auf Englisch. Keiner sagte etwas. So saßen wir alle eine Weile im Lärm und Rauch, bis er fragte: «Um wie viel Uhr kommt die Freiheit?»

*

Das Feuer

Am Tag danach kamen die ersten Beamten des griechischen Migrationsministeriums in weißen Anzügen auf die Straße. Sie versuchten, die Menschen davon zu überzeugen, sich im neuen Lager registrieren zu lassen. Minister Notis Mitarakis sagte gegenüber dem Fernsehsender Mega TV: «Am Schluss ist es die Aufgabe des Staates, jeden [in das Lager] hineinzubekommen […]. Die griechische Regierung wird sich gezwungen sehen, jeden ins Camp [zu treiben].» Auf Flugblättern, die sternförmig auf dem Boden lagen, stand geschrieben: «Ihr vorübergehendes Unterbringungszentrum ist fertig. […] Dort sind Sie absolut sicher. Unterkunft, Verpflegung, Wasser, Strom und persönliche Hygieneartikel sind vorhanden.»
[…]
«Achtung! Hören Sie nicht auf Fake News, sondern nur auf die offiziellen Meldungen des Ministeriums für Migration und Asyl.»

In einem Ausschnitt einer Ankündigung auf der Website des Migrationsministeriums hieß es zusätzlich:

«Lieber Einwanderer, beschütze deine Familie. Kommen Sie in das neue Lager, das zu Ihrer eigenen Sicherheit, zu Ihrem eigenen Schutz und zum Schutz Ihrer Frau gebaut wurde […].»

Auf der Insel begann ein neues Zeitalter der «Sicherheit».

*

Obwohl die Untersuchungen zur Ursache des Feuers noch im Gange waren, hatte der griechische Premierminister Kyriakos Mitsotakis von Anfang an eine Theorie: «Es besteht kein Zweifel, dass Moria von einigen hyperaktiven Flüchtlingen und Migranten verbrannt wurde, die die Regierung erpressen wollten, indem sie Moria niederbrennen und ihre sofortige Umsiedlung von der Insel fordern.» Über die Verteilung der Geflüchteten waren die europäischen Regierungen weiter uneinig. Erst eine Woche vor dem Brand hatte Angela Merkel auf die Frage nach den Zuständen in Moria bei der Bundespressekonferenz geantwortet: «Wenn sich in Europa herumspricht, dass alle Flüchtlinge, die jetzt zur Debatte stehen, von Deutschland aufgenommen werden, werden wir nie eine europäische Lösung bekommen.» Die Lösung war nun also erstmal ein weiteres Lager auf der Insel. Die Verantwortlichen für das Feuer schienen zudem schnell ausgemacht.

Neun Monate später standen vier Jungs aus Afghanistan in Chios vor Gericht. In dieser Zeit war ich in Deutschland und telefonierte mit ihrer Verteidigerin Natasha Dailiani. Wenige Stunden nach der Verhandlung versuchte sie noch immer zu verstehen, was sie im Gerichtssaal erlebt hatte. Sie sei ihre Verteidigungsrede wieder und wieder durchgegangen. Habe die Aussagen geprüft. Am Ende blieb sie dabei: Die Entscheidung, dass es sich um Brandstiftung, die Gefährdung von Menschenleben und die Zerstörung von Eigentum handelte, habe bei der Staatsanwaltschaft von Anfang an festgestanden. In allen Anklagepunkten wurden die sechs jungen Afghanen schuldig gesprochen, obwohl keiner der geladenen 15 Belastungszeugen im Gerichtssaal bestätigen konnte, die Angeklagten in der angeblichen Tatnacht gesehen zu haben. Das Gericht stützte sich allein auf die schriftliche Aussage eines Zeugen, der nicht mehr auffindbar und deshalb am letzten Freitag auch nicht vor Gericht erschienen war. Der Zeuge hatte zum Zeitpunkt des Feuers in Moria gelebt und kurz danach einen positiven Asylbescheid erhalten, weshalb er die Insel hatte verlassen können.

Es sei klar gewesen, so die Verteidigerin Dailiani, dass Moria nicht nur in einer Nacht, sondern innerhalb von vier Tagen durch wiederholt entfachte Feuer an verschiedenen Stellen abgebrannt sei. Es sei schlicht unmöglich zu sagen, dass fünf zur Tatzeit minderjährige Bewohner und ein junger Mann allein für das Feuer verantwortlich waren. Das Chaos in der ersten Feuernacht habe auch ein Zeuge vor Gericht beschrieben. Hunderte von demonstrierenden und wütenden Menschen seien in der Nacht vom 8. auf den 9. September die Olivenhügel hinuntergerannt. Erst hatten Zelte in den Olivenbaumfeldern außerhalb des Lagers gebrannt, dann standen auch die Container im ehemaligen Militärlager in Flammen.

«Man brauchte einen Sündenbock für das Feuer», schlussfolgerte Dailiani. Vier der sechs Angeklagten wurden zu zehn Jahren Haft verurteilt. Für die Verteidigerin war in diesen Tagen klar, dass die echten Brandstifter nicht im Gerichtssaal saßen: «Ich sage es jetzt einfach mal, wie es ist: Ein falsches Gericht hat die falschen Leute inhaftiert.» Man habe ein Exempel statuieren wollen, sodass künftig niemand in den Lagern mehr auf die Idee kam, Feuer zu legen.

*

Das Feuer

Am sechsten Tag nach dem Feuer saß Abbas schon seit zwei Stunden in der Schlange vor dem neuen Lager. Rechts neben ihm lehnten mehrere Menschen mit geschlossenen Augen am Maschendrahtzaun. Ihre Köpfe waren hochrot. Abbas wickelte einen Schal um seinen Kopf, um sich vor der Sonne zu schützen. Die Registrierung dauerte bei mehreren Tausend Menschen stundenlang, zumal alle erst einen Covid-Test machen mussten. Reihenweise kippten Menschen in der Schlange um. Vor Abbas saß ein Mann in einem Rollstuhl. Er legte sein Gesicht auf einer der Plastiktüten ab, in denen seine Habseligkeiten verstaut waren. «Ich verstehe nicht, warum man keine Plane für den Schatten aufspannen kann», sagte Abbas. Er schüttelte den Kopf. Er selbst trug keine Tasche mehr am Körper. Als er meinen Blick an diesem Tag sah, hatte er erst einmal gelacht und gefragt: «Hast du wirklich geglaubt, ich würde es so schnell von der Insel runter schaffen?»

III
Die neue Sicherheit

1
Die Räumung

Einmal besuchte Samira die Burg im Norden der Insel und lief den ganzen Hügel der Altstadt von Molivos hinauf. An den kleinen Touristenbuden vorbei, die hölzerne Honiglöffel, Goldkettchen und Badehosen verkauften. Vorbei an dem kleinen Café, vor dem jeden Morgen ein paar ältere Männer mit ihren frisch gestärkten Hemden auf den Steinstufen sitzen. Vorbei an den Restaurants, wo auch türkische Speisekarten aushingen, weil der Ort bei türkischen Ausflüglern sehr beliebt war.

Es gebe Ausblicke, die seien so schön, dass sie im Herz richtig wehtäten, sagte Samira, deren Name aus Schutzgründen anonymisiert wurde. Es war ihr erster Ausflug auf der Insel. Zwei Jahre war sie mehr oder weniger in einem Container gefangen gewesen, lag die meiste Zeit mit einem Katheter an eine Liege gefesselt. Zur nächsten Dusche waren es fast 20 Minuten zu Fuß. Aufgrund der medizinischen Unterversorgung im Lager konnte ihre Nierenkrankheit nicht ausheilen. Samira wurde immer schwächer, bis jemand sie eines Tages aus dem Container herausholte, in einen Bus setzte und nach Pikpa brachte.

Während sie mir ihre Geschichte erzählte, stützte die 38-Jährige ihre Hände neben dem Herd ab. Kardamomknospen brodelten auf dem Kaffee, der bald fertig sein würde. «Schnellverfahren» nannte sie das. In Eritrea hätte sie den Kaffee zuvor noch geröstet. «Aber ihr seid da ja nicht so», lachte sie.

Sie blickte aus dem Fenster, um nach ihrem Sohn Kidane Ausschau zu halten. Er war sieben Jahre alt und eines von 31 Kindern, die zusammen mit 43 Erwachsenen in kleinen Holzhütten in Pikpa lebten. Seit 2012 hatten hier rund 30 000 besonders schutzbedürftige Menschen ein Zuhause gefunden, darunter Menschen mit schwerer Behinderung sowie Krebspatient:innen, Überlebende von Folter und Familien, die ihre Angehörigen bei der Überfahrt verloren hatten.

Die Tür ging auf, und ein grüner Flummi sprang herein. Kidane hechtete ihm hinterher. Er warf seinen Schulrucksack auf das Bett, zog sich die Dinosaurier-Maske von den Ohren und streckte Samira seine Brotzeitbox entgegen. Seine Mutter holte erstmal die Thermoskanne aus dem Rucksack und schüttelte sie dicht am Ohr. «Du hast ja nichts getrunken!» Kidane entwand sich ihrem vorwurfsvollen Blick, zog einen Tennisschläger aus einer Kiste hinter dem Vorhang und trippelte flink wieder dem Kindergeschrei im Innenhof entgegen.

In Moria habe er aufgehört zu sprechen, erzählte seine Mutter. Nach ein paar Monaten war er immer aggressiver geworden und hatte sich an manchen Tagen gar nicht mehr von ihr anfassen lassen. Oft konnte er nächtelang nicht schlafen. An manchen Tagen musste er sich nach dem Frühstück mehrmals übergeben, erinnerte sie sich.

Kurz nachdem die Familie ihre Holzhütte in Pikpa bezogen hatte, durfte der siebenjährige Kidane wie die anderen Kinder in Pikpa die Grundschule in der Hafenstadt Mytilini besuchen. «Jetzt hört er gar nicht mehr auf zu reden», sagte Samira. In der Schule Griechisch, mit den Nachbarskindern beim Fußball ein paar Wörter Kurdisch und Persisch, zu Hause Tigrinya und mit den freiwilligen Helfer:innen des kleinen Lagers Englisch.

Samira schüttelte lachend den Kopf. Sie nahm einen pinken Pullover vom Türhaken. Im Oktober wurde es mit jeder Woche kälter auf der Insel. Am Tag zuvor hatte es zum ersten Mal wieder über mehrere Stunden hinweg geregnet. Freunde von Samira, die nun im Übergangslager von Mavrovouni lebten, schickten ihr Fotos von ihren überschwemmten Zelten. Die meisten der etwa 9000 Menschen, die nach dem Brand in das schnell errichtete Lager umgezogen waren, wachten mit Kopf und Füßen im Wasser auf. Noch immer hatten die meisten Zelte keine Böden. Nur Isomatten und Pappdeckel, die nach dem ersten Regen nicht mehr zu gebrauchen waren. «Erst Moria und dann Mavrovouni», sagte Samira, als handelte es sich um einen fernen Schauplatz, von dem sie irgendwo in den Nachrichten einmal gehört hatte, «das hält man kaum aus.»

Die Räumung

Im Herbst 2016 kam sie mit ihrem Sohn Kidane und dessen Vater in einem Schlauchboot auf Lesvos an. Wie ihre Geschwister war sie vor der Militärdiktatur in Eritrea geflohen, hatte zwischenzeitlich versucht, im Sudan Arbeit zu finden, fand sich dann aber in Camps und in Abschiebehaft wieder. Sie reiste weiter in die Türkei, wo sie Kidanes Vater kennenlernte. Auch er war aus Eritrea geflohen. Das war auf dem Höhepunkt des Krieges in Syrien. Millionen Menschen waren auf der Flucht in die Türkei. Die beiden bekamen ihren Sohn und machten sich auf den Weg nach Europa. Sie kamen auf der Insel an, als die EU-Türkei-Erklärung bereits in Kraft getreten war, und blieben hier stecken. Die Zustände verschlechterten sich mit jedem weiteren Tag. Im Frühjahr 2020 polterte Adonis Georgiadis, Vizechef der regierenden konservativen Nea Dimokratia: «Wenn diese Leute sehen, wie die Lebensbedingungen auf den Inseln sind, werden sie es sich zweimal überlegen, ob sie ihr Leben aufs Spiel setzen, um nach Europa zu kommen, oder ob sie nicht doch daheimbleiben.»

Daheim, wo? Während Samira sprach, zog sie die Luft durch ihre dünnen Lippen, als würde ihr ein plötzlicher Schmerz in die Rippen fahren. Ihr war die Beunruhigung anzusehen. Fenet, die an diesem Tag mit mir nach Pikpa gekommen war, um zu übersetzen und ihre Freundin zu besuchen, fuhr mit ihrem Zeigefinger am Rand des Kaffeebechers entlang. «Wie lange könnt ihr noch bleiben?», fragte sie. «Ich weiß es nicht», antwortete Samira.

Zu diesem Zeitpunkt lebten noch 74 Menschen in den Holzhütten, vor denen weiße Bänke mit bunten Kissen standen und deren hölzerne Fensterläden an diesem Oktobertag im Wind hin und her schlugen. Das ehemalige Kinderferienhüttendorf lag auf dem Weg zwischen Mytilini und dem Flughafen von Lesvos. Zwischen Pappelbäumen, Hotels und einem Tennisplatz. Statt Stacheldraht und Flutlichtern leuchteten hier bunte Holzlatten und Wandmalereien am Eingang.

Im Jahr 2016 hatte die Gruppe *Lesvos Solidarity* das Ferienlager übernommen, das seit 2012 besonders schutzbedürftigen Menschen Obdach bot, und nahm anschließend noch einmal Hunderte Menschen auf, obwohl nur für 150 Personen Platz war. Das war bei aller Überfüllung ein Signal, dass eine würdevolle Unterbringung von flüchtenden Menschen möglich ist. Und dass es Menschen gab, die ein solches Konzept, solche Orte unterstützten.

Studierende, Ingenieur:innen und Gärtner:innen aus aller Welt taten sich über die Jahre zusammen, um die kleinen Holzhütten winterfest zu isolieren und mit Elektrizität auszustatten. Im Sommer wucherten Auberginen über dem Asphalt aus dem kleinen Gartenbeet, das die Bewohner angelegt hatten, und aus den Holzhütten roch es oft schon frühmorgens nach gerösteten Kartoffeln und Petersilie aus dem Garten. Junge Menschen, die ohne Eltern geflohen waren, übernachteten in einem großen, weißen Tipi im Garten, das mit bunten Teppichen ausgelegt war. Es gab einen Sportplatz und unter den Pinienbäumen einen kleinen Kindergarten. Das Projekt stand finanziell mehrmals vor dem Aus. Meist dann, wenn sich die mediale Aufmerksamkeit auf andere Krisen in der Welt verlagerte. Doch irgendwie ging es immer weiter. Auf der Tafel am Eingang stand seit drei Tagen das gleiche Programm: «13 Uhr: Sackhüpfen. 15 Uhr: Zeichnen. 19 Uhr: Englisch und Griechisch für Erwachsene.» Doch weder die Helfer:innen noch die Bewohner:innen waren diesmal erschienen.

Vor einer Woche hatten die lokalen Behörden verkündet, dass Pikpa bis zum Ende des Monats geräumt werden sollte. Die Bewohner:innen sollten nach Mavrovouni und ins Familienlager Kara Tepe nebenan übersiedelt werden. Ziel der Regierung war es, alle alternativen Unterbringungsmöglichkeiten bis zum Jahresende zu schließen. Keine Geflüchteten sollten mehr außerhalb der staatlich kontrollierten Camps leben. Dabei hatte der Bau der neuen Hochsicherheitslager auf der Insel noch gar nicht begonnen – und die Bewohner:innen Mavrovounis kämpften schon jetzt jeden Tag gegen Überschwemmungen und Stromausfall.

Samira goss den Kaffee in kleine Tonbecher und setzte sich neben Fenet und mich an den kleinen Holztisch. Sie riss eine Kekspackung auf und ordnete den Inhalt sternförmig auf einem kleinen Unterteller an. Am meisten Sorgen machte sie sich um all die Familien, die fortan keine Unterstützung mehr bekamen. Deren Kinder in der Stadt in die Schule gingen. Und die im Gegensatz zu ihr noch keinen positiven Asylbescheid hatten, um zu arbeiten oder sich in der Stadt nach einer kleinen Wohnung umzusehen.

Einen Tag später kam ich wieder. Samira saß am Tisch und starrte auf die Tischplatte, mit einem Blick, der von Sekunde zu Sekunde ausdrucksloser schien. Gepackt hatte sie noch nichts. «Wir sollen auf alles vorbereitet sein», sagte sie, «schon morgen könnte die Polizei kommen. Oder heute Nacht.» Sie blickte zu der Weihnachtsmütze, die seit letztem Winter über dem Bett hing, in dem sie meistens zu dritt schliefen. Im Gegensatz zu den sterilen Containern von Moria hatten es sich die Bewohner:innen hier in Pikpa ein wenig heimisch gemacht. Manche, wie Samira und ihre Familie, hatten ihre Holzhütte feinsäuberlich mit Teppichen ausgelegt, auf denen vor jedem Essen eine Plastikdecke ausgelegt wurde; am Eingang standen ein Teeservice und ein Dreirad, auf dem Tisch vor der Hütte eine Sonnenblume. In der Nachbarhütte hingegen sah es etwas chaotischer aus: Socken hingen über der Küchenzeile, die Wände waren voller Bilder, die Taschen voller Klamotten, und Kochtöpfe stapelten sich in der Ecke.

«Ich lasse alles hier», sagte Samira, «kein Grund, die Sachen ins Lager mitzunehmen.» Als ich aufbrach, traf ich Carmen Dupont an einem der bunt bemalten Tische im Garten. Sie hatte nur kurz Zeit für ein Gespräch. Das Telefon der Belgierin, die hier seit fünf Jahren als Community-Managerin arbeitete, hörte nicht mehr auf zu klingeln.

«Die Eltern wissen nicht, wie sie ihre Kinder darauf vorbereiten sollen», sagte Carmen. Sie wusste noch nicht, wie sie den Bewohner:innen sagen sollte, dass ihre Kinder bald nicht mehr in die Schule gehen konnten, dass sie bald auf einer Isomatte statt in einem Bett schlafen mussten und es auch für Menschen in Rollstühlen wieder nur Dixi-Toiletten geben würde. Was hier stattfand, sagte sie, war eine der brutalsten Formen von bürokratischer Gewalt, die hilfsbedürftigen Menschen angetan werden konnte.

«Das Gelände wird wieder an die rechtmäßigen Besitzer zurückgegeben», schrieb der griechische Migrationsminister Notis Mitarakis in einem Lagebericht, der der Lokalpresse eine Woche zuvor vorgelegt worden war. Das Lager sei 2012 besetzt worden, hieß es weiter in dem Schreiben, und daher illegal.

Jahrelang sei das kein Thema gewesen, sagte Carmen. Im Gegenteil: Die Behörden seien in Notfallsituationen immer wieder auf Pikpa angewiesen gewesen. Wie beispielsweise im Mai 2018, als Hunderte Kurd:innen und Jesid:innen nach schweren Gewaltausbrüchen aus Moria in die Hafenstadt geflohen waren und das kleine Lager auf Bitten der Lokalregierung tagelang mehr als 500 Vertriebene versorgt hatte. Selbst wenige Tage vor der Ankündigung des Migrationsministeriums, das Lager zu räumen, waren 17 unbegleitete Minderjährige dorthingebracht worden, die unter dem Schutz der Staatsanwaltschaft standen und in Mavrovouni keinen sicheren Platz mehr vor ihrer Umsiedlung in andere EU-Länder gefunden hatten. «Das ist doch absurd», sagte Carmen, «wir schließen das einzige Lager, in dem Menschen nicht kaputt gehen.» In jedem Satz war ihre Verzweiflung zu spüren.

Für Carmen war die drohende Schließung nicht nur ein Zeichen der zunehmenden Kriminalisierung solidarischer Strukturen in Griechenland, sondern auch Symbol einer EU-Politik, die ihr Geld lieber in Abschreckungsmechanismen an der Grenze steckte, statt in eine würdevolle Unterbringung von Geflüchteten zu investieren, die meist nur durch Eigeninitiative und Spendengelder möglich gemacht wurde. Im Gegensatz zu dem temporären Lager, seien die Menschen hier in Sicherheit und könnten anfangen, das Erlebte zu verarbeiten. In Mavrovouni hingegen, in dem es zu diesem Zeitpunkt, mitten in der Pandemie, noch nicht einmal fließendes Wasser gab, würden die Menschen – wie auch schon in Moria – erneut traumatisiert.

*

Drei Tage später lagen die Nerven der Bewohner:innen und Helfer:innen blank. Noch immer hatte die Regierung kein konkretes Datum genannt, an dem das Lager geräumt werden sollte. Als ich bei Samira ankam, konnte sie kaum noch die Tür öffnen. Den ganzen Tag lag sie nun schon im Bett und starrte an die Decke. Sie hatte Unterleibsschmerzen. «Wie immer bei Stress», sagte sie. Umständlich setzte sie sich wieder an den kleinen Holztisch. Kidane spielte draußen Fußball. Ihr Mann war beim Einkaufen. «Sollen sie doch kommen», sagte sie. Ihre Augen füllten sich mit Tränen. Um sich abzulenken, schlug Samira einen gemeinsamen Spaziergang vor. Nach einem kleinen Rundgang durch das Lager setzten wir uns auf eine der Holzbänke neben die bunte Schaukel im Garten. Eine Frau klappte einen Plastikklappstuhl neben uns auf. Sie kam aus der Demokratischen Republik Kongo und zog ihren Jungen alleine groß. Seit eineinhalb Jahren wohnte sie in einer Holzhütte neben dem Gemüsegarten. Sie legte ihre Hand auf Samiras Knie.

*

Am 30. Oktober 2020 klopften um sechs Uhr morgens zwei Männer und eine Frau in weißen Plastikanzügen an die Holzhütte Nummer 14. Sie trugen Masken und schwarze Handschuhe. Ich konnte die Szene auf einem Video beobachten, das heimlich gefilmt worden war. Keine Presse war am Morgen des 30. Oktober 2020 auf dem Gelände zugelassen. «Sie werden heute an einen anderen Ort gebracht», sagte die Frau im Video, «er ist besser als all das hier.» Hinter ihnen standen Spezialkräfte der Polizei. Ein Tag später waren alle Hütten geräumt.

2
Chronisten ihrer eigenen Geschichte

«Wir müssen weiter, wir müssen jetzt wirklich weiter», sagte ein Pressesprecher der griechischen Regierung. Er trat nahe an die etwa 30 Journalist:innen heran, die sich wie in einer Kolonne mit Kameras, Blöcken und Sonnenbrillen auf einem plattgewalzten Weg im Lager Mavrovouni langsam fortbewegten. Aus den Augenwinkeln sah ich eine Frau, die aus ihrem Zelt kam. Sie hielt ein Kind auf dem Arm und schaute auf die Szene vor ihr.

«Fotografieren Sie keine Kinder», hatte der Migrationsminister Notis Mitarakis noch eine halbe Stunde vorher auf der Pressekonferenz gemahnt. Das Lager sei schließlich «kein Ausstellungsraum». Dabei wirkte es genauso. Mit Mikrofonpuscheln und Kameras auf den Schultern versuchten die Journalist:innen in Rekordzeit alle Eindrücke einzufangen, denn sie wussten, dass die Besuchszeit schnell vorbei war. Dieser Nachmittag war eine von drei Gelegenheiten, an denen internationale Journalist:innen in den vergangenen acht Monaten das Lager betreten durften, jedes Mal nur in Polizeibegleitung. Der Anlass für den heutigen Termin war die Ankunft der EU-Innenkommissarin Ylva Johansson, die wenige Stunden zuvor mit einem Helikopter im Lager gelandet war. Sie hatte zugesagt, dass Brüssel die griechische Regierung fortan mit 267 Millionen Euro für die Errichtung fünf neuer Hochsicherheitslager auf verschiedenen Inseln unterstützte. Die Frage, wie künftig eine transparente Berichterstattung möglich sei, nachdem kaum ein Besuch in den Wochen zuvor genehmigt worden war, gab Johansson an den griechischen Migrationsminister neben ihr weiter, der wiederum auf seine Regierungssprecherin deutete, die sich später über die «respektlosen Fragen» der Journalist:innen echauffierte und sagte, wir seien doch alle «Kollegen». Wobei der Unterschied zwischen Regierungssprecher:innen und unabhängigen Journalist:innen an diesem Tag mehr als deutlich werden sollte.

«Ich möchte mit Ihnen sprechen», sagte ein junger Mann aus Somalia. Er war plötzlich neben mir aufgetaucht und hielt mir nun seine Papiere entgegen. Ich fragte ihn rasch nach seiner Telefonnummer und versuchte sie von seinem Handydisplay abzufotografieren. Doch ein weiterer Pressesprecher des Migrationsministeriums war schneller. Er stellte sich zwischen uns. «Gehen Sie weiter», ordnete er an. Der Mann hielt sein Handy hinter seinem Rücken in die Luft. «Keine Interviews heute», sagte er. Der Mann rief noch seinen Namen. Doch ich konnte ihn nicht mehr hören.

Kurz nach dem Eingang begann der Betonweg, der sich um das eingezäunte Quarantänelager und die Polizeistation zog. Dahinter, eingeklemmt zwischen dem Meer und der Betonstraße, standen die ersten Zelte. Auf ihnen prangte das UNHCR-Logo. Auf einem kleinen Hügel stand eine Familie in wehenden Gewändern vor ihren Zelten. Ein paar Frauen hielten ihre Kinder auf den Armen. Sie betrachteten die Gruppe, die sich mit zwei aufgeregten Pressesprechern die Betonstraße entlangschob. «Hier waren noch keine Journalisten», sagte eine Frau aus Deir ez-Zor in Syrien, die am Rand stand. «Von draußen kommen sonst nur Bagger.» Die Fotograf:innen stürzten sich auf die Szene. Wie es ihr hier erginge, versuchte ich in Erfahrung zu bringen, doch schon wurde ich erneut weitergezogen. «Nicht aus der Gruppe ausbrechen.»

Kurz bevor wir nach etwa 30 Minuten den Ausgang erreichten, drückten sich drei Frauen zwischen den Polizist:innen nach vorne: «Freiheit!», riefen sie auf Französisch. Die Journalist:innen blieben irritiert stehen. Die Pressesprecherin streifte mich am Ellbogen. «Weiter!», sagte sie. Und die Tore schlossen sich hinter uns, während sich die Polizei vor die schreienden Frauen stellte.

Was im Inneren des temporären Lagers passierte, wurde zu dieser Zeit nur noch sichtbar, wenn Bewohner:innen selbst fotografierten und filmten. Einer dieser Zeugen war Milad Ebrahimi. Drei Wochen zuvor hatte er gesagt, es sei genug. Das alles mache keinen Sinn mehr. Er wolle aufhören, mit seiner Handykamera die Situation im Lager zu dokumentieren. Ein Freund stimmte ihn um: «Hörst du auf, existierst du nicht mehr. Dann haben sie gewonnen.»

Wir trafen uns im Gemeindezentrum von «One Happy Family» – einem Dachverband vieler Organisationen und Aktivitäten auf der Insel –, in dem es neben Sportangeboten auch einen Gemüsegarten und einen Friseur gab. Es war einer der wenigen Orte, an denen ich die Bewohner:innen nach dem Brand von Moria noch in Ruhe sprechen konnte. Durch den ständigen Wind war es hier an der Küste ein paar Grad kälter als in der Stadt. Milad zog seinen Pullover enger.

Hinter ihm piepten die Baumaschinen, Schleifmaschinen surrten, Bohrer gruben sich kreischend in den Stein, Bagger trugen den Sand des ehemaligen Truppenübungsplatzes ab, Lkws fuhren die Landstraße entlang. Seitdem vor drei Monaten das Feuer weite Teile Morias zerstört hatte, lebten die Menschen hier im neuen Camp noch immer auf einer Baustelle. Am Eingang des Lagers standen zwei Bereitschaftspolizisten mit einem Schutzschild, auch um spontane Demonstrationen von Camp-Bewohner:innen sofort unterbinden zu können.

Sein Leben spiele sich hier auf zweieinhalb Metern ab, sagte Milad. Er zeigte auf das vorderste von drei großen Zelten neben dem Bagger. Hier schlief er zusammen mit zehn weiteren Männern in einem abgetrennten Raum. Es gab keine Tür, die man schließen konnte, und keine Fenster, durch die frische Luft hätte kommen können. Schlafen konnte er oft erst in den frühen Morgenstunden. Saß nachts jemand vor dem Zelt, hupten die Polizist:innen in den blinkenden Streifenwagen oft laut und forderten die entsprechende Person auf, ins Zelt zurückzugehen.

«Die Mauern sind höher und unsere Bewegungen kleiner geworden.» Nach jedem Satz machte Milad eine kurze Pause. Generell seien die hygienischen Zustände zwar besser als in Moria, doch auch in diesem Lager fehle es noch an fließendem Wasser und Elektrizität. «Es wird noch mehrere Monate dauern, damit zumindest ein Teil des Lagers einen Wasseranschluss bekommt», sagte Astrid Castelein, Leiterin der UNO-Flüchtlingsorganisation, in der gleichen Woche in ihrem Büro. Zur Wintersicherung hatte das Hilfswerk kürzlich Europaletten unter die Zelte geschoben.

Kurz nach dem Feuer von Moria hatte die EU-Innenkommissarin

Ylva Johansson gesagt: «Wir brauchen einen Neuanfang in Sachen Migration, und das ist der richtige Zeitpunkt.» Und sie hatte den später vielzitierten Satz angefügt: «Keine Lager mehr wie Moria. Ich denke, das ist ganz klar.»

Für Milad hatte sich seit dem Brand von Moria jedoch nur der Name des Lagers geändert. Die aussichtslose Situation war die gleiche geblieben, auch wenn die Zelte hier besser aussahen und es mehr Sicherheitspersonal gab. Auch jetzt war Milad noch ein festes Teammitglied von *Refocus Media Labs*. Die 2018 gegründete Filmschule bot jungen Menschen die Möglichkeit, selbst Reportagen und fiktionale Filme zu produzieren. Als über die Insel der Lockdown verhängt wurde, waren ihre Mitglieder die einzigen, die noch aus Moria für internationale Medien berichteten. So wurde Milad zum Chronisten seiner eigenen Geschichte.

«In ein Flüchtlingslager eingewiesen zu werden heißt, aus der Welt und der Menschheit ausgewiesen zu werden. (...) Die Insassen der Lager werden aller Merkmale ihrer Identität beraubt, mit einer Ausnahme: der Tatsache, dass sie Flüchtlinge sind», schreibt der Soziologe Zygmunt Baumann. Laut Hannah Arendt ist es die Isolation, die die Menschen einsam macht, ihr privates Leben zerstört – ihnen das Gefühl gibt, nicht mehr zum Leben dazuzugehören. Die «Erfahrung der Nichtzugehörigkeit zur Welt» sei eine der «radikalsten und verzweifeltsten Erfahrungen des Menschen». Ein Gefühl, sagte Milad, dass an den Gesichtern der Menschen jeden Tag abzulesen sei. Isoliert in den Lagern, erst durch die Pandemie, dann durch die neuen Sicherheitsbestimmungen nach dem Feuer, sollten sie im Schatten der Geschichte verschwinden.

Milad, ein zierlicher Mann mit einem glucksenden Lachen, vergrub seinen Kopf in den Händen und strich sich anschließend über die Stirn, als könne er mit dieser Bewegung seine Gedanken sortieren. «Das Problem beim Filmen ist, dass man die Stimmen in den Köpfen der Menschen nicht hört», sagte er. Am liebsten würde er den Menschen, die er fotografiert, Sprechblasen über die Köpfe malen. «Dabei weiß ich, wie schwer es ist, seine Gefühle auszudrücken.»

In den Tagen nach dem Feuer richtete er die Kamera auf sich selbst und sprach zum deutschen Publikum. «Ich bin Milad Ebrahimi, 21 Jahre alt, und ich komme aus Afghanistan», sagte er in die Kamera. Mehr als 17 Millionen klickten den kurzen Film der beiden deutschen Moderatoren Joko Winterscheidt und Klaas Heufer-Umlauf an. Sie hatten 15 Minuten ihrer Sendezeit genutzt, um auf die Situation auf der Insel aufmerksam zu machen. Der Hashtag #shortstoryofmoria gehörte tagelang zu den meistbenutzten Hashtags in der deutschsprachigen Twitter-Welt.

Doch für Milad änderte sich nichts. Er saß danach weiterhin auf der Insel fest und wartete noch immer auf seinen Asylbescheid. Bis Ende des Monats sollte der Rest der 1553 Menschen, deren Aufnahme Deutschland versprochen hatte, von der Insel ausgeflogen werden. Jeden Mittwoch hob eine Maschine in die Bundesrepublik ab. «Danach», sagte mir die Sprecherin des deutschen Bundesinnenministeriums, seien keine weiteren Aufnahmen mehr geplant. «Alle Akteure» würden «mit Hochdruck» daran arbeiten, den Aufnahmeprozess zügig abzuschließen. Das letzte Zeitfenster, um nach Deutschland evakuiert zu werden, schloss sich für die Menschen, die im Lager verblieben waren. Zudem änderten sich während der Pandemie nicht nur die Einreisebestimmungen in EU-Länder, sondern erneut richtete sich der Fokus der Berichterstattung auf die eigene Bevölkerung, die nun selbst von einer Krise betroffen war. Die Situation an den Außengrenzen geriet aus dem Blickfeld.

Milad dokumentierte weiterhin jeden Tag, was im Lager passierte. Doch es wurde immer unwegsamer. Im vergangenen Dezember hatte die griechische Regierung ein Verschwiegenheitsgesetz verabschiedet, das es Mitarbeiter:innen von Hilfsorganisationen und Freiwilligen verbot, öffentlich über Missstände im Lager zu sprechen. Und auch bei den Bewohner:innen selbst war es nicht gerne gesehen, wenn man sein Telefon etwa für Fotos in die Luft hielt, sagte Milad. Die Informationen, die aus dem Camp gelangten, sollten diesmal besser kontrolliert werden. Die Botschaft sollte lauten: Wir haben jetzt alles unter Kontrolle. Schließlich sollte es laut der EU-Kommission, die den Bau des temporären Lagers finanziell und logistisch unterstützte, «keine neuen Morias» mehr geben. In diese neue Erzählung von den Lagern passten keine Bilder von überfluteten Zelten. Dabei waren es schon lange nicht mehr die offensichtlichen Bilder von verschimmeltem Essen oder Flip-Flops im Schlamm, die die Bewohner:innen beschäftigten – viel drückender waren die mentalen Verletzungen, die man oft nicht mit einem Pflaster abkleben oder einem Socken wärmen konnte. Wie tektonische Platten schien sich das Erlebte in den Menschen über- und ineinanderzuschieben und durch verschiedene Wege an die Oberfläche zu gelangen. Manche Kinder, sagte die Kindertherapeutin Katrin Glatz Brubakk zu dieser Zeit, hörten auf zu sprechen und zu schlafen. «Schildkrötenkinder» nannte sie diese Patient:innen, die sie in der Kinderklinik von *Ärzte ohne Grenzen* betreute. Sie würden sich vor der Welt da draußen nach innen verschließen. Die Kinderpsychologin sprach mit Fünfjährigen, die sich aus Verzweiflung die Haare ausrissen. Kindern, die sich in die Arme bissen oder ihre Köpfe gegen Wände schlugen. Die jüngste Patientin, die berichtete, dass sie sterben wolle, war acht Jahre alt. «In Mavrovouni gibt es vielleicht mehr Ordnung und gerade Straßen, aber am Ende ist es wie Moria: ein Labyrinth für den Kopf, aus dem es keinen Ausweg gibt», so Glatz Brubakk. Dabei fand der Körper der Kinder immer neue Wege, sich auszudrücken: etwa im Schlafwandeln.

*

Im November 2020 traf ich den elfjährigen Yaser mit seinem Vater. Seit mehreren Wochen konnte Yaser kaum noch schlafen. Anders als Milad filmte er nicht, sondern versuchte auf schriftlichem Weg zu verarbeiten, was er fühlte. Hier ein Auszug:

An einem Morgen wachte ich auf und sah, dass ich nicht die gleichen Klamotten wie beim Einschlafen trug. Ich fragte meinen Vater, warum er meine Klamotten gewechselt habe. Er sagte mir, ich sei in der Nacht ins Meer gelaufen. Ich glaubte ihm nicht. Nach ein paar Tagen wachte ich wieder auf, meine Kleider waren nass. Mein Vater sagte mir, ich wäre wieder ins Meer gegangen. Da bekam ich Angst. Eines Nachts wachte ich auf und sah, dass mein Vater seine Hand an meine gebunden hatte.

Yaser war eines von 32 Kindern, die einmal in der Woche das Camp verließen, um im Gemeinschaftszentrum an einer Therapiestunde teilzunehmen. Es wurde gezeichnet und gespielt. Ab Dienstag, sagte Yaser, würde er die Tage zählen, bis endlich wieder Montag sei. «Tagsüber höre ich das Quietschen der Maschinen», sagte er, «und nachts den Wind.» Manchmal würde er sich die Ohren zuhalten. Doch abstellen könne er die Geräusche nicht. Jeder Tag, sagte er, fühle sich an, als würde die Zeit eine Schleife drehen. Für andere Kinder laufe die Zeit vorwärts, für ihn «nur mehr rückwärts».

Seit dem Feuer und dem Umzug in das neue Lager habe sich die psychische Situation vieler Kinder dramatisch verschlechtert, konstatierten medizinische Organisationen. Immer mehr Kinder litten unter Panikattacken, nächtlichem Bettnässen oder der Angst, allein im Zelt bleiben zu müssen. In einem solchen Ausmaß habe er das nicht einmal in Moria erlebt, sagte der Psychologe Thanos Chirvatidis von *Ärzte ohne Grenzen*. Die Organisation war zu dieser Zeit komplett überlastet. Allein in ihrer Stadtklinik, die auf die psychische Betreuung von Überlebenden von Folter und sexueller Gewalt sowie Menschen mit schweren psychischen Störungen spezialisiert ist, standen schon seit Juli mehr als 50 Patienten auf der Warteliste. In der Kinderklinik seien es doppelt so viele gewesen.

Beim ersten Mal, als Yaser schlafwandelte, weckten die Nachbarn seinen Vater Reza aus dem Tiefschlaf. Dieser lief sofort los, um seinen Sohn zu suchen. Das Zelt war nur zehn Meter vom Meer entfernt. Yaser stand in den schwarzen Wellen. Und redete. Reza sagte, er habe sofort gewusst, dass sein Sohn nicht bei vollem Bewusstsein war. Nie wieder sollte ihm das passieren. Was wäre geschehen, wenn die Nachbarn nicht gerufen hätten? Ihn habe eine Angst gepackt, die er nicht einmal aus Afghanistan kannte, sagte er, wo sie über Nacht hatten fliehen müssen. Eine Angst, die er auch nicht im Iran verspürt hatte, als er von Polizisten an der Grenze vor seinen Kindern zusammengeschlagen worden war und seinen Vorderzahn verloren hatte. Damals habe er seinen Kindern versichern können, dass es weitergehen würde. «Heute», sagte er, «finden meine Kinder keine Zuflucht mehr in meinen Worten. Sie glauben mir nicht mehr, wenn ich sage, dass bald alles besser wird.»

Auch an diesem Abend band Reza wieder eine Zeltschnur um Yasers und sein Handgelenk, damit er jede Bewegung seines Sohnes spürte.

*

Milad wollte immer an einem Ort leben, an dem er studieren konnte und seine Identität nicht mehr länger verstecken musste. Sein erster Versuch, sich in einer Universität einzuschreiben, scheiterte. Er musste zwischen der Polizeistation und dem Anmeldebüro der Universität von Teheran hin- und hernavigieren. Er legte Papiere vor, sprach mit der Universitätsleitung. Nach vielen Monaten kam die Absage: Als Sohn afghanischer Eltern war es ihm nicht erlaubt, im Iran zu studieren, obwohl er hier aufgewachsen war. Milad war einer von über 780 000 registrierten afghanischen Geflüchteten im Iran. Über 40 Jahre nach der sowjetischen Invasion von 1979 fielen die afghanischen Geflüchteten unter das längste Mandat des UN-Flüchtlingshilfswerks. Mittlerweile lebten über 4 Millionen im Iran, die meisten dokumentiert. Im Zuge der Taliban-Machtübernahme im August 2021 stieg die Zahl noch einmal rasant an.

Dabei waren die undokumentierten Afghan:innen oft über Jahrzehnte von der Gesundheitsversorgung und dem Recht auf Bildung abgeschnitten und mussten sich durch harte Arbeiten auf dem Bau oder als Tagelöhner:innen und Brotbäcker:innen durchschlagen. Dabei bekamen sie kaum soziale Unterstützung und lebten in ständiger Angst, abgeschoben zu werden.

Milad hatte ein anderes Problem. Er war in dem Land aufgewachsen, konnte als dokumentierter Geflüchteter zur Schule gehen. Doch auch hier habe er seine afghanische Identität verstecken wollen. Er versuchte, sich wie ein Iraner zu verhalten, wie einer «zu denken». Er passte seinen Dialekt an. Seine iranischen Freunde brachte er nicht nach Hause mit. «Dabei verlor ich mich selbst», sagte er. Als seine Freunde herausfanden, dass seine Familie vor vielen Jahren aus Afghanistan in den Iran geflohen war, hätten sie sich verändert, erzählte er. Die Chance auf Weiterbildung und eine Perspektive im Leben schwand.

«Irgendwann sagte ich, ich will an einen Ort, an dem Bildung etwas zählt. An dem ich mich nicht verstecken muss. Ich sagte mir, das muss Europa sein.» Da er nicht mit einem Visum nach Europa reisen konnte, musste er es wie Tausende andere Flüchtende über den irregulären Landweg versuchen.

In Europa, sagte er sich, würde es möglich sein, zu studieren. Sein Blick schweifte nun über das Gewusel im Lager. Zum Frühstück hatte er, wie jeden Morgen, eine Orange und ein Stück Brot in Plastikfolie bekommen. Die Orange hatte er gegessen, das Brot mit auf den Weg genommen. Bis jetzt hatte er es noch nicht angerührt. Der Stress sammle sich wie eine Faust im Bauch, sagte er. Durch seine Korkenzieherlocken hindurch blinzelte Milad dem Lager entgegen. Seit sieben Monaten hatte er seine Haare nicht mehr geschnitten. Erst wenn er das Camp verlassen könne, sagte er, wolle er sie wieder kurz tragen.

3
Schlimmer als das Meer

Tahere drehte die Glühbirne aus der Fassung. «Die Polizei darf nicht sehen, dass wir hier Elektrizität haben», sagte sie. Ihre Tante beugte sich über den Ofen zum Fenster, zog den weißen Rüschenvorhang beiseite und schaute auf die nasse Feldstraße hinaus. «Nichts», sagte sie und ließ sich wieder auf ihre Fersen zurückkippen. Tahere hievte einen Kupferkessel voller Wasser auf den Ofen und schob zwei Holzstücke nach. «Ich könnte schwören, da war ein Auto», sagte sie und schloss die Ofentür. Erst heute Morgen hatte die bosnische Polizei wieder eine Familie auf dem Weg zur Grenze aufgegriffen und sie in eines der Fluchtlager in der Nähe von Bihać zurückgebracht.

Im Februar 2021 reiste ich zusammen mit dem Fotografen Vincent Haiges bis an die kroatische Grenze. «Nimm dir Handschuhe mit», sagte Vincent vor meiner Ankunft am Telefon, «eine solche Kälte habe Ich noch nie erlebt.» Er war schon länger in Bosnien und Herzegowina, um die Situation vor Ort zu fotografieren. Seit Wochen sammelten sich hier Menschen, die der ausweglosen Situation in Griechenland zu entkommen suchten und einen neuen Anlauf für ein Asylverfahren in Europa nahmen. Einige, wie Tahere und ihre Familie, waren zuvor in Moria gewesen. Während die eine Hälfte der Familie einen anerkannten Fluchtstatus hatte, wurde die andere Hälfte abgelehnt. Ohne finanzielle Unterstützung landeten sie schnell auf den Straßen von Athen. Sie mussten weiterreisen. Auch wenn sie eigentlich keine Kraft mehr dazu hatten.

Von Nordgriechenland aus lief Tahere mit ihrer Familie über die albanischen Berge nach Serbien und weiter nach Bosnien und Herzegowina. «Wir schafften das nur, weil wir alle noch jung sind», sagte sie. Auf dem Weg traf sie viele Männer und Frauen mit kleinen Kindern, die ihre Eltern und Großeltern in Griechenland zurückgelassen hatten, in der Hoffnung, diese nachholen zu können, wenn sie einmal in Deutschland,

Italien oder Schweden angekommen waren. Was sie an der Grenze zwischen Bosnien und Herzegowina erwartete, hatten sie jedoch nicht für möglich gehalten. Es war, sagte Tahere, «eine Grenze, schlimmer als das Meer». Und das hatte viel mit den gewaltsamen Pushbacks zu tun.

Für die etwa 150 Geflüchteten, die sich hier in Abrisshäusern versteckten, war die beginnende Frühlingswärme ein Startsignal. Jetzt konnten sie wieder versuchen, über die Berge nach Kroatien zu gelangen. Fast täglich liefen Kinder mit Rollkoffern, Mütter mit Babys vor der Brust, Väter mit Kleinkindern auf den Schultern an den unverputzten Dorfhäusern vorbei. Die ganze Straße entlang standen die roten Ziegelhäuser, die nie fertiggestellt worden waren. Vor den Türen spielten Kinder. Vor den leeren Fenstern wehten Handtücher im Wind, damit man zumindest das Gefühl hatte, die Kälte etwas auszusperren. Das Dorf schien ansonsten weitgehend verlassen. Die wenigen Häuser, die noch von Bosnier:innen bewohnt waren, erkannte man an den davor geparkten Autos.

Gesäumt von Feldern und Waldstücken, lag das Dorf nur etwa einen Kilometer von der kroatischen Grenze entfernt. Kurz hinter einem zerzausten Friedhof fing der Waldweg an, den Dutzende Geflüchtete jeden Morgen entlangliefen. Es war der Weg in Richtung Europäische Union. Seit etwa zehn Tagen lebte die 20-jährige Tahere zusammen mit ihren beiden Geschwistern, ihren Eltern und zwei weiteren Familien in dem Rohbau. Jeden Morgen, außer freitags, packten sie alles zusammen, stellten die Tüten in die Ecke, schnürten sich das Nötigste in Rucksäcken um die Schultern und liefen den Feldweg hinter dem Haus den kroatischen Grenzschützern entgegen. Sobald sie jemanden sahen, baten sie um Asyl. Bisher hatten die Familien noch kein Glück. An diesem Morgen waren sie abermals zurückgewiesen worden, sagte Tahere. «Geht ihr noch einen Schritt weiter, tun wir euch weh», habe ein Grenzpolizist ihnen gesagt.

Sie rollte den Schlafsack ein, in dem sie gerade aufgewacht war, und ging hinaus in den matschigen Vorgarten, um frisches Wasser an der Wasserleitung an der Zufahrtstraße zu holen. Auf einer Isomatte vor uns spielten die Kleinsten der Familie bäuchlings Karten. Sie mussten gerade mal vier Jahre alt sein. Konzentriert schoben sie die sechs verschrumpelten Karten über den Boden. Auch bei längerer Beobachtung leuchteten mir die Spielregeln nicht ein. Tahere klopfte den Schlamm aus ihren Schuhen und hängte ihre rosa Ohrenschützer an den Nagel in der Ziegelwand. Darunter lagen, feinsäuberlich nebeneinander aufgereiht, Zahnpasta und Zahnbürsten in den Wandlöchern.

Morgen, sagte Tahere, wollten sie sich wieder auf den Weg an die Grenze machen. Es war ihre letzte Chance, in Europa anzukommen. Und sie war weniger gefährlich als der Weg, den Azeem gewählt hatte, der uns ein Haus weiter die Tür öffnete und aus Schutzgründen seinen Namen änderte.

Mit seinem roten Bandana über den schwarzen Locken sah er aus wie ein Darsteller einer Bergsteigerwerbung. Seine Haare hatte er zu einem lockeren Zopf gebunden. Seine Augen leuchteten, als hätte jemand ein Licht in ihm angeknipst. Als er in die Küche ging, zog er das eine Bein bei jedem Schritt ein wenig hinterher. Das steife Bein mochte so gar nicht zu seinem herzlichen Lachen passen. «Kaum zu glauben, dass man uns hier findet», sagte er. Er streifte seine Wanderschuhe ab. Die Schuhe, die sich im kalten Gang des Abrisshauses türmten, waren schlammüberzogen.

Tatsächlich lag der nächste Kiosk, genauso wie die nächste Apotheke, mehr als zwei Stunden Fußweg entfernt – und den Bosnier:innen war es verboten, Geflüchtete in ihren Autos mitzunehmen. Dabei, so Azeem, brauche jeder zweite Mensch im Dorf Medizin. Nicht nur, weil viele ältere Menschen unter Herzproblemen oder Diabetes litten und ihre Medikamente auf der Reise verloren hatten oder sie ihnen ausgegangen waren, sondern auch, weil die Verletzungen bei den Pushbacks immer schlimmer wurden.

Vor zwei Tagen hatte Azeem, der mit zwölf Jahren zusammen mit seiner Familie aus Herat, Afghanistan, nach Griechenland geflohen war, seinen kleinen Rucksack zum 57. Mal gepackt. Er zählte genau mit. Den Rucksack hatte er mit frischem Wasser in Plastikflaschen vollgepackt, um sich nach Kroatien und am besten weiter nach Italien durchzuschlagen. Zwei Wochen dauerte der Fußweg. Und er war weiterhin sehr gefährlich: 50 000 Landminen liegen laut dem nationalen Minenzentrum immer noch dort im Boden, Relikte des kroatischen Unabhängigkeitskrieges. Erst eine Woche nach unserem Treffen war ein asylsuchender Mann aus Pakistan in der hügeligen kroatischen Gemeinde von Saborsko weitere Männer waren durch die Explosion verletzt worden, einer von ihnen schwer.

Zwei Monate vorher war es Azeems Familie gelungen, in die EU zu gelangen – ohne ihn, da er mit einer weiteren Beinverletzung im Krankenhaus lag. Nach 30 Kilometern waren sie von der kroatischen Polizei aufgegriffen worden. Seinem Freund habe die Polizei die Brust blutig geschlagen, sagte er. Azeem hatten die Polizisten mit ihren Schlagstöcken am Bein erwischt. Die beiden Jungen schleppten sich anschließend wieder zurück über die Grenze. Ihr Asylgesuch war nicht anerkannt worden. Doch darum ging es an dieser Grenze zu Kroatien schon lange nicht mehr.

Schon 2020 soll es laut dem *Danish Refugee Council* zu mehr als 16 000 illegalen Pushbacks von Kroatien nach Bosnien und Herzegowina gekommen sein. Die Vorwürfe von Menschenrechtsgruppen gegenüber Kroatien wiegen schwer: Schutzsuchenden wird nicht nur die Chance verwehrt, einen Asylantrag zu stellen; bei über einem Viertel der illegalen Pushbacks wird laut der dänischen Flüchtlingshilfsorganisation auch exzessive Gewalt angewendet.

«Es sind immer Männer mit schwarzen Masken, an die wir von der kroatischen Polizei übergeben werden», sagte der 41-jährige Khaled Rafat aus Kabul in der bosnischen Grenzstadt Velika Kladuša. Auch er war zuvor mit seiner Familie in Moria gewesen. Genauso wie Maryam arbeitete er eine Zeit lang als Sprecher der Afghan:innen im Lager, bis er auf das Festland transferiert worden und mit seiner Familie auf der Straße gelandet war. Ihnen steckte ihre letzte Wanderung noch in den Knochen.

«Sie schlagen auf die Schultern, damit man keinen Rucksack mehr tragen kann. Sie brechen die Arme, doch nicht die Beine, damit man noch 30 Kilometer zurücklaufen kann.» Rafat setzte sich auf einen umgedrehten Bierkasten und schürte den Ofen an. Zwei Ascheflocken setzten sich auf seinen dichten Wimpern ab. «Oft zerbrechen sie einem die Brillen und machen die Kinderwagen kaputt.»

Das Schlimmste seien dabei jedoch nicht einmal die Schläge, sondern die Worte. Rafat nahm ein Einwegglas kochendes Wasser von dem Holzofen neben seinem Zelt und goss eine Packung Maggi-Instant-Nudeln auf, die er uns mit einer Plastikgabel reichte.

Die Männer mit den schwarzen Masken würden jedes Mal sagen, «dass sie im Auftrag von Deutschland und Frankreich handelten und dass wir in Bosnien bleiben sollen, weil wir Muslime sind», sagte er. Stumm aßen wir die Nudelsuppe. Rafat setzte eine verrußte Teekanne auf den heißen Ofen. «Schau sie dir an», sagte er und nickte in Richtung seiner Frau. Sie legte etwas verlegen den Kopf zur Seite. Zum Vorschein kam eine große, geschwollene Narbe, die sich wie ein lilafarbener Tennisball von ihrem Kopf abhob. Dreimal, sagte sie, habe einer der maskierten Männer auf ihren Kopf geschlagen. Mit dem umgedrehten Lauf seiner Waffe.

Seit Jahren drängte die kroatische Polizei Flüchtende gewaltsam nach Serbien oder Bosnien und Herzegowina zurück und verwehrte ihnen jede rechtliche Möglichkeit, Asyl zu beantragen. Dabei waren die Methoden immer brutaler geworden. In einem Schwarzbuch der Pushbacks legte das *Border Violence Monitoring Network* der EU-Kommission im Dezember 2020 892 Zeugnisse von Geflüchteten wie Azeem Hasbib oder Khalet Rafat vor. Sie berichteten von Hundebissen, erzwungenem Entkleiden und unerträglichen Haftbedingungen. Seit Ungarn 2016 eine Mauer baute und auch Serbien die Grenze und damit die sogenannte Balkanroute geschlossen hatte, reisten die Menschen über Albanien und Montenegro nach Kroatien, um sich weiter in Richtung Zentraleuropa vorzukämpfen. Und durch die sich verschlechternde Situation in Griechenland wurden es immer mehr.

Rafat fragte, wer diese Menschen mit den maskierten Gesichtern seien. Sie würden nicht zur kroatischen Polizei gehören, da deren Angehörige an den Uniformen erkennbar waren. Manche, sagte er, hätten seit neuestem Hunde dabei und würden sie loslassen, wenn man nicht schnell genug auf die andere Grenzseite rannte.

*

In der kleinen Wohnung in Bihać, in der wir während unserer Recherchen in diesen Wochen unterkamen, hing ein Ölgemälde an einem verfilzten Strick an der Wand über dem Sofa. Darauf war der rauschende Grenzfluss Glina gemalt. Auf saftigen Grasbüscheln standen Rehe, zwischen dem Bergmassiv und dem Fluss mähte ein Bauer in einiger Entfernung das Gras. Eine Landschaft, in der ich sofort eine Picknickdecke ausrollen und die Beine ausstrecken würde. Diese Vorstellung rückte nach jedem weiteren Tag im Grenzgebiet in immer weitere Ferne, nicht nur der Winterkälte wegen.

Seit Jahren verschwanden die Menschen namenlos in diesem Fluss. In einer E-Mail beantwortete das kroatische Innenministerium meine Anfrage nach einer Stellungnahme, dass ich besser die «Migranten über die legalen Wege der Einreise nach Kroatien» informieren sollte. Zudem wies das Ministerium die investigativen Berichte über die brutalen illegalen Pushbacks abermals zurück.

Einer, der immer wieder von seinem Fenster aus beobachten konnte, wie diese Zurückweisungen in der Praxis vonstattengingen, war Milo Javal. Er lebt nur wenige Meter vom Grenzfluss entfernt. Unter der Bedingung, seinen wahren Namen nicht zu nennen, traf er sich mit uns nahe der Grenze. Zwei Tage zuvor hatte er sieben Männer vor seinem Haus gesehen.

Maskierte hatten die Männer unter vorgehaltener Waffe gezwungen, sich zu entkleiden, und anschließend in den Grenzfluss getrieben. Die Glina ist dort 5 bis 6 Meter tief und etwa 20 Meter breit. Kurze Zeit später schoss einer der Grenzschützer in Richtung der Männer. Mehr konnte Milo an diesem Abend nicht erkennen. Am nächsten Tag berichtete die bosnische Lokalpresse, dass ein Mann tot geborgen worden sei. Er war mit sechs weiteren Männern auf der Flucht gewesen. Sie alle kamen aus der Türkei. Auf meine Anfrage bestätigte die bosnische Polizei, dass die kroatische Polizei den Toten geborgen hatte und die bosnischen Behörden damit keine weitere Auskunft über seine Identität oder die Todesursache geben könnten.

Milo Javal hob seine linke Faust in die Luft und klopfte sie mit dem rechten Zeigefinger ab, um zu zeigen, wo bei einem Morgenstern die Stacheln auf der Eisenkugel befestigt sind. Auch damit würden manche Grenzschützer gegen die Menschen vorgehen. «Wie im Mittelalter», sagte er. Manchmal trieben die maskierten Männer die Fliehenden wieder aus dem kalten Wasser des Grenzflusses heraus, setzten sie in einen grauen oder schwarzen Van und stellten die Klimaanlage auf die kälteste Stufe. Zurück auf der bosnischen Seite der Grenze, blieben viele Geflüchtete oft tagelang verletzt in den Wäldern zurück. «Wer weiß, wie viele darin gestorben sind», sagte er. Gemäß den lokalen Vorschriften durften die Bosnier:innen keinen Geflüchteten im Auto mitnehmen oder ins Krankenhaus bringen. Dabei könne man, sagte Javal, bei diesen Temperaturen kaum überleben. «Wie kann ich mich versöhnen mit einer Welt, die das zulässt?», fragte er. Der Genozid an den muslimischen Einwohner:innen Bosniens sei 26 Jahre her. Damals habe er so viele schlimme Dinge gesehen. Jetzt zeige sich eine andere Form der Gewalt jeden Tag vor seiner Haustür.

Wer diese Schattenarmee bildete, war in diesem Moment weder ihm noch uns klar. Im Oktober 2021 veröffentlichten mehrere große Medien eine investigative Recherche, in der zutage trat, dass die Befehle für die Pushbacks – laut drei voneinander unabhängigen Quellen – aus den Reihen der kroatischen Polizei aus Zagreb kamen. Die Polizisten, die die illegalen Abschiebungen vornahmen, ordnete das Rechercheteam der «Operation Korridor» zu. Laut der ARD sagte ein aktives Mitglied der «Schattenarmee» (wie der *Spiegel* diese Gruppe zur systematischen Verfolgung und Misshandlung von Flüchtenden später nannte): «Wenn wir Migranten im Wald oder anderswo finden, legen sie sich normalerweise aus Angst auf den Boden. Ein Polizist geht dann an ihnen entlang und schlägt sie mit einem Schlagstock auf die Beine.» Die Zentrale in Zagreb entscheide, was mit ihnen zu tun sei. Dabei würden die Grenzschützer den Menschen Geld, Papiere und Wertsachen abnehmen.

Die Operation wurde teilweise von der Europäischen Union finanziert. Seit 2017 erhielt Kroatien mehr als 108 Millionen Euro aus dem Asyl-, Migrations- und Internationalen Fonds (AMIF). Hinzu kamen weitere 46 Millionen Euro an Soforthilfe für das Grenzmanagement. Seit Dezember 2018 unterstützte die EU-Kommission Kroatiens Grenzschutz mit 6,8 Millionen Euro. «Die Mittel werden zur Stärkung der Grenzüberwachungs- und Strafverfolgungskapazitäten beitragen, indem die Betriebskosten von 10 Grenzpolizeistationen durch die Bereitstellung von Tagegeldern, Überstundenausgleich und Ausrüstung gedeckt werden», hieß es seitens der Kommission. Davon sollten 300 000 Euro für die Einrichtung eines Mechanismus zur Menschenrechtsbeobachtung verwendet werden. Im Sommer 2020 gab die kroatische Regierung an, der UNHCR und das *Croatian Law Centre* würden die Mittel erhalten und ihre Aufgaben wahrnehmen. Beide Organisationen stellten daraufhin allerdings klar, dass sie nichts von dem Geld bekommen hätten. Die EU-Kommission gab auch nach der Recherche an, keine Kenntnis von Fällen zu haben, in denen EU-finanzierte Ausrüstung für Rechtsbrüche verwendet worden sei.

Im Dezember 2021 bestätigte das Europäische Komitee zur Verhütung von Folter und unmenschlicher oder erniedrigender Behandlung oder Strafe (CPT), dass die kroatischen Behörden Flüchtende angegriffen und ihnen den Zugang zu Asyl verweigert hatten. Der Ausschuss kritisierte außerdem, dass die Behörden es versäumt hätten, Beschwerden über polizeiliches Fehlverhalten gründlich und zeitnah zu untersuchen.

Noch im Januar 2020 hatte der damalige deutsche Innenminister Horst Seehofer bei der Übergabe von tragbaren Wärmebildgeräten bestätigt: «Wir stehen Kroatien als Partner zur Seite.» Am Ende desselben Jahres stellte die deutsche Bundesregierung Kroatien 20 Fahrzeuge zur Verfügung.

Wenige Monate später tauchten die ersten Vans ohne Nummernschilder auch vermehrt auf Lesvos auf. Sie wurden meistens von Männern mit Sturmhauben gefahren. Einmal sah ich auch ein Motorrad, auf dem zwei Männer saßen und das in der Nähe einer versteckten Gruppe hielt. Ihre Aufgabe sollte darin bestehen, Männer, Kinder und Frauen nach ihrer Ankunft zusammenzutreiben, ihnen Telefone und teilweise die Kleidung abzunehmen und sie schließlich auf aufblasbaren Rettungsinseln wieder auf das offene Meer zurückzuziehen. Bis zu diesem Zeitpunkt hatte ich nur etwas von illegalen Pushbacks auf dem Meer mitbekommen. Dabei schienen die Praktiken nun eine neue Dimension anzunehmen und den dokumentierten Misshandlungen an der bosnisch-kroatischen Grenze immer ähnlicher zu werden.

*

In der Woche meiner Abreise aus Bosnien und Herzegowina erreichten mich zwei Nachrichten. Eine kam aus Italien: Azeem schrieb, er habe es nach Italien geschafft. Nach dem 58. Versuch.

Die zweite kam von der Insel: Eine 27-jährige Frau aus Afghanistan hatte sich im Lager von Mavrovouni in ihrem Zelt angezündet.

4
Die Brandstifter

Das Sonnenlicht spiegelte sich in den kleinen Reihenhäuschen auf der anderen Straßenseite. Noch war kaum ein Auto auf der Landstraße unterwegs, die Mytilini mit dem Fischerort Thermi verbindet. Maleka Mahmoodi saß mit ihrer Tochter Roya auf einer blauen Bank an der

Die Brandstifter

Bushaltestelle von Thermi. Sie trug einen roten Sommermantel und schwarze Sneaker. Den Kopf hielt sie gesenkt, den rechten Arm vom Körper weggespreizt. Es schien, als würde sie mit dieser Haltung alle paar Minuten ihre eigene Kraft neu vermessen. Als der Bus kam, blickte sie auf. Ihre Augen suchten nach dem Gesicht des Fahrers hinter der Scheibe. Sie sagte, es gebe vier verschiedene Busfahrer auf dieser Linie. Einer sei ganz nett, aber die anderen würden manchmal einfach vorbeifahren, wenn sie Geflüchtete an der Haltestelle sahen.

An diesem Tag winkte sie der Busfahrer wortlos durch. Maleka hangelte sich von Haltestange zu Haltestange, bis sie sich ganz hinten auf einen der blauen Sitze sinken ließ. Ihre älteste Tochter, die fünf Jahre alte Roya, setzte sich neben sie.

Eigentlich sollte Roya dieses Jahr eingeschult werden, doch wegen der Corona-Pandemie gab es für die knapp 1500 geflüchteten Kinder auf Lesvos derzeit keinen Unterricht. Also kam sie mit ins Krankenhaus, wo Malekas Narben behandelt wurden. Um ihrer Tochter auf dem Weg die Zeit zu vertreiben, erzählte Maleka ihr manchmal Geschichten – von Prinzessinnen und einem anderen Leben. Aber Roya wollte meistens nur von ihr wissen, wann sie endlich nach Deutschland zogen. Darauf hatte Maleka keine Antwort.

Sie fuhren an welligen Olivenbaumfeldern, kleinen Bergdörfern, an der Abbiegung nach Moria und an dem Polizeibus vorbei, der am Eingang des Lagers von Mavrovouni stand. Kurz vor dem Lidl-Parkplatz deutete sie auf ein Feld, auf dem ein verlassenes Industriegebäude stand. «Hier haben wir die Nächte nach dem Feuer geschlafen», sagte sie. Sie fing an zu summen. Roya zeichnete derweil die schneckenförmigen Kreise auf ihrem Kleid nach.

Etwas in Worte zu fassen, heißt zu hoffen, dass die Worte gehört werden, schreibt der Schriftsteller John Berger. Doch was, wenn keiner mehr zuhört, auch wenn du dich immer wieder aufraffst, Worte zu finden? Wenn du jeden Morgen wieder an die Türen der Behörden klopfst, ohne eine Antwort zu bekommen?

Die 27-jährige Maleka überlebte schwerverletzt, als sie sich anzündete. Sie hatte drei Kinder und war im Februar 2021 im achten Monat schwanger. Noch im Krankenhausbett wurde sie einen Tag später von der Staatsanwaltschaft wegen Brandstiftung angeklagt. Der Fall sorgte international für Schlagzeilen.

«Jemand, der absichtlich sein Zelt anzündet und damit Leben in Gefahr bringt, […] muss natürlicherweise zum Gegenstand von Ermittlungen durch Polizei und Gerichte werden. Ich glaube, wenn jemand sich und andere absichtlich verbrennen will, ist das nicht ganz normal», schrieb der griechische Migrationsminister Notis Mitarakis in einer Pressemitteilung.

Malekas Geschichte erzählt von der Aushebelung jeglichen Normalitätsbegriffs und der Frage nach Verantwortung. Ihr Fall reiht sich ein in eine Welle von Gerichtsfällen, die zu einem Teil der rechtlichen Parallelwelt für Geflüchtete an Europas Grenzen wurde. Auf Samos drohten einem syrischen Vater, dessen vierjähriger Sohn bei der Überfahrt ertrunken war, zehn Jahre Haft wegen Kindeswohlgefährdung und unterlassener Hilfeleistung. Auf Lesvos wurde ein Syrer zu 52 Jahren Haft verurteilt, weil er das eigene Flüchtlingsboot zur Insel gesteuert hatte. Die Staatsanwaltschaft warf ihm die «Beihilfe zur illegalen Einreise» vor.

Zusammen mit dem Journalisten Jonas Breng, ohne den diese Recherche nicht möglich gewesen wäre und mit dem ich die Geschichte für den *Stern* später aufschrieb, begleiteten wir die Familie Mahmoodi in den nächsten fünf Monaten und gingen der Frage nach, ob sich Maleka am 21. Februar 2021 schuldig gemacht hatte, als sie versuchte, sich mit einem Feuer in ihrem Zelt das Leben zu nehmen. Wann wird in der Rechtsprechung Unrecht zu Recht verkehrt? Wir fragten, wie ein Staat eine Frau für eine Verzweiflungstat anklagen kann, für die er womöglich mitverantwortlich ist?

Roya stieg aus dem Bus. Sie wartete an der unteren Stufe, um ihrer Mutter die Hand zu reichen. Zuerst musste Maleka zum Bandagenwechsel in die kleine Notfallklinik am Ende der Einkaufsstraße von Mytilini. Hier bekam sie auch einen Schnelltest, ohne den sie im großen Krankenhaus nicht behandelt werden konnte. Sie wollte mit den Terminen noch vor Mittag durch sein, sonst wurde es zu heiß – und die Schmerzen zu stark. Jeder Windstoß war ein Problem.

Kurz nach dem Test lehnte sich Maleka schwer atmend an den kurzen Holzzaun neben dem Testzentrum. Ihre Augen tränten. «Der Test ging durch die Nase», sagte sie. 15 Minuten musste sie auf das Ergebnis warten. Noch ein letztes Mal wollte sie heute ihre Kaiserschnittnarbe untersuchen lassen. Vor 42 Tagen hatte sie Salar zur Welt gebracht. Zwei Wochen nachdem sie mit schweren Brandwunden in das Krankenhaus

Die Brandstifter

eingeliefert worden war. Salar habe sich schnell an ihren Mann Azim gewöhnt, sagte sie. Deshalb konnte sie sich auch um die anderen drei Kinder kümmern und ohne Salar zur Behandlung nach Mytilini fahren. «Diese Geburt war besser als der Kaiserschnitt meines letzten Sohnes in der Türkei», sagte sie. Tagelang sei ihre Wunde dort nicht verheilt, weil sie die Grenze zwischen dem Iran und der Türkei überqueren mussten.

Diese Erinnerung rief sich Maleka in den Tagen vor ihrer Selbstverbrennung immer wieder ins Gedächtnis. Sie konnte es nicht ertragen, noch ein Kind in Not zur Welt bringen zu müssen. Nicht in einem Camp, wo man einen Tag nach der Geburt mit dem neugeborenen Kind wieder in einem Zelt saß.

Hinter ihr kam eine Krankenschwester aus dem kleinen Testcontainer. «Negativ», sagte sie. Erleichtert nahm Maleka das Papier mit der unbandagierten Hand entgegen. Sie beeilte sich, zum Krankenhaus zu kommen. Eine halbe Stunde später drückte Roya den Knopf am Aufzug zum Kellergeschoss, in dem die Gynäkologie lag. Hinter den Gucklöchern war niemand mehr zu sehen. «Was machen Sie hier?», fragte eine Krankenschwester im Vorbeigehen. «Die Ärzte sind heute nicht da. Kommen Sie morgen wieder.» Sie wusste nicht, dass Maleka einen halben Tag brauchen würde, um am nächsten Tag wieder ins Krankenhaus zu kommen.

*

An einem Sommermorgen saß die Anwältin Effi Doussi in einem Café im Hafen und blickte hinaus zu den wankenden Schiffen der Küstenwache. Neben ihr lag ihr Motorradhelm. Sie vertrat nicht nur den Fall der sechs afghanischen Jungen, die der Brandstiftung in Moria angeklagt worden waren, sondern auch den von Maleka Mahmoodi. Für die Anwältin war mittlerweile jeder Tag ein Arbeitstag. «Wochenende gibt es nicht mehr», sagte sie. Sie zwinkerte einer Möwe neben uns zu. Ihr Humor war ihr trotzdem geblieben. Auch in dieser Nacht hatte sie nur vier Stunden geschlafen.

Für die Juristin war Malekas Fall exemplarisch für eine neue Strategie der griechischen Justiz: «Was wir an diesem Verfahren sehen können, ist die systematische Kriminalisierung von Geflüchteten, die genutzt wird, um Menschen an der Grenze abzuschrecken.»

Nach dem großen Brand von Moria habe sich das Vorgehen der Behörden noch einmal verschärft. Gerade wenn die Symbolik eine Rolle spiele, wie im Fall von Maleka. Die Behörden hätten ein Feuer gesehen und sofort reagiert. Dabei sei ein Suizidversuch nach griechischem Recht nicht strafbar. «Hier wird eine Verzweiflungstat kriminalisiert», sagte Doussi. Für die Behörden sei das gerade ein großes Experiment. Es gehe darum, herauszufinden, wie weit sie mit ihrer Abschreckungstaktik gehen können, ohne dass sich in Europa jemand beschwert.

Wir machten uns auf den Weg zu jenen, die dafür verantwortlich waren. Doch so richtig mochte sich keiner zu dem Fall äußern.

Bei der Staatsanwaltschaft blieben unsere Anrufe weitgehend unbeantwortet, die Besuche wurden abgeblockt. Nur eine Sekretärin, die bei der ersten Vernehmung von Maleka im Krankenhaus dabei war, äußerte sich. Man habe Frau Mahmoodi nicht quälen wollen, sagte sie zu Jonas, aber das Gesetz habe verlangt, sie unmittelbar nach der Tat zu vernehmen. Sie persönlich habe Mitleid gehabt, aber was wäre passiert, wenn der Wind anders gestanden hätte? «Es kann doch nicht sein, dass diese Leute hierherkommen, wir sie versorgen, und dann stecken sie einfach die Zelte an.»

Am Vormittag saß uns ein schwitzender Feuerwehrmann gegenüber, der sich gar nicht wohl fühlte bei der Frage, ob wir Einsicht in den Feuerwehrbericht des Tages bekommen könnten. Schließlich war die Feuerwehr kurze Zeit nach dem Vorfall am Tatort gewesen und hatte den Bericht verfasst. Er schüttelte den Kopf. «Gehen Sie zur Polizei», sagte er.

In Mytilini wurden wir erst nach mehreren E-Mails und Spontanbesuchen vom Polizeichef empfangen. General Eleftherios Douroudous saß hinter einem mächtigen Schreibtisch, der von Plexiglas umrahmt war. Wir befanden uns auf dem Höhepunkt der Pandemie. Ihm gegenüber hing ein Acrylgemälde, auf dem Don Quichotte mit einer Lanze auf einem gelben Pferd ritt.

Für den General war das neue Lager von Mavrovouni eine einzige Erfolgsgeschichte. Die Kriminalität? «Bei fast null Prozent.» Die Suizidrate? «Unbedenklich.» Und Maleka Mahmoodi oder der Vorfall vom Vortag, als ein Mann aus Syrien versucht hatte, sich im Hafenbecken zu ertränken? Er winkte ungeduldig ab. So etwas gebe es in allen Lagern Europas – mit den Lebensbedingungen in Mavrovouni habe das nichts zu tun.

Oft wollten die Menschen mit diesen Aktionen nur Druck ausüben,

Die Brandstifter

so der Polizeichef. «Es ist ein Unterschied, ob jemand sich erhängt oder nur darüber redet, dass er es tun will», sagte der 61-Jährige. Die unterschwelligen Vorwürfe gegen die griechische Justiz machten ihn wütend, ebenso die Arroganz der Journalist:innen und das Verhalten Europas, das das Problem auf Griechenland abwälze. Seine Stimme bebte, als er fortfuhr: «Ich bin Polizeichef und kein Psychologe, deshalb weiß ich nicht, warum sie es gemacht hat, aber wenn den Leuten die Lager nicht passen, sollen sie wieder nach Hause gehen.»

Wo genau dieses Zuhause sein sollte, konnte Maleka ihrer Tochter Roya auch auf der Rückfahrt im Bus nicht beantworten. Diese Frage hatte sie im Februar auch in die Verzweiflung getrieben, sagte sie. Am besten könne sie sich an das flaue Gefühl der Hoffnungslosigkeit erinnern, mit dem sie an jenem Morgen aufgewacht war. An diesem Morgen habe sich alles in ihrem Kopf beschleunigt: die Enttäuschung, der Dreck, die bevorstehende Entbindung. Nachts hatte Maleka davon geträumt, zu ersticken. Sie berichtete ihrem Mann davon, und Azim hatte versucht, sie zu beruhigen. Er werde ein Brot backen und es einem ärmeren Menschen schenken, eine afghanische Tradition, um Träume vom Tod zu bekämpfen. Doch als Azim mit dem Brot und dem ältesten Sohn zu den Duschen aufbrach, war der Gedanke immer noch in Malekas Kopf.

Sie schickte ihre Töchter aus dem Zelt, türmte einen Haufen Papier und Kleidungsstücke in der Mitte des Zeltes auf und legte sich daneben. Mit dem Feuerzeug habe es nur ein paar Versuche gebraucht. Dann war das Feuer überall.

Von dem, was danach passierte, gibt es ein verwackeltes Handyvideo. Es zeigt schreiende Menschen, die versuchen, mit Wasserflaschen und Decken das Zelt zu löschen. Maleka sagte, dass sie sich an diese Momente nur sporadisch erinnern könne. Wegen der Schmerzen und des Rauches sei sie immer wieder bewusstlos geworden. Insofern fiel es ihr auch schwer zu sagen, wie lange es gedauert hatte, bis sie aus dem brennenden Zelt befreit wurde, von der Nachbarin, mit einer nassen Decke über dem Kopf. Malekas Körper hatte noch gebrannt, als sie über den Boden vor dem Zelt rollte.

*

Nach Malekas Krankenhausaufenthalt lebte die Familie im Frühling 2021 in einer kleinen Wohnung in Thermi: einer Einzimmerwohnung mit Stockbetten, in der der Schimmel wie Stuck an der Decke hing. Bei einem Besuch ein paar Wochen später öffnete Maleka mit müdem Lächeln die Tür. Hinter ihr lagen die Kinder in den Etagenbetten und guckten Zeichentrickfilme auf dem Handy. Malekas Mann saß auf dem Teppich und gab dem Baby die Flasche. Die Mahmoodis mussten auf der Insel bleiben, solange das Verfahren noch lief und die deutschen Behörden keinen weiteren Transfer ankündigten.

*

Alles hatte 2016 begonnen, als Azim bei einem Bombenanschlag der Taliban verletzt worden war und der älteste Sohn Rohan, zu diesem Zeitpunkt vier Jahre alt, von einer kriminellen Gruppe entführt wurde. Das Lösegeld übergaben die Mahmoodis vier Tage später auf einem Parkplatz, erzählten uns die Eltern. 25 000 Dollar waren es, die Maleka und ihr Mann über die Jahre als Friseurin und Kraftfahrer verdient hatten. Danach, sagte Maleka, wollte sie Afghanistan nur noch verlassen. «Ich habe zu Azim gesagt, dass, wenn er in Mazar-i-Sharif bleiben will, ich allein mit den Kindern nach Europa gehe.» Azim zögerte zuerst, kam dann aber mit. Immer wieder ging ihnen das Geld aus, wodurch sie monatelang an einem Ort festsaßen, bis sie für die nächste Etappe bezahlen konnten. Es war Januar 2020, als Maleka das erste Mal die Zelte von Moria sah. Sie fanden eines im hinteren Teil des Lagers, während die Frauen gerade auf den Straßen zu ihren Protesten aufbrachen und sich die Situation im Lager zuspitzte.

Nachts saß Azim mit einem Ast vor dem Zelt, um seine Familie zu beschützen. Maleka sagte, dass sie in dieser Zeit viel geweint habe, trotzdem hätten sie die Hoffnung nicht aufgegeben. Nicht einmal neun Monate später als das Lager abbrannte, und die Mahmoodis erneut fliehen mussten.

Neun Tage schliefen Maleka, die im vierten Monat schwanger war, und ihre Familie auf einer Wiese neben der Hauptstraße. Bis Lastwagen und Hubschrauber mit neuen Zelten kamen und die Mahmoodis ins neue Lager zogen. Zuversicht gab der Familie in dieser Zeit ihr Status als anerkannte Flüchtlinge. So waren sie auf der schon vorher genannten

Die Brandstifter

Liste mit 1553 Menschen gelandet, die die Bundesregierung nach dem Feuer nach Deutschland holen wollte. Doch dann hatte sich der Flug wiederkehrend verschoben, bis die hochschwangere Maleka im Februar 2021 nicht mehr fliegen durfte. Sie wusste nun, dass sie ihr Kind im Lager zur Welt bringen musste. Schon bei unserem ersten gemeinsamen Treffen sagte sie: «Ich wollte niemanden verletzen, außer mich selbst.» Deshalb habe sie sich vor der Tat auch versichert, dass niemand in der Nähe des Zeltes gewesen sei.

Während Maleka ihre Geschichte erzählte, warfen sie und ihr Mann sich immer wieder kurze Blicke zu. Azim sagte, dass er verstehe, warum seine Frau nicht weitergewusst habe. Die Erschöpfung sei es gewesen. Er mache sich deshalb große Sorgen. In der Zeit, als Maleka im Krankenhaus war, besuchte Azim sie jeden Tag, obwohl ihm das Krankenhaus unangenehm war. Denn auch die Krankenschwester und die Ärzte seien ausgestiegen, wenn er den Fahrstuhl betrat. «Man will uns hier nicht», sagte er.

*

Drei Monate später stand Maleka mit einem wehenden blau-gelben Tuch auf dem Parkplatz des Hafens von Mytilini. Azim klappte den Buggy auseinander, stellte vollgepackte Einkaufstaschen neben den Taxistand und steckte sein buntes Hawaiihemd in den Gürtel. «Es ist vorbei», sagte Maleka leise. Ihre Wunden an der Wange waren fast verheilt. Sie trug einen leichten Lidstrich und lachte breit, als wir uns sahen. Selten habe ich eine größere Erleichterung an einem Menschen gesehen, der ein neues Leben beginnen wollte. Aufgeregt schlängelten sich die Kinder zwischen ihren Beinen und stützten sich hüpfend an den Koffern am Hafeneingang ab. Vor einer Woche war die Genehmigung erteilt worden, dass die Familie nach Deutschland ausreisen konnte. Irgendwo, in die Nähe des Sommerbads von Wilmersdorf.

5

Fabiola und Khaled

Als Fabiola Velasquez im Herbst 2014 mit ihren Eltern auf dem Weg zum Strand war, kamen ihnen plötzlich Dutzende Menschen mit Plastiksäcken, Rollstühlen und Kindern auf dem Arm entgegen. «Wer sind diese Menschen?», fragte ihr Vater. «Ich weiß es nicht», antwortete Fabiola. Sie lehnte sich staunend über das Lenkrad und klebte an der Windschutzscheibe, erzählte sie, bis sie ruckartig das Auto anhielt. Für ihren Vater und ihre Mutter, die unter der Militärdiktatur in Chile gelebt hatten, war es selbstverständlich, wenigstens ein paar Menschen in die Hafenstadt mitzunehmen. Erst später fand Fabiola heraus, dass Geflüchtete nicht im Auto transportiert werden durften. Das konnte als Beihilfe zum illegalen Grenzübertritt gewertet und strafrechtlich verfolgt werden. Fabiola erkannte, dass auf der Insel zweierlei Menschen lebten: solche mit und solche ohne Rechte. Sechs Jahre später sagte sie: «Dieses Unrecht mitzuerleben, gab mir die Verantwortung, zu dieser Zeit der Geschichte Stellung zu beziehen; auch wenn es nicht in meinem eigenen Land war, wurde ich zur Zeugin.»

Es war Ostermontag, der 3. Mai 2021. Wir saßen in ihrer kleinen Wohnung vor den Fenstern mit der schönsten Aussicht auf der Insel. Die aufgeblähten Regenwolken der letzten Tage waren verflogen. Vor den Fenstern tanzten kleine Mückenschwärme in der Luft. Die Sicht war klar. Von hier konnte man bis zu den weißen Zeltdächern des neuen Lagers sehen, die in der Sonne glitzerten.

Fabiola schob ein Wasserglas zwischen ihren Händen hin und her. Ihre braunen Haare hatte sie zu einem Knoten zusammengebunden. Obwohl sie eine sehr zierliche Person ist, kommt sie mir immer viel größer vor. Vielleicht liegt das an ihrem Blick, der so einnehmend ist, oder an ihrer Hingebung beim Sprechen, die immer ihren ganzen Körpereinsatz fordert. Doch in ihrer Stimme lag an diesem Tag eine erschöpfte Traurigkeit. Jene, die nach der Wut kommt.

«Du musst die Ursache für einen Schmerz finden», sagte sie, «bevor du ihn behandeln kannst.» Heute mussten wir danach nicht lange suchen.

Fabiola und Khaled

Kurz nachdem ihre Eltern nach Chile zurückgereist waren, mietete Fabiola sich ein kleines Haus am Rande der Stadt und fing an, Menschen zu helfen, die in diesen Tagen zu Tausenden die Küste erreichten. In den Monaten danach stellte sie eine kleine Organisation auf die Beine, die ganzheitliche Physiotherapie anbot.

«Weißt du», sagte sie plötzlich, «wir haben aufgehört zu fühlen, was wir sehen. Dabei sind wir leise geworden.» Sie setzte sich auf und drückte ihren Rücken durch. «Doch wir können die Menschen mit unserem Schweigen umbringen.» Beim Sprechen hob Fabiola ihr Kinn, als ob sie einen ihrer vielen Gedanken damit in die Luft stupsen könnte.

Schon vor unserer Verabredung wusste ich, dass unser Gespräch nicht einfach werden würde. Die Räumung des Familienlagers von Kara Tepe lag nur eine Woche zurück. Über Nacht hatten über 300 Menschen das Lager verlassen müssen. Sie waren von den Polizist:innen noch vor Sonnenaufgang aufgeweckt worden. Wochenlang hatte sich Fabiola auf diesen Tag vorbereitet. Doch als er dann kam, verstand sie, dass es für solche Momente keine Vorbereitung gibt.

*

Vor wenigen Wochen stand Fabiola noch mit verschränkten Armen in der Ecke ihres Containers und beobachtete jeden von Khaleds Schritten genau. «Halte mich vorne am T-Shirt fest», sagte Khaled zu seinem Cousin, der mit ihm an den Übungsstangen stand. Täglich begleitete er ihn zum Lauftraining. Oft trainierten sie über zwei Stunden am Tag.

«Dass du mir nicht aufhörst zu üben», sagte Fabiola. Sie drohte ihm mit dem Zeigefinger. «Immer, Boss», sagte Khaled. Ein Jahr und vier Monate war es zu diesem Zeitpunkt her, dass Khaled an den Container von Fabiola geklopft hatte. «Whoopa», hatte sie sich gedacht. Das wird eine Herausforderung. Khaled war ein großer Mann und saß im Rollstuhl. Als er Fabiola traf, wog er 130 Kilo und konnte seine Beine kaum bewegen.

Kurz nach Kriegsbeginn in Syrien vor zehn Jahren hatte eine Bombe das Dach zerrissen, unter dem seine Familie in der Stadt Deir ez-Zor wohnte. Sein Bruder starb, Khaled selbst wurde von einem Dachstück schwer am Kopf verletzt. Die Diagnose: Schädel-Hirn-Trauma, die rechte

Körperseite gelähmt, eine spastische Lähmung in den Beinen. Wochenlang lag er im Koma, seither ist er auf einen Rollstuhl angewiesen. Auch nachdem er es geschafft hatte, auf dem Rücken von Freunden aus Syrien zu fliehen, blieb er ohne medizinische Behandlung. Bis er Fabiola traf.

Bis zum Vorabend der Lagerräumung arbeiteten Khaled und Fabiola im kleinen bunten Container weiter an seiner Haltung. Die ersten Familien waren schon vor Sonnenaufgang abgeholt worden. Immer wieder schickten mir Bewohner:innen damals Videos, wie sie mitten in der Nacht aus den Betten gerissen wurden. Blinzelnd und müde standen die Kinder unter den Laternen. Für die meisten Bewohner:innen im Camp war wieder die Fastenzeit angebrochen. Kurz vor Sonnenaufgang sollten die letzten das Lager verlassen haben, darunter auch Khaled mit seiner Familie.

«Khaled wird selbst zum neuen Lager fahren. Für den Rollstuhl ist im Bus kein Platz», schrieb Fabiola ein paar Stunden zuvor per SMS. Warum die Räumung mitten in der Nacht um 4:30 Uhr stattfand? «Dann sind sie müde. Sie wehren sich nicht und keiner kann sie hören.»

In den frühen Morgenstunden parkte ich mit einer befreundeten Fotografin neben der Tankstelle, der vor einem halben Jahr das Wasser abgedreht worden war. Ansonsten bewegte sich kein Auto auf der Straße vor Kara Tepe. Seit knapp einem halben Jahr galt auf der Insel bis fünf Uhr morgens eine Ausgangssperre.

Nur die Generatoren des Lagers brummten in der Nacht. Im Licht der Straßenlaternen nieselte es. Zwei Polizisten lehnten an einem Streifenwagen vor dem Eingang. 20 Minuten später verschwanden zwei Busse, gefolgt von zwei Militärwagen, hinter der Absperrung. Wenige Minuten später bogen zwei Polizeiautos in die Einfahrt. Neun Polizisten standen nun mit Kaffeebechern am Eingang.

Noch immer war kein anderes Auto auf der Straße. Wir liefen einen kleinen Hügel empor, um eine bessere Sicht zu haben und uns nicht direkt vor der Polizei aufzubauen. Was drinnen passierte, wussten wir nicht. Der Zugang blieb Journalist:innen an diesem Tag verwehrt.

Um 5:50 Uhr fuhr ein Mann in einem automatischen Rollstuhl durch das Tor und an den Polizeiwagen vorbei. Er parkte am Rand der Hauptstraße. Es war Khaled. Als wir auf dem Hügel gegenüber losliefen, um zu ihm hinunterzugehen, schrie ein Polizist: «Go!» Kurze Zeit später kletterten zwei Beamte die Wiese hinauf, um unsere Presseausweise zu kontrollieren. Aus den Augenwinkeln sah ich den Rollstuhl die nasse Straße zum Eingang hinunterrollen.

*

Knapp eine Woche nach der Räumung standen zwei Rednerpulte hinter der Einfahrt von Kara Tepe. Davor etwa zwölf Sicherheitsmänner, ein paar Journalist:innen, eine Fernsehkamera, drei Mikrofone. Es war die offizielle Übergabe des verlassenen Camp-Geländes an den Bürgermeister von Mytilini. Notis Mitarakis, der griechische Migrationsminister, stieg aus einem blauen Auto hinter einem UNHCR-Zelt, in dem sich staubige Spielbretter, Bälle, Plastikplanen und Rucksäcke stapelten.

Einer der Pressesprecher des Migrationsministers grüßte kurz, dann beugte er sich zu uns hinunter und sagte: «Es gibt nur Statements. Keine Fragen.»

Die beiden Männer schüttelten Hände. Es folgten Fotos. Eine Viertelstunde später fuhren die beiden Autos durch den Eingang des Lagers. Kurz danach Stille.

Eine Woche später erhielt Fabiola eine Nachricht von Khaled: «Hier gibt es gerade eine schlimme Schlägerei zwischen einer Gruppe von Somalis und Syrern.» Er schickte ein Video. Darauf war eine Gruppe von Männern mit Holzstöcken zu sehen, die er aus dem Zelt heraus gefilmt hatte. Man hörte seine Frau und die beiden Kinder schreien, als die Gruppe sich dem Zelt näherte. «Alle sind geflohen. Außer uns», schrieb er. Auf dem Kies rund um sein Zelt ließ sich sein Rollstuhl nicht schnell genug schieben.

6

Grenztechnik, Geld und Yasmin

Autotüren knallten. Die Flaggen vieler europäischen Nationen wehten im Wind. Auf dem roten Teppich vor uns liefen zwei sudanesische Armeegeneräle durch die Eingangstür zum Messegelände. Im Foyer standen Männer in Uniformen und Anzügen, mit und ohne Armeekappen. Die internationale Verteidigungsmesse DEFEA fand zum ersten Mal überhaupt in Griechenland statt. Über 300 Aussteller:innen aus 22 Ländern waren in diesen Tagen angereist. Mit dabei: vor allem europäische und internationale Rüstungskonzerne, die von sicherheitspolitischen Partnerschaften profitierten.

Auf der Besucherliste stand am Nachmittag auch der griechische Migrationsminister. Er kam zu einer der nichtöffentlichen Vorführungen neuester Sicherheitstechniken. Die Verbindung zwischen der Sicherheitsindustrie und dem europäischen Migrationsmanagement wurde nicht nur hier schnell deutlich. Von bewaffneten Drohnen über Sensorsysteme bis hin zu experimenteller Technologie hatten die EU-Kommission und die Mitgliedstaaten in den letzten zehn Jahren Hunderte von Millionen Euro ausgegeben, um Flüchtende an ihren Grenzen aufzuspüren und ihre Bewegungen einzuschränken. Dabei waren an den Grenzen weltweit Sicherheitstechnologien im Einsatz, die migrierende und flüchtende Menschen von der Überquerung der Grenze abhalten sollten. Entweder kaufte die EU-Grenzschutzbehörde *Frontex* direkt ein oder die EU-Mitgliedstaaten zapften EU-Fonds an, die auch zur Förderung der europäischen Sicherheitsindustrie beitragen sollten. Die Recherchen der *Frontex Files* deckten schon 2021 auf, dass es von 2017 bis 2019 insgesamt 16 Lobby-Treffen zwischen *Frontex* und mehr als 16 Waffenherstellern und Unternehmen der Sicherheitstechnologie gegeben hatte. Airbus, das an diesen Konferenztagen auch auf der Messe ausstellte, hatte *Frontex* laut dieser Recherchen von sechs Forscher:innen und dem *ZDF Magazin Royale* bei einem der Treffen vorgeschlagen, die Grenzen mit einem Zeppelin zu überwachen. Im Sommer 2019 flog das unbemannte Luftschiff dann tatsächlich für einen Monat über Samos, um irreguläre Grenzübertritte in der Ägäis zu dokumentieren.

Zusammen mit Petra Molnar lief ich durch die erste Ausstellungshalle. Seit mehreren Jahren leitete Molnar den «Migration and Technology Monitor» an der Universität York und untersuchte den Einfluss von Grenztechnologien auf Flüchtende weltweit. Etwas unscheinbarer als die Ausstellungspanzer im hinteren Teil oder der mit dramatischer Musik bespielte «Terrorsquad» der griechischen Polizei lagen in einer Ecke Broschüren von ROBORDER («Autonomous Swarms of Heterogenous Robots for Border Surveillance») und ARESIBO («Augmented Reality Enriched Situation Awareness for Border Security») aus. Sie waren Teil der von der EU-Kommission finanzierten Pilotprojekte, die unter anderem an der griechischen Grenze ausgetestet wurden. Am nächsten Stand warb die griechische Küstenwache mit dem Slogan «Building a future we can all trust» für neue Überwachungstechnik auf den Schiffen.

Zur gleichen Zeit testeten griechische Grenzschützer an der Landgrenze zwischen der Türkei und Griechenland Thermalkameras und eine Schallkanone, die Menschen mit der Gewalt von 162 Dezibel zurückdrängen sollte. Geräusche können das Ohr bereits ab 150 Dezibel (was etwa einem Geschützknall entspricht) irreparabel schädigen. Das ist etwa mit der Geräuschkulisse eines Flugzeugdüsentriebwerks zu vergleichen. «Unsere Aufgabe ist es, Migranten davon abzuhalten, illegal unser Land zu betreten», hatte der Chef der regionalen Grenzpolizei, Dimonsthenis Kamargios, im Mai vor der Messe gesagt, «dafür brauchen wir moderne Ausrüstung». Kamargios meinte dabei auch die Schallkanonen, die im Gegensatz zu anderem technischem Equipment nicht von der EU-Kommission mitfinanziert wurden. Solche Long Range Acoustic Devices werden auch von der US-Polizei eingesetzt, um Demonstrationen aufzulösen, oder von Schifffahrtsunternehmen, um Piratenangriffe abzuwehren. Auch vonseiten der EU-Kommission floss Geld, um die Grenzen zu sichern und neue «Initiativen gegen den Menschenschmuggel» zu forcieren.

Laut Petra Molnar wurden die neuen technologischen Lösungen von «Privatunternehmen mit zweifelhafter Menschenrechtsbilanz» als Wundermittel der Grenzüberwachung angepriesen. Weltweit würden Regierungen auf dieses Sicherheitsbusiness dankend hereinfallen, denn die Erzählung der globalen Migration als Kontrollverlust war mächtig und das Bedürfnis nach «Sicherheit» zutiefst menschlich. Auch deshalb funktioniere der Sicherheitsmarkt seit Jahren besonders gut. Dabei, so Molnar, seien experimentelle Technologien wie «Drohnen, Robodogs und Roboterschwärme» kaum reguliert und zwängen migrierende und flüchtende Menschen auf immer gefährlichere Routen. Tausende Menschen seien bereits bei dem Versuch ums Leben gekommen, das ständig wachsende Netz der Überwachung zu umgehen – egal, ob in der EU oder an der Grenze zwischen den USA und Mexiko. Die Technologie zeichne die Machtstrukturen in der Gesellschaft nach, und Big Tech sei ein großer Profitbringer. Im Zentrum dieses Panoptikums der Macht stehe ein milliardenschwerer globaler Grenzkomplex, der auf der DEFEA-Sicherheitsmesse omnipräsent war.

*

Einen Tag später traf ich Yasmin im Lager Eleonas in Athen wieder – einem der Orte, an denen das Geld der EU-Kommission schon lange nicht mehr anzukommen schien. In dieser Woche schlugen humanitäre Hilfsorganisationen vor einer Hungerkrise in Athen Alarm. Dutzende Menschen, die zuvor auf den Ägäischen Inseln waren, hatten ihre Zelte rund um das Lager aufgebaut. Und die Situation verschlechterte sich von Tag zu Tag. Zwei Monate nach meinem Besuch, am 21. Oktober 2021, trat ein Gesetz in Kraft, das festlegte, dass Menschen mit positivem Asylbescheid alle staatlichen Versorgungsleistungen gestrichen wurden. Nach perspektivlosen Monaten oder gar Jahren in den Lagern war das für viele Menschen gleichbedeutend mit Hunger und Obdachlosigkeit.

Yasmin lebte mittlerweile mit ihren drei Schwestern und ihrer Mutter in einem der Container im hinteren Teil des Stadtlagers. Sie schnitt einen Apfel auf. An der Wand hing eine alte Gardine. Wir freuten uns so sehr, uns wiederzusehen, dass ich die Müdigkeit um ihre Augen erst gar nicht bemerkte. Wir setzten uns auf den Teppich und zogen die Beine an. Draußen kochte der Asphalt. Die Temperaturen lagen an diesem Tag bei über 40 Grad. Erst jetzt fühle sie den Schmerz, den sie in Moria immer hatte unterdrücken müssen, sagte sie. «In der Stille leuchten die Bilder von Moria am grellsten.» Aber was sie sich niemals hätte vorstellen können: doch noch einmal mehr schlafen zu können als in Moria, wo Schlaflosigkeit ihren Alltag bestimmt hatte.

In Moria habe sie noch all ihre Konzentration darauf ausgerichtet, irgendwie von der Insel wegzukommen und anderen Menschen zu helfen, an diesem Ort zu überleben. Mit der Ankunft in Athen schien sie jedoch nur auf einer weiteren Insel gelandet zu sein. Diesmal ohne nächstes Ziel. Der monotone Alltag im Lager, der keine Möglichkeit zur Weiterbildung als Krankenschwester oder für eine andere Ausbildung bot, führte dazu, dass sie sich zurückzog und verschloss. «Manchmal», sagte sie, «fühlt es sich an, als wäre mein Kopf im freien Fall.» Der Ausnahmezustand dauerte in Athen fort: «Wir kochen 500 Gramm Nudeln für 8 Personen.» Für die eigene Familie und die Nachbarn zusammen.

Mit zwei Euro am Tag könne man in der Gemeinschaft schon überleben, sagte sie. Das eigentliche Problem sei also nicht das Geld; das Schlimmste sei, nicht zu wissen, wie es weitergehen sollte.

«Ich hätte in meinem Land warten können, um zu sterben», sagte sie. «Aber ich habe mich für die Zukunft meiner Familie entschieden.» In Moria, sagte Yasmin, habe ihr Körper in vielen Nächten wehgetan. In Athen habe ihr Kopf aufgehört, zu funktionieren. Irgendwann werde es weitergehen, sagte Yasmin, als würde man den Satz von ihr erwarten.

7

Der Anwalt

Dimitris Choulis schien die halbe Eingangshalle zu kennen. Er grüßte die Dame hinter dem Kiosk, jene am Gate, zwei Frauen, die mit ihrem Koffer in der Schlange standen. Samos schien entweder winzig zu sein oder Choulis sehr bekannt. Mit schnellen Schritten überquerte er den glänzenden Flughafenboden, grüßte den brummigen Polizisten neben uns und sagte mit schwingenden Armen: «Was los bei euch Kindern.» Wir standen in der Gruppe mit all jenen, deren Papiere für die aktuellen Reisebestimmungen nicht ausreichten. Erst seit wenigen Stunden galten neue Reiseregeln, da Ende der Woche die großen Osterferien vor der Tür standen, zu denen die griechische Regierung den Luft- und Schiffsverkehr aufgrund der hohen Infektionszahlen, so weit es ging, herunterfahren wollte. Obwohl wir schon einen Stapel Papiere mit Redaktionsschreiben und Impfnachweisen mit uns herumtrugen, fehlte, so der brummige Polizist, ein weiteres Dokument, das es uns erlaubt hätte, zwischen den Inseln zu reisen. Was genau vor sich ging, verstanden weder Julian noch ich oder die anderen Passagiere. Choulis nickte nur, gab uns die Bußzettel in die Hand und packte uns in sein Auto. «Ihr könnt bei der Polizeistation Einspruch einlegen», sagte er. «Im Land der Mythen passieren schlimmere Dinge als das.»

Choulis hatte gerade eine andere Journalistin zum Flughafen gebracht und uns bei dieser Gelegenheit gleich mitgenommen. Für ein Interview hatten wir uns schon vor ein paar Wochen verabredet. Auf seine Gastfreundschaft waren wir nicht gefasst. Der Anwalt aus Samos war gerade ein gefragter Gesprächspartner für internationale Medien. Auch wir wollten uns mit ihm über einen Fall unterhalten, der für viel Aufsehen gesorgt hatte. Choulis vertrat Nadir A., der mit seinem sechsjährigen Sohn Yahya im November 2020 aus der Türkei nach Griechenland geflohen war. Nachdem das Boot, in dem auch andere Flüchtende saßen, von einer großen Welle erfasst und gegen einen Felsen geschleudert wurde, konnte der Vater seinen Sohn nicht mehr finden. Er war ertrunken. Trotz ihrem Hilferuf, den eine humanitäre Organisation der griechischen Küstenwache übermittelte, dauerte es noch Stunden, bis Hilfe kam. Kurz nachdem er die Insel Samos erreicht hatte, kam es dann ganz anders. Der 25-jährige Vater wurde in Handschellen abgeführt und anschließend in Untersuchungshaft genommen. Die griechische Polizei sagte ihm zu diesem Zeitpunkt noch nicht, dass sie den Jungen tot an der Küste aufgefunden hatten. Erst nach zwei Tagen wurde der Vater zur Leiche seines Sohnes geführt, so Choulis.

«Nachdem er seinen Sohn identifiziert hatte, trug die Hafenpolizei ihn wieder die Stufen hinauf zur Zelle, weil er vor Trauer und Erschöpfung nicht mehr laufen konnte», sagte Choulis später. Er übernahm den Fall. Es war das erste Mal in Griechenland, dass ein flüchtender Elternteil für den Tod des eigenen Kindes auf der Überfahrt angeklagt wurde. Die griechischen Behörden warfen dem Vater vor, seinen Sohn unnötigen Gefahren ausgesetzt zu haben. Dem Vater, der sich vor einer Abschiebung von der Türkei nach Afghanistan fürchtete und sich deshalb für die Überfahrt nach Europa mit seinem Sohn entschieden hatte, drohten nach griechischem Recht fünf bis zehn Jahre Haft. Wenn es zu einer Verurteilung kam, konnte das bedeuten, dass jeder flüchtende Mensch, der sein Kind auf die Fluchtroute über das Mittelmeer mitnahm, fortan der Kindeswohlgefährdung angeklagt werden konnte.

Nadir A. verklagte die griechische Küstenwache daraufhin auf unterlassene Hilfeleistung. Er durfte nach wenigen Tagen zwar seine Zelle, nicht jedoch die Insel verlassen. Choulis war überzeugt, dass der Fall gleichzeitig ein Manöver der Behörden war, um von den eigenen Verbrechen der illegalen Pushbacks abzulenken: «Es geht mir nicht nur darum, zu zeigen, dass die Küstenwache es versäumt hat, dem Jungen rechtzeitig zu helfen, sondern auch, dass dieser Gerichtsfall genutzt werden soll, um eigenes Versagen zu vertuschen.»

Der Anwalt

Choulis und ich hatten uns zum ersten Mal ein halbes Jahr zuvor, im Frühsommer 2020, nach einer Gerichtsverhandlung auf Lesvos gesehen. Damals vertrat der Anwalt einen Angeklagten, der eine Ziege im Dorf von Moria gestohlen hatte. Choulis, der normalerweise Strafverteidiger war, wurde danach immer häufiger von Menschenrechtsanwält:innen kontaktiert.

Nachdem die rechtskonservative Nea Dimokratia im Juli 2019 in Griechenland an die Macht gekommen war, stapelten sich in Choulis' Büro auf einmal die Gerichtsakten von Menschen, die kurz nach der Ankunft in Samos oder Lesvos von den Behörden verhaftet und als Schmuggler angeklagt wurden. Dabei saßen oft willkürlich ausgewählte Menschen im Gefängnis, die kurz vor Beginn der Überfahrt damit betraut worden waren, das Boot zu steuern. Diejenigen, die für die Organisation der Fahrt bezahlt wurden, wurden hingegen nicht belangt, da sie die Boote gar nicht erst bestiegen hatten.

Als Premierminister Kyriakos Mitsotakis ins Amt kam, versprach er die Situation auf den Inseln mit Härte in den Griff zu bekommen. Dabei sollten Asylanträge rasch abgewickelt und abgelehnte Asylantragssteller:innen schneller abgeschoben werden. «So weit, so gut», sagte Choulis, «aber kaum jemand wurde zurück in die Türkei gebracht, sondern die Menschen blieben wie auf Kos in Haftanstalten stecken.» Noch immer wurden Abschiebungen kaum umgesetzt.

*

Mit ausladenden, schlaksigen Schritten lief Dimitris Choulis aus dem Flughafengebäude zu einem kleinen, weißen Punto. Die Hälfte des Flughafenparkplatzes war mit Polizeiwagen vollgestellt. Wegen der andauernden Pandemie waren kaum andere Passagiere mit uns am Gate angekommen. Choulis hielt uns die Türen auf, bevor er sich rasch hinter das Lenkrad setzte. «Hauptsache, wir haben jetzt mehr Polizei als Krankenhauspersonal», sagte er. Er nahm die Ausfahrt, fuhr einen kleinen Hügel empor und die weißsandige Küste entlang. «Samos», sagte er, «das war einmal der schönste Ort der Welt.»

Choulis war auf Samos aufgewachsen, seine Eltern lebten hier, sein Bruder, seine Freunde. Niemals, sagte er, könne er sich vorstellen, diesen Ort zu verlassen, an dem man eigentlich eine große Gastfreundschaft pflegte. Lange Zeit erschien das Leben auf Samos unerschütterlich, selbst während des humanitären Ausnahmezustands von 2015. Im Lager von Vathy, das oberhalb der Hafenstadt errichtet worden war, seien zwar jeden Tag Flüchtende aus aller Welt mit ihren Zelten den Hang hinuntergerutscht. Dennoch habe er das Ausmaß der Verbrechen vor seiner eigenen Haustür erst richtig wahrgenommen, als er verstand, was vor allem seit März 2020 auf dem Meer passierte.

*

Aus dem Fenster konnten wir Vathy erkennen. Die Hafenstadt auf Samos war kleiner als Mytilini und verfügte doch über eine vergleichbare Promenade. Wann er denn Zeit für das Interview habe, wollte ich wissen. «Jetzt. Später. Immer», antwortete Choulis. «Kommt doch erstmal mit ins Büro.» Es war schwer, mit Dimitris ein durchgängiges Gespräch zu führen. Immer wieder steckten Freunde und Mitarbeiter:innen mit frischem Kaffee, Dokumentenstapeln, Briefen und Telefonen ihren Kopf durch seine Bürotür.

Bis zum Alter von 24 Jahren hatte er als Tankstellenwart gearbeitet. Dazwischen fuhr Choulis auch mal Crêpes auf seinem Moped aus. Dann schloss er das Jurastudium ab und wurde Strafrechtsverteidiger in der griechischen Anwaltskammer. Mittlerweile war er ein Mann mit weißen Sneakern und gebügelten Hemden, aus denen ein schmaler Kopf herausragte. «Erst parken wir Menschen jahrelang in Lagern, die sie krank machen, und wenn die dann abbrennen, gehen wir dazu über, die Menschen nach ihrer Ankunft in Europa wieder zurück ins Meer zu treiben», sagte er. Wieder klopfte es. Eine Freundin stellte eine Packung Kuchen auf dem Stuhl ab, die er seinen Eltern mitbringen sollte. Sie winkte kurz. Choulis winkte zurück, zog am Strohhalm seines Kaffeebechers und sagte, er würde am liebsten alles vergessen, was er gesehen hatte. Poker spielen, mit seinen Freunden zu den Tavernen in den Hügeln fahren und im Sommer auf den weißen Kieselsteinen der langen Strände liegen. Das mache er auch noch. Doch immer liefe ein Schatten mit.

Erst vor zwei Tagen, erzählte Choulis, habe ihn kurz vor Mitternacht auf Facebook die Nachricht erreicht, dass ein weiteres Boot angekommen war. Ohne Begleitung des UNHCR und der griechischen Polizei durfte er nicht zu den ankommenden Menschen fahren, weil er sich sonst womöglich der Beihilfe zum illegalen Grenzübertritt schuldig gemacht hätte; er wusste aber gleichzeitig, dass die Menschen ohne Zeugenschaft sehr wahrscheinlich wieder zurück aufs Meer gezogen würden. Der Anwalt hatte das Gefühl, er würde etwas Kriminelles tun, wenn er jetzt ins Auto steigen würde, um zur Ankunftsstelle zu fahren. «Als würde man mit Kokain dealen», sagte er, «wie kann sich das so schnell im Kopf ändern? Diese Angst, diese Paranoia.»

Gestern, erzählte er, habe eine Frau aus Palästina an seiner Tür geklopft. Drei Kinder hatte sie dabei. Sie waren die einzigen Übriggebliebenen eines Bootes, das wenige Tage zuvor angekommen war. Die anderen, so die 31-jährige Frau an der Tür, seien zurückgedrängt worden. In einer Lokalzeitung auf der Insel hieß es, dass eine Gruppe von Flüchtenden mehrere Stunden auf einem mit «Kiefern und Gestrüpp bewachsenen Hügel» ausharrte – aus Angst, von den Behörden entdeckt zu werden. In dem Artikel hieß es weiter, dass die Inselbewohner:innen, die der Gruppe zu Hilfe eilten, um sie mit Wasser zu versorgen, anschließend von den griechischen Behörden unter Druck gesetzt worden seien. Sie sollten die Lüge verbreiten, diese Gruppe habe «niemals existiert».

Kurz darauf, am 22. April 2021, veröffentlichte die türkische Küstenwache Fotos von einer Gruppe von Menschen, die gegenüber von Samos auf orangen Rettungsinseln aufgegriffen worden waren. «Mehr Beweise für einen Pushback kann es kaum geben», so Choulis.

*

Am nächsten Tag trafen wir uns in der Innenstadt. Noch bevor er den Helm von seinem Kopf gezogen hatte, winkte Dimitris dem Gemüsemann und grüßte den Mechaniker hinter seiner Schweißbrille. Samos war kein Ort, an dem man sich leicht aus dem Weg gehen konnte. Das schien der Anwalt auch nicht zu wollen. Dabei kam seine klare Haltung zu den Pushbacks nicht bei allen auf der Insel gut an.

Dimitris befragte seine Freunde bei der Polizei, was sie an den Küsten gesehen hätten. Meistens zuckten sie nur mit den Schultern. Das liege doch im Verantwortungsbereich der griechischen Küstenwache. Mit all dem hätten sie nichts zu tun. Auch jene, die bei der Küstenwache arbeiteten, sagten, das würden andere erledigen. «Omerta» nannte Choulis diese Kommunikationslücke: Schweigepflicht. Alle hatten Angst. Und diejenigen, die diese Fälle eigentlich hätten aufklären müssen, hingen selbst mit drin.

Als wir uns ein halbes Jahr später wiedersahen, hatte sich die Situation weiter zugespitzt. Choulis und sein Team des *Human Rights Legal Project* kamen mit der Bearbeitung der zahllosen Fälle illegaler Pushbacks nicht mehr hinterher. Die Bilder von Menschen, die nach ihrer Ankunft auf Samos auf orangen Rettungsinseln von der griechischen Küstenwache auf das offene Meer zurückgezogen wurden, häuften sich. Diese folgenlosen Verbrechen waren keine bloße Aushebelung von Recht mehr, sondern glichen eher einer Verrechtlichung des Unrechts.

Choulis war sichtlich angestrengt. Um seine Augen lag ein schwarzer Schatten, den er immer wieder durch seinen ausgeprägten Sarkasmus zu vertreiben versuchte. Außer ihm vertrat auf Samos kaum mehr jemand die Anliegen der Menschen in den Camps. Dimitris Choulis fühlte sich jedes Mal schuldig, wenn er nicht handelte, sobald er etwas von einer Ankunft mitbekommen hatte. «Das Gefühl kennt der Metzger an der Ecke wahrscheinlich nicht», sagte Choulis, «das ändert sich, sobald man weiß, was passiert.» Auch er geriet zunehmend ins Fadenkreuz der Behörden.

Als ich am 22. Juli wieder nach Samos kam, um die Baustelle für das neue Lager von Samos zu besuchen, wirkte Choulis noch desillusionierter: «Es wäre ehrlicher zu sagen, die Grenzen sind dicht», sagte er am Abend in einem Café, «und jeder, der versucht, rüberzukommen, auf den schießen wir.» Das wäre auch nicht schlimmer als das, was im Moment an den Grenzen passierte. So oder so – viele müssten für ihren Versuch, in Sicherheit zu kommen, mit dem Leben bezahlen.

*

Am 18. Mai 2022, eineinhalb Jahre nach dem Tod seines Sohnes, wurde Nadir A. auf Samos freigesprochen. Die Fragen, warum die griechische Küstenwache keine Rettungsmaßnahmen für das Boot, auf dem Vater und Sohn gesessen hatten, eingeleitet hatte, als sie in der Nacht gegen 1:30 Uhr am Unfallort eingetroffen war, und warum sie trotz der Schreie auf den Felsen im Meer wieder weggefahren war, wurden nicht mehr geklärt.

Trotzdem, sagte Choulis, sei es ein guter Tag gewesen. Er habe bewiesen, dass für die Richter:innen nicht nur die kalten Taschenrechner der europäischen und griechischen Bürokratie handlungsleitend waren. «Thank God.»

8
Polen und Belarus

Im September zogen die Felder grün und gelb an meinen Autofenstern vorbei. Der Białowieża-Wald ist einer der ältesten in Europa. Zwischendurch tauchten immer verwunschenere kleine Holzhäuschen auf. Schilder warnten vor Bisons. Auf den Feldwegen war es so ruhig, dass ich beim Rasten die Blätter der über 50 Meter hohen Eichen auf den trockenen Boden fallen hören konnte.

Als ich bei der Polizeisperre bei Usnarz Gorny hielt, erschrak auch der junge Polizist, als hinter ihm ein Dorfbewohner grüßte. Einer der wenigen, die in diesen Tagen durch die Absperrung gehen durften. Der Polizist beugte sich durch mein Fenster. Dabei faltete er die Verkehrskelle auf seinen Rücken, wie ein Kellner eine Serviette in einem alten Schwarz-Weiß-Film. Die Botschaft, die er überbrachte, war jedoch weniger mondän: «Kriegszone. Belarus. Umdrehen.» Diesen Dreiklang hörte ich in den nächsten Tagen immer wieder. Jeder Versuch, von polnischer Seite aus tiefer in den Białowieża-Urwald vorzudringen, scheiterte. «Wer hier nicht wohnt, darf hier nicht rein.»

Seit über neun Wochen saßen 32 afghanische Geflüchtete auf einer Lichtung auf Pappdeckeln und Plastiktüten im Schlamm. In der Nacht fielen die Temperaturen am Waldrand auf null Grad. Und die Gesundheitssituation der Menschen verschlechterte sich täglich.

Seit dem 2. September 2021 durfte niemand die Sperrzone betreten – ausgenommen polnische Soldat:innen und die Einwohner:innen der 183 Grenzorte. Journalist:innen mussten draußen bleiben. Das Fotografieren von Soldat:innen und Grenzschützer:innen war verboten.

Die im Wald von Białowieża festsitzenden Geflüchteten waren zum Spielball der Geopolitik geworden. Der belarussische Machthaber Alexander Lukaschenko nutzte sie als Druckmittel gegen die EU. Die hatte im Sommer Wirtschaftssanktionen wegen der brutalen Repression der Zivilgesellschaft in Belarus verhängt. Seither holte der belarussische Diktator gezielt Flüchtende ins Land, um sie Richtung EU weiterzuschicken. Hatte es vor Mai noch keine einzige direkte Flugverbindung zwischen dem Irak und Belarus gegeben, flogen bis Ende August vier Charterflüge pro Woche von Bagdad nach Minsk.

Staatliche Unternehmen sollen den Menschen in Bagdad gezielt Touristenvisa für Belarus versprochen haben – mit der Aussicht, nach Europa weiterreisen zu können. Auf Druck der EU flog die Fluggesellschaft Iraqi Airlines bald nur noch einmal in der Woche nach Minsk. Doch auch Flüge aus Istanbul und Damaskus landeten in der belarussischen Hauptstadt. Von dort wurden die Menschen in dieser Zeit in eigens dafür angemieteten Bussen und Armeelastwagen bis an die Grenzen zu Litauen und nun auch Polen gebracht.

Die Gruppe aus Afghanistan war nun zwischen belarussischen und polnischen Grenzschützer:innen eingekesselt. Zusammen mit einer grauen Katze, die sie aus Kabul mitgebracht hatten und die es bereits in die *Washington Post* geschafft hatte.

Tagelang campierten humanitäre Helfer:innen auf einem abgesperrten Feld und versuchten, die Menschen per Megafon zu erreichen, deren Zustand bei sinkenden Temperaturen und ohne Zugang zu frischem Wasser und Nahrung von Tag zu Tag schlechter wurde. Nach der Einrichtung der Sperrzone hatten die Helfer:innen das Gelände verlassen müssen. Zum Zeitpunkt meiner Ankunft war nur mehr eine Organisation mit einem der Männer der Gruppe in Kontakt. Mit jedem neuen Einschalten hatte er einen Batteriestrich weniger auf seinem Akku.

«Wir haben versucht, gemeinsam zu singen, um uns aufzuheitern. Doch die Gruppe ist so schwach, dass sich kaum einer an die Liedtexte erinnern kann», sagte Abdul Hafiz aus der Gruppe bei dem letzten Anruf, «aber es half nichts.» Dann brach der Kontakt ab.

*

Ich machte mich auf den Weg zu einem Holzhaus in einem winzigen Dorf nahe der Sperrzone, wo ein Teil der Organisation ihr Lager aufgeschlagen hatte. Zwischen knorrigen Apfelbäumen und Gemüsebeeten

Polen und Belarus

unternahmen sie Tag und Nacht den Versuch, mit Telefonen und Computern die Verbindung zu den Menschen aufrechtzuerhalten und die humanitäre Erstversorgung zu koordinieren. Sie waren jedoch darauf bedacht, im Verborgenen zu operieren. Denn auch hier war die humanitäre Erstversorgung den polnischen Behörden ein Dorn im Auge.

Währenddessen sagte der polnische Innenminister Mariusz Kaminski: «Wir werden nicht zulassen, dass Polen zu einer weiteren Route für den massenhaften Schmuggel von illegalen Migranten in die Europäische Union wird.» Der polnische Grenzschutz habe zudem 2500 illegale Grenzübertritte vereitelt, hieß es auf dem Twitter-Kanal des polnischen Innenministeriums.

Ein 180 Kilometer langer Grenzzaun sollte errichtet, der Weg nach Polen allen Flüchtenden bis auf weiteres versperrt werden. Auch die Pushbacks von Geflüchteten zurück nach Belarus sollten, wie mir schon Dimitris Choulis auf Samos angekündigt hatte, im Parlament bald legalisiert werden. Dabei wurden den Helfer:innen, genauso wie im griechischen Grenzstreifen, in ihrer Arbeit immer engere Grenzen gesetzt. Und viele waren zum ersten Mal mit einer solchen Gewalt konfrontiert, und das an einem Ort, den sie noch aus ihrer Kindheit von Ausflügen kannten.

Einen der Helfer:innen der Organisation *Chlebem i Sola* (Mit Brot und Salz), die sich sonst vor allem um Geflüchtete in Warschau kümmerte, erreichte eine Nachricht von einer Syrerin, die sich Boushra nannte: «Helfen Sie uns! Wir sind in Lebensgefahr», sagte sie am Telefon. Mit einer Gruppe von Geflüchteten war sie weiter südlich bei Terespol zwischen polnischen und belarussischen Grenzschützer:innen eingekesselt. Bei ihr waren vier Frauen, achtzehn Männer und drei Kinder. Die Jüngste soll sechs Jahre alt gewesen sein. «Seit zwei Tagen haben wir nichts mehr gegessen und getrunken», sagte Boushra, «ein Mann ist zusammengebrochen, er braucht dringend einen Arzt.»

Sie schickte ein Video hinterher. Es zeigte polnische Grenzschützer mit Sturmhauben und Schlagstöcken. Das Bellen eines Schäferhunds, der von einem Polizisten am Halsband zurückgehalten wurde, übertönte die Stimme einer Frau, die bat: «Lassen Sie nur diesen Mann durch. Bitte. Helfen Sie nur ihm. Er stirbt sonst.» Die Kamera schwenkte auf einen Mann, der ohnmächtig in den Armen von drei weiteren Männern lag. Chlebem i Sola schickte einen Krankenwagen an den Standort, den die Syrerin per Chat übermittelt hatte. Demnach befand sich die Gruppe auf polnischem Gebiet.

Nach kurzer Zeit riefen die Sanitäter wütend zurück: Die Patienten seien auf der belarussischen Seite. «Das ist nicht unser Gebiet!» Ob die Gruppe von der polnischen Grenzpolizei aufgegriffen und zurück auf belarussisches Gebiet gebracht worden war, ließ sich nicht klären. Doch wenige Stunden später teilte Boushra via Facebook ein weiteres Video: Darin sah man die polnische Polizei vor einer Menschengruppe stehen. Rot-weißes Absperrband war rund um die Gruppe gespannt, die ohne Unterlage, in Regenjacken, dicht gedrängt im Matsch auf einer Waldlichtung lagen. Dahinter zwei Grenzpolizisten aus Belarus mit Schilden. «Wir fühlen nichts mehr», sagte Boushra, «seit Tagen liegen wir im Eiswasser.»

Tagelang ging es so weiter. Immer wieder brach der Kontakt zu Boushra ab. Als *Chlebem i Sola* Menschen aus Kamerun und dem Kongo im Wald auf polnischer Seite außerhalb der Sperrzone auffand, brachten die Helfer:innen eine der Frauen ins Krankenhaus. Eine Nacht später meldete sich die Gruppe: Sie seien wieder in Belarus. Nach dem Grenzübertritt habe die belarussische Polizei in den Boden geschossen, sagte eine der Frauen, «sie schrien, dass wir wieder zurück nach Polen sollen». –

*

«Ein Wald voller Irrlichter», sagte Ania Szychowska. So fühle sich die Situation für sie an. Sie saß auf einer Couch in der hinteren Ecke des großen Hauses und schaute auf ihr Handy. Um sie herum klingelten die Telefone.

Die polnische Regierung habe in den vergangenen Jahren etliche Gesetze gebrochen, sagte sie, die Justiz abgebaut, die Pressefreiheit eingeschränkt, ein Klima der Angst heraufbeschworen. Doch das, was in den letzten Wochen hier in diesem Wald passiere, in dem sie früher mit ihren Eltern in den Urlaub gefahren war, nahm sie persönlich. Das Gefühl der Hilflosigkeit schneide ihr die Luft ab.

Am nächsten Tag steckte sie eine gefaltete Landkarte und ein Päckchen Flugblätter in ihren dünnen Rucksack. Der Transport von Geflüchteten war illegal. Essen und Wasser zu geben, das sei jedoch erlaubt. «Wenn du einen Flüchtling in deiner Nähe triffst, kannst du ihm helfen», stand auf der Vorderseite des Flugblattes.

Viele Dorfbewohner:innen würden nicht wissen, ob es legal ist, Menschen zu helfen, sagte Szychowska. Das wolle sie mit den Flugblättern ändern. An jedem Dorfeingang hielten wir bei einer Polizeisperre. Wir streckten unsere Ausweise in die Luft und öffneten den Kofferraum. «Keiner drin», sagte Ania. Wir fuhren weiter und parkten vor einer Kirche, deren Putz abblätterte.

«Zuerst müssen wir zum Bürgermeister», sagte Ania, «oder» − sie klopfte an das graue Tor eines Hauses gegenüber der Kirche − «zum Priester.» Auf einen Gehstock gestützt, öffnete der Dorfpriester die Tür und bat Ania ins Vorzimmer. Es roch nach ungewaschenen Vorhängen und Sauerkraut. Hier seien noch keine Migrant:innen vorbeigekommen, sagte er. Und: «Warum sollten wir helfen? Helft lieber dem Nachbarn, der kein Essen hat.»

Die Häuser entlang der Straße sahen aus, als hätten schwedische Kinderbuchillustratoren sie gezeichnet. Dunkelgrüne Gärten mit Sonnenblumen, Holzhäuser unter einem wolkenfreien Winterhimmel. Davor fuhren zwei ältere Frauen auf Fahrrädern die Asphaltstraße entlang. Von einem Bauernhof am hinteren Ende des Dorfes kam ein Jagdhund gelaufen. Der Bauer pfiff ihn forsch zurück und blieb breitbeinig in Gummistiefeln auf dem Vorplatz stehen. Ania winkte ihm zu. Klingeln gab es in den Dörfern keine. Sie kamen ins Gespräch. «Meine Schwester hat ein paar Flüchtlinge gefunden», sagte der Bauer, «hat ihnen frische Kleider und Wasser gegeben.» Ania öffnete ihren Rucksack und fischte ihre Mappe hervor. Der Mann drehte das Flugblatt in der Hand. «Natürlich helfe ich, wenn jemand in Not ist.» Er nickte. «Ach, es ist eine verflixte Sache.»

Wir fuhren weiter. Im Nachbardorf saß eine ältere Frau auf einer Bank in ihrem Garten. Als Ania zu ihrer kleinen Rede ansetzte, drehte sie verärgert ihr Feuerzeug auf dem rauen Holztisch. «Warum sollte ich Menschen helfen, die auch Terroristen sein könnten?» Ania wiegte sich von einem Fuß auf den anderen. Immer wieder fielen kleine Zwetschgen zwischen den beiden Frauen auf den Boden. Sie würde ja nicht behaupten, dass alle Menschen kommen sollen, sagte Ania. «Doch sie haben das Recht auf einen fairen Asylprozess, auf Wasser und Nahrung.» Die Frau schüttelte den Kopf. Dann schob sie das Papier näher zu sich heran, las laut daraus vor, bis sich Ania aus dem Garten verabschiedete und zur nächsten Tür ging.

Noch weitere drei Stunden klopfte Ania an die Türen von Bäuer:innen, Priestern und einem Mechaniker, unterhielt sich in Lautsprache mit einem taubstummen Paar, mit Senior:innen, die vor den Supermärkten saßen, und mit deren Pflegern.

Vor einem der Häuser hielt eine Frau eine junge Katze auf dem Arm. Über den Zaun hinweg sprach sie mit Ania über die Einsamkeit während der Pandemie. Ohne die Tiere, sagte sie, wäre sie in den letzten Monaten verrückt geworden. Noch bevor Ania die Flugblätter wieder im Rucksack verstaut hatte, drehte ein vorbeifahrendes grünes Polizeiauto um und kam in unsere Richtung. Ania verabschiedete sich. Wir liefen ein paar Schritte die Straße hinunter. «Stopp!», rief uns eine rothaarige Grenzpolizistin hinterher. Sie sieg aus dem Auto, hinter ihr zwei weitere Polizisten. «Sie stacheln die Bewohner also zu illegalem Verhalten auf», sagte sie. Die Kollegen ließen die Autotüren knallen. «Ist Ihnen bewusst, was hier auf dem Spiel steht?»

«Was auf den Flugblättern steht, ist nicht illegal», verteidigte sich Ania. Sie reichte der Grenzpolizistin eines. «Die Bürger dürfen Menschen helfen, wenn sie in Not sind.» Die Beamtin streckte ihre Hand auffordernd entgegen. «Dokumente bitte.» Für wenige Minuten verschwand sie im Auto. Ania sah auf die Schuhe des Beamten vor ihr, dann fixierte sie eine Sonnenblume im Garten gegenüber. «Sollte die Polizei noch einmal gerufen werden, werden Sie es bereuen.» Die Drohung verhallte in der Nachmittagssonne. Die Streife fuhr weiter. Im Nachbarhaus zog eine ältere Dame einen Vorhang zu. Dann sagte Ania: «Ich glaube, es ist besser, wir machen Schluss für heute.»

*

Zwei Wochen lang hatte Boushra sich nicht über die sozialen Netzwerke gemeldet. Ende September schrieb sie eine Nachricht über Facebook. Sechs Tage war die Syrerin mit ihrer Schwester in einem Krankenhaus gewesen, schrieb sie. Sie seien so schwach gewesen, dass sie nicht mehr gehen konnten. «Jetzt sind wir in Sicherheit.». Wo der Rest der Gruppe sei, das wisse sie nicht.

9
Geschlossen-Geöffnet

Der griechische Migrationsminister stand in Anzug und blauer Krawatte neben zwei Sicherheitsbeamten im Eingangsbereich. Neben ihm türmte eine Kellnerin kleine Apfeltaschen und gezuckerte Mini-Donuts auf eine Glas-Etagere in Korallenform. Am Eingang kontrollierten zwei Polizeibeamte mit Plastikhandschuhen eine Gruppe von Journalist:innen, die direkt auf den Minister zusteuerten. Er hatte sichtlich gute Laune. Einer der Reporter befestigte einen Windpuschel über seiner Kamera und dem Minister. Der winkte ab. Noch keine Live-Sendung. Die Eröffnungsrede folgte später. Doch eines könne er schon verraten: Ab jetzt werde alles anders. Die Menschen hätten keinen Grund mehr, das Lager zu verlassen. Für alles sei gesorgt. Mehr Journalist:innen kreisten ihn ein.

«Wir versuchen, die Menschen davon zu überzeugen, es hier zu genießen», sagte Notis Mitarakis. Eine Gruppe von Beamt:innen des Migrationsministeriums lief in weißen Hosenanzügen, Peeptoes und Sonnenbrillen über das Geröll auf den Minister zu. Über ihnen stand auf einem blauen Banner: «Closed Controlled Access Center of Samos» («Geschlossenes, kontrolliertes Ankunftszentrum von Samos»). Die Einladung zur Eröffnungsfeier zum neuen Hochsicherheitszentrum hatte uns vor einer Woche erreicht. Es war das erste von fünf neuen Lagern, das auf den Ägäischen Inseln eröffnete. 276 Millionen Euro hatte die Europäische Union der griechischen Regierung für den Bau bereitgestellt. Geladen waren Vetreter:innen des Migrationsministeriums, der Küstenwache, der deutschen Bundespolizei, der *EU-Task-Force*, Journalist:innen und die Leiter:innen der beiden humanitären Organisationen, die zusagten, im Camp zu arbeiten. Alle waren also da, außer denjenigen, die das Lager bewohnen sollten. Sie sollten zwei Tage später, zum Wochenbeginn, aus dem alten Lager Vathy hierher transferiert werden.

Die Bewohner:innen sollten das Camp von acht Uhr morgens bis acht Uhr abends verlassen dürfen. Dann würden die Drehkreuze einrasten, und keiner könne mehr durchkommen. Die griechische Polizei und eine private Sicherheitsfirma sollten 24 Stunden am Tag patrouillieren. Drohnen flogen auch an diesem Vormittag über das Areal, das

3000 Geflüchteten Platz bieten sollte. «Was passiert mit den Menschen, die später zurückkommen?», fragte eine Journalistin den Minister. «Der wird bestraft, wie jeder, der gegen die Hausregeln verstößt», antwortete Mitarakis. «Dann kommt man eben mal fünf bis zehn Tage nicht aus dem Container.»

Samos war ein zweigeteiltes Pilotprojekt der EU. Der vordere Teil war für Menschen vorgesehen, deren Asylverfahren noch liefen. Im hinteren Teil wurde an einer geschlossenen Haftanstalt gebaut – dem sogenannten «Prokeka» –, in der Geflüchtete mit negativem Asylbescheid auf ihre Abschiebung warten sollten. Bis zu 960 Menschen konnten in diesem Abschiebegefängnis bis zu 18 Monate lang inhaftiert werden, ohne das Gelände verlassen zu dürfen.

Die zwei Sicherheitsmänner ließen sich leicht zurückfallen und knipsten ein Selfie vor dem schwarzen BMW, mit dem der Minister vorgefahren war. Man hörte das Surren einer Drohne. Unter den Laternen am Eingang waren Überwachungskameras montiert. Im Zuge einer gemeinsamen Recherche hatten wir in den Wochen zuvor herausgefunden, dass alle Gesichter und Bewegungen der Menschen in den neuen Hochsicherheitslagern von Kameras aufgezeichnet und in einem dafür eigens eingerichteten Kontrollraum im Migrationsministerium in Athen analysiert werden sollten. Neben Drohnen sollte auch eine Software zum Einsatz kommen, die mit künstlicher Intelligenz Bewegungsprofile erstellen konnte. Sie sollte spontane Ansammlungen vermeiden helfen. Das hier auf Pilotbasis zur Anwendung kommende Projekt «Centaur» – ein «Sicherheitsmanagementsystem» zum «Schutz von Menschenleben und Eigentum» – gehörte zur neuen Migrationsstrategie Griechenlands nach dem Feuer von Moria.

Der Minister lief zu den eisernen Drehkreuzen vor, neben ihm die Leiterin der *EU-Task-Force* Beate Gminder. Hinter ihnen das Fernsehteam. Unter Applaus schnitten sie das rote Band vor den Drehkreuzen durch, neben denen Fingerabdruckleser montiert waren. Jeder, der passieren wollte, musste seinen Fingerabdruck abgeben und erhielt eine Chipkarte. Die beiden gingen durch das Drehkreuz, woraufhin es zweimal knackte. Windhosen wirbelten den Baustaub zwischen den Schuhen der Besucher:innen hindurch. Die Leiterin der Task-Force und der Minister hissten am Eingang die griechische und die europäische Flagge. Wieder Applaus.

Geschlossen-Geöffnet

Kurze Zeit später wurden wir in Busse mit verdunkelten Scheiben geleitet, die am Eingang für die Bewohner:innen bereitstanden. Das Areal war so groß, dass sich die Angestellten mit Autos fortbewegen mussten. Das Containerdorf lag auf 154 Hektar Fläche in einer Absenkung. Dabei konnte es zu jeder Zeit vergrößert werden. Das Areal befand sich 15 Minuten Autofahrt vom Hafen und der Stadt entfernt. Zu Fuß hätte man für diese Strecke weit über eine Stunde gebraucht.

Smartphones klebten an den Scheiben und filmten die weiße Containerlandschaft, auf deren Dächern sich die Sonne brach. Dazwischen: Wachtürme und NATO-Stacheldraht mit Widerhaken, der auf dem drei Meter hohen Maschendrahtzaun zusätzlich aufgesetzt worden war. Jeder Versuch, diesen Zaun zu überwinden, konnte tödlich enden. Die Busse stoppten im hinteren Teil des Lagers. Wieder das Knacken von hohen Absätzen im Geröll. Der Vorplatz reflektierte den Beton so grell, dass sich viele Besucher:innen Sonnenbrillen aufsetzten.

Vor den Bussen hatte schon das Auto des Ministers geparkt. Notis Mitarakis lief die Stufen zu einer Kantine empor, an einem flatternden Banner des Migrationsministeriums vorbei. Die Besucher:innen setzten sich auf die Stühle vor das Rednerpult. «Wir haben unser Versprechen gegenüber der Bevölkerung auf den Inseln eingelöst», sagte der Minister. «Wir haben ein neues, modernes und sicheres geschlossen-kontrolliertes Lager geschaffen [...], fern von den städtischen Gebieten.» Er stellte abschließend die «Rückkehr zur Normalität» in Aussicht.

Über mehrere Monate hinweg hatte ich gemeinsam mit den Journalistinnen Katy Fallon, Elisa Perrigueur und Vera Deleja-Hotko sowie dem *ZDF Magazin Royale*, *Ippen Investigativ*, *Frag den Staat* und *Mediapart* zur Konzeption und zum Bau der Lager recherchiert. Über Anfragen nach dem Informationsfreiheitsgesetz hatten wir Zugriff u. a. auf die Protokolle der Sitzungen zwischen der Task-Force, dem griechischen Ministerium sowie anderen EU-Agenturen, vor allem aber auf einen Bericht der EU-Grundrechteagentur (FRA). Er offenbarte schwere Mängel der Lager bei der Einhaltung von Grundrechten.

Im Februar 2021 hielt die Menschenrechtsagentur in einem Bericht fest, dass ein Lager für Geflüchtete «nicht wie ein Gefängnis aussehen» dürfe. Auf Stacheldraht «und gefängnisähnliche Umzäunung» müsse verzichtet werden, «um das Risiko einer Retraumatisierung von Menschen, die Gewalt und Verfolgung erlebt haben, so weit wie möglich zu vermeiden». Aus dem Grund, so der Bericht, solle auch das Personal keine Uniformen tragen. Vor allem Kinder müssten vor solch gefängnisartigen Zuständen geschützt werden. Kritisiert wurde auch, dass die Menschen «abseits» der restlichen Bevölkerung leben mussten; sie sollten sich außer- wie innerhalb der Lager vielmehr frei bewegen können. Die EU ignorierte den Report offenbar. Die Kommission hatte den Bau finanziert – trotz Warnungen ihrer eigenen Menschenrechtsagentur.

Kurz nach der Rede des griechischen Migrationsministers betrat Beate Gminder die Bühne und sagte: «Das Lager bedeutet ein neues Kapitel in der europäischen Migrationspolitik». Die Aufgabe der *Task-Force* bestand darin, bei der Planung der neuen Lager darauf zu achten, dass EU-Standards eingehalten wurden: Wetterfest sollten die Lager sein, sicher, nachhaltig und umweltfreundlich. Was das genau bedeutete, blieb vage. Die große Ähnlichkeit der neuen Lager mit großen Inhaftierungslagern sorgte von Anfang an für Spannungen zwischen der EU und der griechischen Regierung. «Wir sperren keine Menschen ein, nur weil sie Migranten sind. Sie haben also die Möglichkeit, zu kommen und zu gehen, wann immer sie wollen», hatte die EU-Innenministerin Ylva Johansson im März 2021 noch bei einer Pressekonferenz auf der Insel Lesvos gesagt, während griechische Medien von «geschlossenen Zentren» berichteten. Schon die kontroverse Bezeichnung der Lager zeigte, wie sehr man den Eindruck vermeiden wollte, es handele sich um Internierungslager: «Closed-Controlled Access Centre». Geschlossen. Kontrolliert. Zugang. Zentrum. Der Klang einer Orwell-Dystopie.

Im Anschluss an die Reden wurde die Bühne für ein Werbevideo abgedunkelt. Mit heroischer Musik unterlegt, die aus Lautsprechern neben den Stühlen schallte, zeigte es die Entwicklung des Lagerbaus mithilfe von Drohnenaufnahmen. Das neue Lager funktionierte nach dem Prinzip der einheitlichen Risikoabsicherung. Alle, die es betreten wollten, waren potenziell gefährlich, bis das Gegenteil bewiesen war. Genau wie am Flughafen oder am Eingang von Regierungsgebäuden wurden die Rucksäcke gescannt und die Körper abgetastet. Die Lager hatten sich folglich von unübersichtlichen Zeltstädten, in denen die Bewohner:innen sich selbst überlassen worden waren, in technologisierte «Sortiermaschinen» (Steffen Mau) verwandelt, in denen jeder Schritt überwacht wurde.

Geschlossen-Geöffnet

Als der Abspann lief, erreichte mich die Nachricht, dass im Süden der Insel ein Boot angekommen war. Die Gruppe habe sich bei der Ankunft getrennt, um sich in den umliegenden Bergen vor der Küstenwache zu verstecken. Einen Teil der Menschen hatte man noch nicht gefunden. Schneller als geplant liefen wir danach durch die neuen Ausstellungscontainer. Sie stellten eine deutliche Verbesserung zu den Wurfzelten, Bambusstöcken und Brettern von Vathy dar, das in seiner Architektur Moria sehr ähnelte. Jetzt gab es 25 Quadratmeter große Container, in denen vier Menschen Platz zum Schlafen hatten. Der Boden war mit Laminat ausgelegt, und die Klimaanlage kühlte die Luft an heißen Tagen auf 23 Grad herunter. Es gab sogar WLAN. In den Gängen der Container waren ebenfalls Kameras montiert, manche so, dass sie bei geöffneter Tür die Betten der Bewohner:innen filmten. Wir kamen an einem Spielplatz vorbei, an einem Krankenhaus und einem Aufzug, der Neuankommende direkt in den Quarantänebereich bringen sollte. Dann liefen wir hastig zum Eingang und zu unserem Auto zurück. 20 Minuten später kamen wir auf einem Parkplatz an, auf dem schon ein kleiner Bus von *Ärzte ohne Grenzen* stand.

Hier lagen drei Frauen auf Pappkartons. Neben ihnen saß ein Junge aufrecht. Die Frauen unterhielten sich ruhig mit den beiden Ärzt:innen, die neben dem Bus knieten. Die Behörden waren über ihre Ankunft informiert, doch noch war niemand eingetroffen. Wir machten ein Foto. Die Angst vor den Pushbacks war in diesen Tagen allen Ankommenden anzumerken. Auf dem Boot sei noch eine weitere Familie gewesen, erzählten die Frauen. Aus Syrien. Darunter auch eine hochschwangere Frau. Den Kontakt zu ihnen hatten sie verloren. Hinter uns knirschten die Bremsen eines Busses. Zwei Polizisten stiegen aus und nahmen die Personalien der Menschen auf. Unsicher richteten sie sich auf. Sie mussten ihre Telefone abgeben und wurden dann in den Bus verladen.

Durch den Anwalt Dimitris Choulis und die Lokalpresse aus Samos erfuhr ich eine Woche später, dass man die vier Frauen und Männer aus Somalia im neuen Lager angemeldet hatte. Die syrische Familie soll hingegen von türkischen Grenzschützer:innen auf einem treibenden Rettungsboot aufgegriffen und zurück in die Türkei gebracht worden sein.

*

Zwei Tage später stieg Farid Wali, der eigentlich anders hieß, aus dem Bus, er hielt seine kleine Tochter Ava an der Hand. Eine uniformierte Sicherheitsangestellte öffnete das Gepäckfach des Busses. Darin lagen schwarze Plastiktüten mit Decken und Kleidung, ein Spiegel und weitere Tüten voller Brot und Süßigkeiten. Wali und seine Tochter stellten sich in die Schlange zu den anderen Geflüchteten. Als sie an die Reihe kamen, spreizten Vater und Tochter die Arme von ihren Körpern. Eine Frau in einer Schutzweste tastete die beiden mit einem Metalldetektor ab. Danach durften sie den Vorplatz mit den Drehkreuzen betreten. Zusammen mit 300 anderen Männern, Frauen und Kindern wurden sie an diesem Tag ins neue Hochsicherheitslager transferiert. Noch am Abend zuvor hatte es im alten Lager gebrannt. Wer genau hinter dem Feuer steckte, war unklar. Wochenlang hatten diejenigen der Bewohner:innen, die sich in Griechenland uneingeschränkt bewegen durften, versucht, die Insel zu verlassen, um dem neuen Lager zu entgehen. Aus Angst, hier nicht mehr rauszukommen. Wali kniete sich neben seine Tochter, die mit ihren Fingern im Maschendraht pulte. Hinter ihnen standen Wachtürme. Meterlang zog sich der doppelt gereihte Zaun um das ganze Gelände. «Ich habe sie angelogen», sagte er zu meiner Kollegin Katy durch den Zaun. «Ich habe ihr gesagt, wir fahren nach Athen.»

10
Inselpsychiatrie

Schon als Kind spielte Ioannis zwischen den Orangenbäumen im Garten seiner Familie. Heute blühten Avocados und Guaven hinter dem eisernen Zufahrtstor vor dem blauen Familienhaus. Leriot:innen, die früher in Ägypten gelebt hatten, sollen die saure Frucht im 19. Jahrhundert auf die Insel gebracht haben. Die meisten Bäume waren schon vor 100 Jahren gepflanzt worden – bevor Ioannis' Vater das zerbombte Haus nach dem Zweiten Weltkrieg wieder aufbaute. Damals fehlte eine Seite der Fassade fast komplett, und dort, wo heute Hunderte Bücher in einer kleinen Bibliothek in den Regalen standen, schauten damals noch die Hühner aus dem Fenster.

Jede Generation, sagte Ioannis, hatte an dem blauen Haus gebaut, in dem er heute wohnte. Er kümmerte sich mittlerweile vor allem um die nachhaltige Bewirtschaftung der Zitronenbäume vor der Terrasse und die Wein- und Olivenbaumfelder rund ums Haus. Eigentlich komme es im Leben vieler Menschen, die vom kaputten System genug hätten, erst in der Mitte zu einem Bruch. «Bei mir ging das schneller», kommentierte er seinen frühen Rückzug in die Natur glucksend. Vor ihm auf dem Terrassentisch stand eine Tasse Tee neben einem dünnen Taschenbuch. Eine schwarze Katze zog in Endlosschleife um seine Füße.

Bevor der 32-jährige Ioannis Repapis 2016 auf seine Heimatinsel Leros zurückkehrte, arbeitete er im Bankensektor in einem Hochhaus in Frankfurt in der IT-Beratung. Als 2015 immer mehr Männer, Frauen und Kinder über die Meerenge von der Türkei auf die Insel flohen, kehrte er nach Griechenland zurück.

Erst campierten die Menschen entlang der Küste, dann wurden sie auf ein leeres, eingezäuntes Gelände gebracht, auf dem zuerst nur ein paar Polizist:innen standen. Die Regierung wollte das Lager zunächst geschlossen halten und selbst verwalten. Bis schnell klar wurde, dass es einfach zu viele Menschen waren, um sie in dem eingezäunten Bereich einzusperren. Die Verwaltung war auf humanitäre Hilfe und logistische Unterstützung angewiesen. Ioannis nahm eine Stelle als Außendienstmitarbeiter beim Flüchtlingshilfswerk des UNHCR an, das von Anfang an auf der Insel präsent war. Fortan war er für die Logistik des neuen temporären Lagers zuständig. Zwei Jahre später, im Mai 2018, wurde er Leiter des kleinen Teams auf der Insel.

Leros ist die kleinste der fünf Ägäischen Inseln und im Winter von Lesvos nicht einfach zu erreichen, da Fährverbindungen nur sporadisch funktionieren. Viele Menschen nehmen ein Propellerflugzeug, um von einer Insel zur nächsten zu kommen. Der Flieger aus Athen musste auch bei meiner Anreise einen Zwischenhalt auf der kleinen Insel Astypalea einlegen. Nach einer halben Stunde Wartezeit in der winzigen Empfangshalle ging es zurück aufs Rollfeld und im Flieger weiter nach Leros. Am verlassenen Flughafen mit seinen zerfransten Grasbüscheln und der abblätternden Fassade erwarteten uns vier Transitpassagiere nicht etwa Taxis auf dem Parkplatz, sondern drei Katzen und ein Straßenhund.

Auf der Fahrt zu Ioannis' Garten sah ich zu den weißen Häusern mit ihren viereckigen Fenstern hinauf, erkannte Windmühlen und Raben, die sich in den grauen Himmel schraubten, während die salzige Brandung an die steinernen Küsten schwappte. Es war eine wunderschöne Landschaft, voller Hügel mit Mandel- und Zypressenbäumen, auf denen jedes Haus wie ein Versehen und gleichzeitig wie ein Zuhause wirkte.

Im November 2021, also zwei Monate nach der Eröffnung des Hochsicherheitslagers, hatte auch in Leros das «neue Kapitel des Migrationsmanagements» begonnen, wie es die Vorsitzende der EU-Task-Force Beate Gminder bei der Eröffnung des Lagers von Samos verkündet hatte. Die Isolation der, so Ioannis, «Unterwünschten», die in jeder Generation andere Namen kennt, erreichte die nächste Stufe.

*

«Hier sind Sachen passiert, die eigentlich nie hätten passieren dürfen», sagte Ioannis auf der Terrasse vor seinem blauen Haus. Als die EU-Kommissionspräsidentin Ursula von der Leyen im März 2020 darauf beharrt hatte, Griechenland sei das Schutzschild Europas, habe er lange überlegt, was das bedeutete. In den wöchentlichen Meetings beim UNHCR habe es oft geheißen, effektiver Grenzschutz müsse mit den Menschenrechten vereinbar sein. An diese wohlklingenden Worte glaube er schon lange nicht mehr. Eine harte Grenze aufrechtzuerhalten, sei in der Praxis nur unter Anwendung von Gewalt gegen Menschen möglich: nur durch das Zurückdrängen von Booten auf dem Meer oder bürokratische Gewalt wie beispielsweise die Aushebelung des Rechts auf Asyl im März 2020.

Vieles, was Ioannis in den letzten Jahren gesehen hatte, konnte er nicht mehr vergessen. Da waren Menschen, die keine medizinische Behandlung bekamen, weil es keinen Zahnarzt gab, der sie hätte behandeln können. Er traf Kinder, die ihre Familien im Meer verloren hatten und sich an niemanden wenden konnten. An allen Ecken und Enden fehlten die Mittel, an der humanitären Notlage vor Ort etwas zu ändern. Die eigene Arbeit, sagte Ioannis, habe sich oft angefühlt, als würde er noch die Überreste eines Hauses stützen, das schon lange zusammengebrochen war.

Obwohl auf Leros weniger Menschen ankamen als auf den anderen Inseln, steckten die Menschen nach der EU-Türkei-Erklärung vom März 2016 auch hier in ihren Asylverfahren fest. Nordmazedonien hatte am 9. März 2016 die Grenzen geschlossen, und die Umverteilung der

Inselpsychiatrie

Geflüchteten in die 27 EU-Länder ging kaum voran. Kurz nachdem im Juni 2015 Tausende Menschen die griechischen Küsten erreichten, hatte der UNHCR den Notstand für Griechenland ausgerufen und das Land in ein großes Einsatzgebiet verwandelt. Die Organisation war danach mit 600 Personen an zwölf Standorten präsent. Doch die Abhängigkeit von den europäischen Geldgebern brachte enorme Probleme mit sich. In einem Bericht des *Guardian* aus dem Jahr 2017, der die Verwendung der 803 Millionen Euro Hilfsgelder in dieser Zeit untersuchte, wurde die griechische UN-Mitarbeiterin Fotini Rantsiou mit den Worten zitiert: «Anstatt sich für den Schutz von Flüchtlingen einzusetzen, haben sie [der UNHCR] aus Angst vor den politischen Konsequenzen geschwiegen. Selbst wenn sie diese Politik kritisieren wollten, die gegen ihre Prinzipien verstößt, konnten sie das nicht.» Eines der Kernprinzipien des UNHCR-Mandats, sich auch über die konsequente Kritik an den zuständigen Behörden für den Schutz von Geflüchteten einzusetzen, schien damit von Anfang an kompromittiert.

Auf Leros hatte es, wie auf den anderen Ägäischen Inseln, trotz der immensen humanitären Koordination lange Zeit an der allernötigsten Infrastruktur gefehlt. Anfangs habe es in dem Empfangslager, das in den alten italienischen Kasernen am Hafen von Laki errichtet worden war, keinen Klempner gegeben, der zum Beispiel ein verstopftes Klo reparieren konnte, und auch keinen Arzt zur Untersuchung von besonders schutzbedürftigen Personen, erzählte Ioannis. Viele Notfallsituationen hätten in einer bloßen Verschiebung der Zuständigkeiten geendet, womit am Ende des Tages oft niemandem geholfen war. In Verwaltungsfragen sei oftmals das Zufallsprinzip angewandt worden, sagte Ioannis. Jeder, der gerade ein Problem sah, versuchte ad hoc eine Lösung zu finden. Wie so oft auf der Insel, etwa bei einem Waldbrand oder einem Notfall in der Nachbarschaft, half man sich gegenseitig spontan. Doch angesichts der fortschreitenden Dauer des Ausnahmezustandes funktionierte diese Taktik nur eingeschränkt. Durch die Müdigkeit, die irgendwann eintrat, seien Fehler passiert, die Stimmung sei schlechter geworden, und am Schluss habe niemand mehr gewusst, wer für welchen Bereich verantwortlich gemacht werden konnte. Gemessen an humanitären Standards hätte auch dieses Lager niemals existieren dürfen.

Nachts lag Ioannis oft im Bett und fragte sich, wer dafür zur Rechenschaft gezogen werden konnte, wenn jemand starb oder keine medizinische Versorgung bekam. Was passierte, wenn die Polizist:innen Gewalt anwendeten und man selbst nichts dagegen machen konnte? Ioannis haderte zunehmend damit, ein Lagersystem zu unterstützen, das Menschen mit jedem weiteren Monat an ihre mentalen und körperlichen Grenzen brachte. «Es ist ja nicht so, dass man mit Gütern in einem Lager handelt, sondern mit Menschenleben», sagte er. «Auch wenn man sie auf die gleiche Art und Weise in Excel-Tabellen einträgt.»

Als die Zahl der Ankommenden im Herbst 2019 wieder anstieg, wurde es im Lager immer enger. Viele Menschen mussten in die alten Behandlungszimmer der verdreckten Psychiatrie-Ruine ziehen, auf alten Stahlgittern schlafen, ohne Strom oder sanitäre Anlagen. Kaum jemand fühlte sich mehr für die Menschen verantwortlich.

Nach drei Jahren wusste Ioannis nicht mehr, warum er jeden Morgen an den Schreibtisch in seinem UNHCR-Container zurückkehrte. Er kündigte Mitte Juni 2019. «Wenn du mit dem Zweifeln beginnst, ist es Zeit zu gehen.»

*

Als wir den Hafen von Laki erreichten, brauten sich dichte graue Wolken über uns zusammen. Die drei Ebenen der gewaltigen Architektur hoben sich strahlend von dem schwarzblauen Hintergrund des Himmels ab. In der Mitte stand die fensterlose Ruine von Lepida, der alten «staatlichen psychiatrischen Heilanstalt», die Ende der 1990er Jahre geschlossen worden war. Darunter glänzten die Containerdächer des alten Lagers von Leros. Von einer militärischen Kaserne wurde das Gebäude später zur Anstalt für psychisch erkrankte Menschen und dessen Vorplatz schließlich 2016 zum Hotspot für Geflüchtete, die auf der Insel ankamen. Und darüber erhob sich nun seit kurzem das neue «Closed Controlled Access Center».

Anfangs, sagte Ioannis, sei der Aufschrei groß gewesen, als die Regierung entschieden hatte, Geflüchtete in der alten Psychiatrie unterzubringen. Auch die Ärzte, die noch im offenen Teil der Anstalt arbeiteten, waren entsetzt. «Dabei», sagte Ioannis, «gewöhnt sich das Auge irgendwann an alles. Auch an neuen Maschendrahtzaun.» Im November 2021 wurden die verbliebenen Geflüchteten in das neue Hochsicherheitslager transferiert, das sich wie ein glänzendes Ufo über dem verfal-

Inselpsychiatrie

lenen Psychiatriegebäude in den Stein klammerte. Bei unserem Besuch im Frühling 2022 lebten hier nur mehr eine Handvoll Menschen bei einer Kapazität von 2000. Das Gelände wurde – wie auf Samos – 24 Stunden am Tag mit Kameras überwacht, der Ein- und Ausgang durch Drehkreuze geregelt. Drumherum: Stacheldraht mit Widerhaken. Von unserem Standpunkt sahen wir – abgesehen von den beiden Polizeiwagen, die durch das Eingangstor fuhren – niemanden.

Zu allen Zeiten in der Geschichte Griechenlands seien hier Menschen gestrandet, sagte Ioannis. Schon im Mittelalter wurden Leprakranke nach Leros verbannt. Nach dem Zweiten Weltkrieg wurde auf der Insel ein Umerziehungslager für 30 000 Kinder geflohener oder getöteter kommunistischer Partisanen errichtet, und die rechtsextremistische Militärjunta, die zwischen 1967 und 1974 über das Land herrschte, internierte und folterte hier Regimegegner. Auch der griechische Komponist und Schriftsteller Mikis Theodorakis, der 2021 in Athen starb und für viele Griech:innen die «Stimme des Volkes» war, saß hier ab 1967 als politischer Gefangener in Haft. In seinem Lied «Wir sind zwei, wir sind drei» heißt es: «Es tut dir weh, es tut mir weh, doch wer hat die größten Schmerzen? Es kommt die Zeit, die es uns sagen wird.» (Übersetzt aus dem Griechischen: «Πονάς εσύ, πονάω εγώ, μα ποιος πονάει πιο πολύ; Θά 'ρθει καιρός να μας το πει.»)

Jede Epoche eine neue Form der Isolation: Ab 1957 wurden infolge eines königlichen Dekrets vom Festland Hunderte unheilbare Patient:innen mit Schiffen in die Psychiatrie auf die Insel gebracht. Der Autor Klaus Hartung schrieb noch 1989 in der *taz*: «Achtzig Männer mit kahlgeschorenen Köpfen, sommers wie winters nackt, an Betten gefesselt oder in kleinen Betonhöfen verwahrt, menschliche Endzustände eines Psychiatrielagers» (sic!) auf der griechischen Insel Leros». Ende der 1980er Jahre tauchten in internationalen Medien immer grausamere Bilder auf. Schon 1981 hatten zehn Ärzte gegen die unhaltbaren Zustände in der Psychiatrie protestiert, in der die Insassen auf den Treppen schliefen und teilweise nackt angekettet waren. In den 1990er Jahren begann eine von der EU geförderte Reform, die Anfang der 2000er Jahre zur Schließung der Psychiatrie führte.

Als Kind hatte Ioannis von alldem nicht viel mitbekommen. Doch er erinnerte sich, dass viele Leute auf die Frage nach ihrem Beruf immer wieder «Douleuo» sagten: «Ich arbeite drinnen.» Damit hätten alle sofort gewusst, was gemeint war. In ihrer Hochphase liefen über 70 Prozent des Einkommens der Insel über die Psychiatrie. Den gleichen Satz – «Douleuo» – sage man heute, wenn man im Fluchtlager arbeitet. Die Spuren der Geschichte kamen nicht nur in den verfallenen Ruinen am Hafen, sondern auch in der Sprache der Inselbewohner:innen zum Vorschein.

*

Wir fuhren auf die gegenüberliegende Seite der Küste, um aus der seitlichen Vogelperspektive einen Blick auf das neue Lager zu werfen. Ioannis hielt sich die Jacke am Hals zu, um den Wind abzuwehren, und lief zum Rand des kleinen Hügels. Von hier war die Bucht von Laki gut zu überblicken. «Die Regierung sagt, wir könnten uns mit den neuen Hochsicherheitslagern sicherer fühlen. Das tue ich nicht. Im Gegenteil. Wer kann später einmal kontrollieren, was dort passiert?»

IV
Das Echo der Insel

1
Bhasan Char

Es war zehn Uhr abends. Ich öffnete das Fenster vor meinem Schreibtisch, beugte mich über den Sims und schaute hinaus auf die schwach beleuchtete Straße. Der Winternebel hing noch in meinen Vorhängen. Unter mir, in dem kleinen Schrein neben dem Haus, zündete eine Frau eine Kerze an. Zu jeder Saison wurde er mit neuen Blumen geschmückt. Im Vorbeigehen machte ich oft ein Bild von dem Kerzenschein. Hier schien die Insel zeitlos, genauso wie der Mandelbaum im Kapellengarten daneben, der sich im Gegensatz zu den Olivenbäumen in Moria nach den Jahreszeiten und nicht nach den Bedürfnissen der Menschen um ihn herum richten konnte. Drei Monate war ich nicht mehr auf der Insel gewesen. Und doch war sie stets präsent geblieben.

Von dem englischen Schriftsteller John Donne stammt der Satz: «No man is an island entire of itself; every man is a piece of the continent, a part of the main» Soll heißen: Jeder Mensch ist stets auch Teil einer Gemeinschaft. Die Grenzen der eigenen Gesellschaft erschließen sich am besten von ihren Rändern. Von den Grenzen aus betrachtet, erscheint das Zentrum in neuem Licht, hier kann nichts überpinselt werden. Nach nun einigen Jahren auf der Insel, war zu sehen, welche Folgen die Politik in Brüssel oder Athen für die von ihr betroffenen Menschen tatsächlich hatte: Erst durch das Fernrohr aus Moria und anderen «Inseln» entlang der Europäischen Ränder gewannen die Erklärungen und Abkommen, die in einem Brüsseler Büro ersonnen worden waren, an Kontur.

Als ich das Fenster wieder schloss, hatten die beiden Raben, die kurz zuvor zum Strommast gegenüber geflattert waren, begonnen, ihre

Krallen zu putzen. Wie ihnen die Insel aus der Luft vorkommen mochte? Es war gut, sich ihrer Distanz zu erinnern.

*

Wenige Wochen zuvor, im November 2021, stand ich in der klebenden Vormittagshitze auf einem Hochhausdach in der Stadt Cox's Bazar in Bangladesch. Die Reise hatte ich schon länger geplant, doch erst einen Tag vor meinem Abflug ein Touristenvisum bekommen – für das Journalist:innenvisum war es zu spät geworden. Ich hatte drei Fotos ausgedruckt, die jetzt vor mir auf dem Hochhausdach lagen. Das Licht zwischen den Häusern und entlang der Uferpromenade schien noch immer blau, nicht in dem lähmenden Gelb, das an manchen Nachmittagen einen dicken Schleier der Müdigkeit auf die eigenen Gedanken legte. Ich bewunderte die frisch verheirateten Paare, die ausdauernd am Strand auf und ab liefen, um den schönsten Moment ihrer Hochzeitsreise mit dem Selfiestick einzufangen.

Auf einem der drei ausgedruckten Fotos stand eine Frau mit grünem Schal bis zur Hälfte im Meer. Auf ihrer linken Schulter lag ein schlafendes Neugeborenes. Auf dem zweiten Foto weinte ein Mann. Eine ältere Frau mit ausgezehrten Armen und Beinen umklammerte seinen Oberkörper. Vielleicht weinte der Mann vor Erschöpfung, vielleicht, weil er es über den Fluss geschafft hatte. Es lässt sich schwer sagen, wer die Frau auf seinem Rücken war: Mutter, Tante oder Großmutter? Alles, was ich in diesem Moment unternehmen konnte, war, Vermutungen über die Leben der Menschen anzustellen, die von internationalen Fotograf:innen auf ihrer Flucht fotografiert worden waren. Auf dem dritten Foto lachte ein Kleinkind aus einem Strohkorb. Man konnte nicht erkennen, wer den Korb balancierte, doch er schwebte nur wenige Millimeter über dem Wasser. All diese Bilder waren fünf Jahre zuvor entstanden, auf dem Höhepunkt der Fluchtbewegung von 2017, als über eine Million Rohingya vor dem Völkermord in Myanmar geflohen waren. Die dortige Militärjunta hatte Zehntausende Menschen ermordet, es war zu schwerer sexueller Gewalt gekommen, und einige Familien waren durch die Brandstiftung der Junta in ihren Häusern lebendig verbrannt. Bis zu 850 000 Menschen flohen damals binnen weniger Wochen nach Bangladesch – eine der weltweit größten Fluchtbewegungen in den vergangenen zehn Jahren. Zuvor hatten Menschenrechtsorganisationen jahrelang vor dieser Entwicklung gewarnt. Schon 1982 waren die Rohingya von der offiziellen Liste der 135 ethnischen Gruppen im mehrheitlich buddhistischen Myanmar gestrichen worden. Ohne Pass blieben die Menschen der Brutalität einer Militärregierung ausgesetzt, die sie systematisch ausgrenzte und ihrer Lebensgrundlage beraubte.

Vor der Kulisse der weiten Ebenen breit glänzender Schaumkronen und pink dekorierter Pferde, die an der Uferpromenade mit Tourist:innen über den Sand galoppierten, schienen die Tage dieser Bilder weit weg. Doch hatte sich die Krise längst in die Wälder von Teknaf hinein verlegt, wo heute über eine Million Rohingya nur eine Autostunde von meiner Hotelterrasse entfernt lebten – ausgelagert ins größte Fluchtlager der Welt, fernab vom treibenden Alltag der Touristenmetropole Cox's Bazar. Ohne Ausnahmegenehmigung durften die Bewohner:innen das Lager nicht verlassen. Der Notzustand, wie er auf den Bildern zu sehen war, hatte sich weitgehend von den Küsten in die Lager verschoben. War isolierter oder auch *insularer* geworden.

So wie die Fotografen und Filmemacher Milad Ebrahimi oder Yaser Taheri auf Lesvos, gab es auch im Lager von Cox's Bazar Menschen, die das Leben in der Isolation mit detailliertem Blick dokumentierten.

Einer von ihnen war Mohammed Zonaid, ein junger Fotograf, der im Lager Kutupalong in einer Filmschule mitarbeitete. Mit seiner Familie war er vor fünf Jahren aus Myanmar geflohen. Im Alter von 21 Jahren kam er zusammen mit seinen Geschwistern in Bangladesch an. Zuvor hatte er schon seit Monaten nicht mehr in die Universität gehen können. Auch seine Brüder und Schwestern waren aus der Schule verbannt worden – die Folgen jahrelanger Willkür gegen Angehörige der muslimischen Rohingya in Myanmar. Als Reaktion auf Anschläge der Rebellengruppe Arakan Rohingya Salvation Army (ARSA) gegen myanmarische Grenzposten im Jahr 2017 hatte das burmesische Militär angefangen, die Menschen im nördlichen Rakhine-Staat in Zonaids Nachbarschaft durch Brandstiftungen und Massaker an der Zivilbevölkerung systematisch aus ihren Häusern zu vertreiben.

In einer Nacht wachte Zonaid von dem beißenden Gestank brennender Häuser auf. Er konnte sich nur noch daran erinnern, dass er mit seinen Geschwistern in die umliegenden Wälder floh. Sie hatten nicht einmal mehr Zeit gehabt, Wasser und Essen mitzunehmen. Die Ältesten, die nicht mehr gut zu Fuß waren, trug er mit seinen Geschwistern auf dem Rücken über die rauchverhangenen Felder. 50 Tage lang dauerte die Flucht, sagte Zonaid. Sie waren über Waldwege gelaufen, durch Flüsse gewatet und an verbrannten Dörfern vorbeigekommen, in denen alte Männer und Frauen allein in ihren Häusern sitzen geblieben waren und auf den Tod warteten. Ihre Körper waren zu schwach für die anstrengende Flucht, weshalb sie von ihren flüchtenden Angehörigen zurückgelassen werden mussten. Zonaid hatte das Ziel, seine Familie fernab der Straßen, wo Soldaten des burmesischen Militärs auf die Fliehenden schossen, in die nasse Hügellandschaft zur bengalischen Grenze zu führen. Irgendwann kam die Gruppe zu einer Küste, an der große gebogene Fischerboote zu sehen waren – wo genau, konnte keiner mehr sagen. Sie gaben einem Fischer ihr ganzes Geld, um in einem der hölzernen Mondboote über den Grenzfluss Naf an den Südzipfel des Landes gebracht zu werden. Nach der Überfahrt brach Zonaid auf dem Feld zusammen. An zwei Dinge erinnerte er sich noch: das Blut an seinen Beinen, von all den aufgekratzten Moskitostichen, und an den Kuchen in seiner Hand, den ihm ein Fischer nach ihrer Ankunft gegeben hatte. Es war das erste Essen nach einer sehr langen Zeit. Als er wieder aufwachte, wusste Mohammed, dass seine ganze Familie die Flucht überlebt hatte. «Ich war so glücklich und fühlte mich gleichzeitig schuldig, für all die Menschen, die wir tot am Wegrand liegen gesehen haben», sagte er mir bei einem unserer ersten Telefonate. Kurz nach seiner Ankunft in Bangladesch hatte er noch geglaubt, nach wenigen Wochen in die Heimat zurückkehren zu können. Etwas anderes war für ihn unvorstellbar. Doch aus den ersten Tagen, in denen er sich mit seinen Geschwistern und Eltern auf dem riesigen Lagergelände in Teknaf ein Haus aus Bambus baute, wurden Wochen und Monate. Ein Leben im Warten und in der erneuten Isolation vom Rest der Bevölkerung.

Die geflüchteten Rohingya durften in Bangladesch keiner regulären Erwerbstätigkeit nachgehen und saßen im Camp fest. Im ersten Jahr verkaufte Zonaid im Lager Bambusstöcke, um zumindest etwas Geld für Nahrung zu verdienen. Danach bekam er bei einer NGO, die tagsüber im Lager tätig war, einen Lehrerjob und konnte damit seine Familie durchbringen. Damals, sagte er, habe er den Traum, irgendwann noch einmal als Journalist oder Fotograf zu arbeiten, aufgegeben. Trotzdem fotografierte er im Lager nebenbei Szenen aus dem Alltag und trat einer Filmschule bei, die sich – ähnlich wie die *Refocus Media Labs* in Moria –

nach einiger Zeit formiert hatte. Im März 2020 wurde das Camp im Zuge der fortschreitenden Pandemie nahezu vollständig isoliert, und Zonaid und seine Kolleg:innen waren die Einzigen, die über die sozialen Medien aus dem Lager berichten konnten, obwohl das Netz in den meisten Teilen des Lagers schlecht oder gar nicht funktionierte. Die Isolation führte immer wieder zu Panik, sagte Zonaid. Er organisierte mit anderen Gruppen eine Aufklärungskampagne zum Schutz vor dem Virus und verteilte Flugblätter und Masken, um die Lücken zu füllen, die durch die erzwungene Abwesenheit der NGOs und anderer humanitärer Organisationen während des Lockdowns entstanden waren.

An dem Tag, an dem Mohammed Zonaid und ich uns treffen wollten, war der Verkehr zu dicht, und ich hatte auch bis dahin wegen meines eingeschränkten Visums noch keine Genehmigung für den Besuch des Lagers bekommen. Wir verabredeten uns für die Woche darauf. Kurz bevor ich auflegte, sagte Mohammed: «Sie schließen die Schulen. Heute haben die Behörden schon angefangen, sie abzureißen. Das bedeutet, dass 40 000 Kinder und Jugendliche von einem Tag auf den nächsten ohne Ausbildung sein werden. Ohne offizielle Erklärung der Regierung.» Die Regierung verfolgte den Plan, innerhalb der nächsten Monate über 100 000 Camp-Bewohner:innen vom Lager Kutupalong auf die Schlickinsel Bhasan Char umzusiedeln, die etwa 40 Kilometer von der Verwaltungsstadt Chittagong entfernt liegt. Deshalb versuchten die Behörden, so Zonaid und einiger Menschenrechtsorganisationen vor Ort, den Menschen jede Form der Selbstbestimmung zu nehmen, und schlössen neben den selbstverwalteten Schulen auch Gemüse- und Elektroläden im Lager. Doch keiner wolle gehen.

Die Schlickinsel Bhasan Char wurde erstmals 2002 gesichtet. Klimaexpert:innen warnten seit langem davor, das Eiland könne innerhalb kürzester Zeit durch Zyklone oder während der Monsunzeit überschwemmt werden. In den kasernenähnlichen Gebäuden mit ihren roten Dächern hatte man auf der Insel dennoch für über 100 000 Menschen Platz geschaffen. Knapp 250 Millionen Euro hatte die Regierung in Bangladesch in den Bau der Unterkünfte investiert – angeblich ein Provisorium, bis die Rohingya wieder in den Rakhine-Staat nach Myanmar zurückkehren konnten, so Premierministerin Sheikh Hasina. Doch dieses Szenario rückte mit jedem Jahr in immer weitere Ferne.

Die Regierung in Bangladesch brachte die Idee, Bhasan Char als neuen Zufluchtsort für Rohingya-Geflüchtete – von denen viele schon seit Anfang der 1990er Jahre im Land lebten – zu nutzen, erstmals 2015 ins Spiel. Die Begründung lautete, der Strandtourismus in Cox's Bazar habe stark unter den Geflüchteten gelitten. Nachdem hier nur zwei Jahre später eines der größten Fluchtlager der Welt entstanden war, wurde die Schlickinsel über Nacht wieder auf die politische Agenda gesetzt. Menschenrechtsorganisationen waren sofort alarmiert. «Unsere Sorge ist, dass eine Sturmflut den Deich überschwemmt und Bhasan Char vollläuft wie eine Badewanne», sagte etwa Phil Robertson von *Human Rights Watch* im Februar 2021 gegenüber dem *Spiegel*. Auch in lokalen Berichten war zu lesen, dass die ersten Familien anfangs nur mit Gewalt auf die Boote gezwungen werden konnten, die sie auf die Insel bringen sollten. Die Angst der Menschen wurde durch eine Nachricht verstärkt, wonach ein Boot mit 41 Menschen ein paar Monate nach Beginn der Umsiedlungen bei einem Sturm gekentert war, nachdem die Gruppe versucht hatte, wieder von der Insel zu fliehen. Elf Menschen konnten vier Tage später nur tot geborgen werden. In anderen Fällen wurden Menschen, die versuchten, nach ihrer Übersiedlung wieder von der Insel zu fliehen, festgenommen und nach Bhasan Char zurückgeschickt.

Doch die Schlagzeilen verebbten schnell wieder. Noch 2020 hatte sich das Flüchtlingshilfswerk der Vereinten Nationen geweigert, die Regierung in Bangladesch bei ihren Umsiedlungsplänen zu unterstützen. Ein Jahr später, am 9. Oktober 2021, unterschrieb die Organisation schließlich doch ein Kooperationsabkommen zur humanitären Hilfe und rief zu Spenden auf, um die Infrastruktur der Insel weiter auszubauen und die medizinische und rechtliche Lage der Menschen dort zu verbessern. Der UNHCR stellte zwei Bedingungen, bevor er die eigene Arbeit aufnahm: Erstens musste der Transfer der Menschen freiwillig erfolgen, was miteinschloss, dass die Betroffenen ausreichend darüber informiert wurden, wo sie hingebracht wurden; zweitens sollten die Inselcamp-Bewohner:innen weiterhin die Möglichkeit bekommen, sich auf der Insel frei zu bewegen und ihre Familien und Freunde auf dem Festland zu besuchen.

Ende 2022 waren laut *Human Rights Watch* etwa 28 000 Männer, Frauen und Kinder auf der Schlickinsel untergebracht. Unabhängige Beobachter:innen gab es dort zu diesem Zeitpunkt kaum. Den Medien wurde der Zugang zur Insel auch nur in Ausnahmefällen und in offizieller Begleitung gewährt. Zudem unternahm die Regierung in Bangladesch jeden nur erdenklichen Versuch, das Narrativ der Berichterstattung zu beeinflussen, wenn nicht gar zu kontrollieren. Die schwimmende Insel Bhasan Char (das Wort «bhasan» bedeutet traditionell «schwimmen», «char» steht für «kleine Insel») wurde zu einem Ort isolierter Gefangenschaft, an dem das Wasser – wie so oft – als natürliche Barriere funktionierte, ohne neue Mauern bauen zu müssen. Die Architektur einer solch isolierten Unterbringung endet oft in dem Gefühl absoluter Ausweglosigkeit.

Doch auch im Lager auf dem Festland nahm die Verzweiflung der Menschen weiter zu. Die versprochene Hilfe der internationalen Gemeinschaft nahm stark ab, weil sich die Aufmerksamkeit fünf Jahre nach dem Genozid an den Rohingya auch auf andere Schauplätze verlagert hatte. Kurz nach meiner Rückkehr nach Griechenland im Januar 2022 schickte Mohammed Zonaid ein Video von einer fliehenden Menge. Ein Feuer breitete sich im südlichen Trakt des Lagers aus. Hunderte Menschen verloren dabei ihre Unterkunft. Wochenlang berichtete der junge Fotograf auch in den sozialen Medien von der nächtlichen Unsicherheit im Lager, von der Zerstörung der selbstgebauten Geschäfte und den Folgen der pandemiebedingten Schulschließungen. Mittlerweile blieben Tausende Kinder ohne Schulbildung. Ein Lehrer wurde verhaftet, weil er trotzdem heimlich den Schulbetrieb fortsetzte, berichtete *Human Rights Watch*. Die Behörden im Lager drohten daraufhin, Lehrer:innen und Familien, deren Kinder weiterhin am inoffiziellen Schulunterricht teilnahmen, ihre Datenkarten zu entziehen, die man brauchte, um Essen und frisches Wasser im Lager zu bekommen – und dass sie anschließend auf die Insel gebracht würden.

«Mit jedem Jahr verschwinden wir ein Stück mehr», schrieb Zonaid im März 2022, «ich habe nichts verbrochen und bin doch in Gefangenschaft.» An diesem Tag raffte er sich trotzdem wieder auf, nach dem sechsten Feuer in diesem Jahr, und fotografierte. Auch, um für einen Moment zu bleiben.

2
Zurück auf der Insel

Zurück auf Lesvos blinzelte Alice Kleinschmidt mit einer schwarzumrandeten Herzsonnenbrille in die Wintersonne. «Willkommen zurück auf der Transformationsinsel», sagte sie. Sie drückte mir eine Werbeanzeige eines Selbstfindungskurses im Norden der Insel in die Hand, der mit diesem Slogan warb. Wir mussten beide lachen und freuten uns auf den ersten gemeinsamen Kaffee nach langer Zeit. Es war sehr windig, also alles andere als gemütlich, und eigentlich hätte Alice heute gar keine Zeit gehabt und ihre Kinder von der Betreuung abgeholt, wenn nicht ein landesweiter Protest gegen die illegalen Pushbacks der griechischen Grenzschützer:innen angestanden hätte. Wir beobachteten die protestierende Menge vor uns. Ein kleiner Menschenauflauf hatte sich auch an diesem Morgen am Hafenplatz neben der Statue der antiken Dichterin Sappho versammelt. Erst vor wenigen Tagen hatte die turkische Regierung mitgeteilt, 19 Menschen seien auf einer Sandbank am Grenzfluss Evros erfroren aufgefunden worden.

«Hier transformiert sich zurzeit gar nichts», merkte Alice trocken an. Ihre Katzenohrringe überschlugen sich im Wind. «Es ist schlimmer geworden», sagte sie. Wir nippten an unseren Kaffeebechern und liefen der kleinen Menschenmenge entgegen. Auf den Treppenstufen am Hauptplatz lagen bunt angemalte Schwimmreifen. «Stoppt die Todespolitik» stand auf einem, «Nein zu Pushbacks!» auf einem anderen. Im Hafenbecken dahinter schaukelten die Schiffe der Küstenwache. Erst vor zwei Stunden waren sie von der nächtlichen Kontrollfahrt zurückgekehrt.

Im Gegensatz zu vielen anderen humanitären Helfer:innen kannte Alice das Leben und den Alltag auf der Insel auch jenseits des orchestrierten Ausnahmezustands. Zum ersten Mal war sie 2015 hierhergekommen. Sie hatte an der überfüllten Küste mit angepackt und sich wenig später in Nikos verliebt, einen Landwirt, der im Nachbardorf wohnte. Mittlerweile lebte sie mit ihm und ihren beiden gemeinsamen Kindern in einem kleinen Häuschen im Norden. In der alten Käsefabrik hatten sich über viele Jahre hinweg Hilfsgüter bis unter die Decke gestapelt,

Zurück auf der Insel

und Dutzende freiwillige Helfer:innen hatten deren Verteilung auf der Insel koordiniert. Mittlerweile sortierte sie die wenigen Jeans und Babyklamotten, die heute noch hier ankamen, ganz allein. Nur im Vergleich zum Vorjahr war die Zahl der Ankommenden auf der Insel um über 90 Prozent gesunken. Diejenigen, die in dieser Zeit noch auf der Insel ankamen, ohne zuvor in türkische Gewässer zurückgedrängt zu werden, wurden entweder im Quarantänelager Megala Therma im Norden der Insel oder in einem Extrabereich im temporären Lager Mavrovouni für zwei Wochen isoliert.

An manchen Wintertagen, wenn Alice mit dem Auto runter zu den Hühnern oder zum Strand fuhr, kam ihr ein grauer Van oder eine Polizeistreife entgegen. Dann wusste sie, dass sich wieder eine Gruppe von Menschen in den Bergen ringsum versteckt hatte und nach ihnen gesucht wurde. Manchmal saßen sie dort tagelang im Gebüsch. Vor Kapellen oder unter verzweigtem Geäst, das sie im Regen nur wenige Minuten vor der durchweichenden Nässe schützen konnte. Auch wenn Flüchtende die Insel erreichten, wurden sie zahlreichen Betroffenenberichten zufolge immer wieder von maskierten Männern aufgegriffen, auf aufblasbare Rettungsinseln verfrachtet und mit einem Strick wieder hinaus auf das offene Meer gezogen.

Alice erzählte mir, dass sich die Dorfbevölkerung mittlerweile davor fürchtete, den Menschen an der Küste zu helfen. Oder war es vielleicht auch Müdigkeit? An manchen Tagen würden Fischer es gar nicht mehr der Polizei melden, wenn sie eine tote Person im Wasser fanden. Einfach weil die Stunde Fahrtzeit hinunter zur Küstenwache ihren ganzen Tag durcheinandergebracht und ein solcher Vorfall ihr Geschäft gefährdet hätte. Wer wollte schon Fische von jemandem kaufen, der auch Tote im Netz hatte?, so ungefähr gehe die Logik.

«Ich habe das Gefühl, dass wir hier auch nur die Spitze des Eisbergs mitbekommen», sagte Alice. Dabei verzog sie das Gesicht zu einer Grimasse und raufte sich den Pony, als könne sie die bösen Geister damit für eine kurze Zeit verjagen.

3
Jedes Kuvert ein Leben

Eine Woche später brach ich zum ersten Mal für eine Recherche in das Grenzgebiet am Evros auf und traf in der Hafenstadt Alexandroupolis jenen Mann, der so akribisch wie kein anderer in der Region die Spuren der Toten am Fluss sammelte. Ich setzte mich auf die schwarze Couch vor seinem Schreibtisch, als Pavlos Pavlidis schon durch die Bilder auf seinem Computerbildschirm klickte. «Sehen Sie», sagte er, «das war ein Mann aus Pakistan.» Auf dem Monitor war ein mittelalter Mann mit geschlossenen Augen zu sehen, sein Gesicht hob sich weiß von der Metallplatte des Seziertisches ab. Die Polizei hatte ihn im Januar in die forensische Abteilung der Gerichtsmedizin gebracht. Seine Gesichtszüge waren noch zu erkennen. Er musste nur wenige Tage im Wasser gelegen haben.

Pavlidis' Zigarette war im Aschenbecher neben der Tastatur mittlerweile bis zum Filter heruntergebrannt. Immer wieder kniff er die Augenbrauen vor dem Bildschirm fest zusammen und übersprang die Fotos, auf denen der Ertrunkene nackt zu sehen war, bis ein ausgefranster Zettel mit verschwommenen Nummern auf einem der Fotos neben der Leiche auftauchte. «Das war wohl eine Telefonnummer», sagte Pavlidis. Er unterbrach seine Suche, lehnte sich in den Bürostuhl zurück und zündete sich eine neue Zigarette an. Ich fragte mich, was passieren würde, wenn man die Nummer wählte. Würde mit der richtigen Vorwahl jemand in Pakistan abheben? Oder war es der Kontakt zu dem letzten Hotel in der Türkei? Ein Kontakt des Bruders, der Schwester in Schweden? Die Nummern waren zu verschwommen, um es herauszufinden.

Ohne die Gegenstände, die bei den Toten gefunden wurden, hatte Pavlidis kaum eine Chance, die Menschen zu identifizieren. Die meisten hatten keinen Ausweis mehr bei sich getragen, als sie gefunden wurden. Seit 22 Jahren brachte die griechische Polizei die Toten des Grenzflusses Evros zu Pavlos Pavlidis in die Forensische Abteilung des Universitätsklinikums. Seitdem hatte er über 500 Leichen von Ertrunkenen untersucht. Fast alle waren Geflüchtete, die sich aus der Türkei auf den Weg in die Europäische Union gemacht hatten. Die meisten kamen 2015. Und doch hatte Pavlidis vermutlich nur einen Bruchteil der Menschen gesehen, die in den letzten Jahren im Grenzfluss ertrunken waren. Die Menschen, die bei ihm auf dem Metalltisch lagen, waren meistens von Fischern und Jägern gefunden worden. Und von diesen, fügte der Gerichtsmediziner hinzu, auch nur jene, die von der griechischen Polizei zur Identifikation zu ihm gebracht würden.

Während auf den Ägäischen Inseln vor allem die mausgrauen Schiffe der griechischen Küstenwache für die Überwachung der Grenze standen, tauchten an der Landgrenze immer mehr Militär- und Polizeiwagen auf. Sie alle operierten mit der Unterstützung von *Frontex* und zunehmend auch durch inoffizielle Gruppen, wie jene anonymen, maskierten Einheiten auf den Inseln, die nachgewiesen für Pushbacks zuständig waren, die am Evros schon seit den 1990er Jahren praktiziert werden, doch kaum in der gleichen grenzübergreifenden Systematik wie heute.

Einen Tag bevor uns Pavlidis seine Türen öffnete, stand ich in dem Dorf Poros. Wären da nicht die Strumpfhosen gewesen, die an den Wäscheleinen wehten, hätte man meinen können, in diesem Dorf lebe niemand mehr. Poros, das an der Autobahn auf einem verrosteten Schild als «Storchdorf» ausgeschildert ist, liegt nur wenige Meter vom Evros entfernt. Von hier aus ist der Fluss nur schemenhaft in einer Senke zu erkennen. Der Evros entspringt in Bulgarien, schlängelt sich durch Südeuropa und bildet auf seinen letzten 185 Kilometern die Grenze zwischen Griechenland und der Türkei – oder: zwischen der Europäischen Union und dem Rest der Welt. Seit Jahrzehnten versuchen Menschen, den Fluss unter Einsatz ihres Lebens zu überqueren, um in der EU einen Asylantrag stellen zu können, der für sie anders nicht zu bekommen ist. Und genau dieser Versuch war in den vergangenen Jahren noch gefährlicher geworden.

Die Störche waren an diesem kalten Vormittag Ende Februar, eine Woche vor Kriegsbeginn in der Ukraine, noch nicht aus dem Winterexil zurückgekehrt. Die Temperaturen lagen bei etwa null Grad. Das Familienrestaurant «Kastro» eine Feldstraße weiter war verschlossen, genauso wie die Fensterläden an den Häusern neben dem Spielplatz. Poros wäre kaum erwähnenswert gewesen. Doch kein anderer Ort in Europa brachte die dramatische Menschenrechtslage für Flüchtende in der Region im Moment besser zum Ausdruck als dieses Dorf.

Vor zwei Jahren, im März 2020, war die Region am Evros durch die Ankündigung der Türkei, die Grenzen für Flüchtende zu öffnen, weltweit in die Schlagzeilen geraten. Die griechischen Grenzschützer:innen gingen mit Tränengas und Blendgranaten gegen die Menschen vor, die versuchten, die Landgrenze am Evros zu überqueren. Hunderte Menschen wurden in türkischen Bussen an die Grenze gebracht, und Griechenland setzte, wie im zweiten Teil des Buches erwähnt, zwischenzeitlich das Recht auf Asyl aus.

Kurz danach hörte man kaum noch etwas aus der Gegend. Das lag aber nicht etwa daran, dass niemand mehr versucht hätte, den Fluss zu passieren, sondern hatte mit einer umfassenden Nachrichtensperre entlang der Militärzone zu tun, die auch meine Recherchen betreffen sollte. Meine Anfrage bei der griechischen Polizei und dem Ministerium für Bürgerschutz, die neue Grenzmauer zu besuchen, wurde nicht nur abgelehnt. In der betreffenden Antwort-Mail vom Ministerium für äußere Angelegenheiten wurde mir zudem ein Rechercheverbot für die Region Evros auferlegt. Das ist vergleichbar mit dem Fall, in Deutschland ein ganzes Bundesland für Journalist:innen abzusperren – und zwar ohne jede Begründung. Schon zuvor konnte ernsthafte Folgen haben, ohne Genehmigung in dem militärisch abgeriegelten Grenzsperrgebiet unterwegs zu sein oder eine Polizeistation aufzusuchen, in der Menschen festgehalten wurden. Berichterstatter:innen konnten beispielsweise der Spionage angeklagt werden. Anwält:innen, Mitarbeiter:innen von Menschenrechtsorganisationen und Journalist:innen war der Zugang zu dem Militärsperrgebiet entlang des Flusses damit de facto versagt – und zwar auch dann, wenn sie ein Hilferuf von Menschen erreichte, die sich dort in Lebensgefahr befanden. Ein Fall, der nicht selten eintrat.

«Wir sitzen seit zwei Tagen auf einer griechischen Insel im Evros-Fluss fest», hieß es etwa in einer Nachricht, die 34 Menschen an die Hilfsorganisation *Alarm Phone* und die NGO *Border Violence Network* schickten. «Wir haben kleine Kinder, Frauen und einen alten Mann. Wir haben kaum etwas zu essen, und zwei Kinder sind in einem schlechten Gesundheitszustand.»

Zwei Wochen früher waren 30 Menschen – unter ihnen zwei schwangere Frauen und sieben minderjährige Kinder – erst gerettet worden, nachdem der Europäische Gerichtshof für Menschenrechte (EGMR) die griechischen Behörden dazu aufgefordert hatte. Zuvor war bei der illegalen Zurückweisung und Aussetzung der Gruppe auf einer Sandbank laut der griechischen Zeitung *Efsyn* ein vierjähriger Junge ums Leben gekommen, der im Fluss einfach weggespült wurde.

Die Berichte von Menschenrechtsorganisationen wie *Human Rights Watch* lasen sich in diesen Tagen wie Obduktionsberichte der EU-Asylgesetze. Die griechische Polizei nehme Asylsuchenden in vielen Fällen Kleidung, Geld, Telefone und andere Besitztümer ab. Anschließend würden die Geflüchteten an maskierte Männer übergeben, die sie erst in kleine Boote und dann, in der Mitte des Flusses, in das eiskalte Wasser zwängen. Erstmals kam in einem Bericht von *Human Rights Watch* zudem der Vorwurf auf, unter den maskierten Männern seien auch andere Geflüchtete. Der NGO zufolge versprachen griechische Grenzschützer:innen ihnen gültige Papiere, wenn sie Neuankömmlinge auf die türkische Seite zurückdrängten.

Das Evros-Delta gilt als Vogelparadies. Reisemagazine preisen die Lagunen, kleinen Inseln und Salzwiesen als «unvergessliches Naturerlebnis» an. Und einsam ist es. Auf der spärlich beleuchteten Hauptstraße von Alexandroupolis nach Orestiada begegnet einem manchmal minutenlang kein Auto. Neben der Straße erheben sich Schornsteine alter Fabriken wie erhobene Zeigefinger in die Luft. Verlassene Militärkasernen stehen mit glaslosen Fenstern in der Landschaft, über der Pelikane ihre Kreise ziehen. Aus den Dörfern, erzählte eine Köchin in einer Taverne über Tomatensalat und türkischer Wurst an einem Mittag, waren die meisten Jugendlichen nach Athen oder Thessaloniki gezogen.

Orestiada ist eine unauffällige Kleinstadt im Norden, der Stadtkern mit modernen Hochbauten zubetoniert. Nur die Café-Ketten bringen ein paar Farbkleckser in das sonst graue Stadtkolorit. Die Hotels im Ort werden in erster Linie nicht von Tourist:innen, sondern von Mitarbeiter:innen der Bundespolizei und dem Flüchtlingshilfswerk des UNHCR gebucht. Orestiada liegt nur wenige Kilometer von dem streng bewachten Registrierungszentrum Fylakio entfernt, wo all jene untergebracht werden, die es über den Fluss geschafft haben. Das Lager ist berüchtigt, die Bedingungen dort wurden auch in den Jahren zuvor von unabhängigen Beobachtungsstellen wie dem Anti-Folter-Komitee des Europarats immer wieder als unmenschlich beschrieben. Während meines Besuchs in der Gegend saßen über 2400 Geflüchtete in Griechenland auf unbestimmte Zeit in Abschiebehaft. Die meisten wussten nicht, wie es mit ihnen weitergehen sollte. Die Türkei nahm weiter niemanden mit abgelehntem Asylbescheid aus Griechenland per Abschiebung zurück, und die Rückführungen in die meisten Heimatländer ging nur schleppend voran (nach Afghanistan waren sie nach der Machtübernahme der Taliban im August 2021 ausgesetzt).

Da das Lager in Fylakio abgeriegelt war, kamen nur selten Geflüchtete nach Orestiada. An einem Nachmittag im Februar 2022 waren hier nur zwei ältere Herren mit einem Hund auf der Straße zu sehen. Vor dem Café am Marktplatz saßen zwei Jugendliche mit ihrem Schulrucksack über ein Telefon gebeugt. Mit einem Bewohner der Stadt, der seinen Namen nicht nennen wollte, aber die Entwicklung in den letzten Jahren aufmerksam verfolgt und beruflich viele Betroffene von Pushbacks getroffen hatte, sprach ich lange bei einem schwarzen Tee in der Frühlingssonne.

«Jedes Jahr schraube ich meine Erwartungen an die Einhaltung der Menschenrechte ein Stück weiter herunter. Es ist erschreckend, wenn man sich an das Unrecht um einen herum gewöhnt.» Ob er die Mauer im Süden des Flusses, dort, wo die Situation vor zwei Jahren eskaliert ist, gesehen hat? Der Mann blinzelte in die Sonne und ließ eine kurze Gesprächspause entstehen. «Es sieht aus wie ein riesiges Stoppschild aus Metall und Zement. Da kommt niemand mehr durch.»

Der neue Grenzzaun, den Griechenland selbst finanziert hatte, befand sich etwa eine Stunde südlich von Orestiada und zog sich 27 Kilometer am Fluss entlang. Ende 2021 hatte die griechische Regierung einen Antrag bei der EU-Kommission gestellt, den Zaun zu verlängern. Brüssel lehnte die Mauer offiziell ab, sicherte Griechenland jedoch weitere Unterstützung bei der Grenzüberwachung mit Technologie und Personal zu.

Im Grenzgebiet werde gezielt mit neuester Überwachungstechnik zur Fluchtverhinderung experimentiert, erklärte mir auch Petra Molnar, mit der ich kurz nach der Recherche am Evros erneut telefonierte. Auch bei ihr hatte die Reise in die Region wenige Monate zuvor ein flaues Gefühl ausgelöst. «Es scheint, als hätten die Grenzen dort Augen, auch wenn man sie nicht sieht», sagte Molnar und spielte vor allem auf die Überwachungskameras, Sensoren und Bewegungsmelder an, die entlang der Grenzmauer installiert waren. Sie wirkten auch auf Menschen ein, die sich noch gar nicht in unmittelbarer Mauernähe befanden. In der Region unterwegs zu sein, fühlte sich an, als würde man ständig um einen unsichtbaren Überwachungsturm kreisen, der einen permanent im Blick hatte. Die Technik an der Grenze schien – genauso wie die Einschränkung der Pressefreiheit in der Region – ohne eine von echten Menschen vor Ort ausgeübte Dauerüberwachung zu funktionieren.

Dabei spielte der Einsatz von neuester Sicherheitstechnologie, wie wir schon auf der DEFEA-Sicherheitsmesse im Sommer 2021 hatten sehen können, eine große Rolle an den Außengrenzen. Schon im Jahr 2018 prognostizierte die EU-Kommission, dass der europäische Sicherheitsmarkt bis 2020 auf 128 Milliarden Euro anwachsen werde. Damit wurde auch an Europas Grenzen zunehmend mit Technik experimentiert, die vor allem auf die Fluchtverhinderung ausgelegt war.

*

Zurück im Büro von Pavlos Pavlidis in der Forensischen Abteilung des Universitätsklinikums von Alexandroupolis. Wir standen mittlerweile im Nebenzimmer vor einer Box mit nummerierten hellbraunen Postkuverts. «Jedes Kuvert: ein Leben», sagte der Gerichtsmediziner. Er stemmte seine Hände in die Hüften und wartete, bis ich langsam den Inhalt eines Umschlags auf einen metallenen Behandlungstisch kippte. Jedes Kuvert enthielt die persönlichen Gegenstände, die bei der jeweiligen, zu untersuchenden Person gefunden worden waren.

Aus dem ersten Kuvert fiel eine orange Gebetskette, danach eine Brille mit einem nepalesischen Anhänger. Im nächsten Kuvert: Ohrringe, ein Pulsmessgerät, ein Ledergürtel mit Glücksbringern aus Zentralafrika, eine zerknautschte Medikamentenpackung von Dex-forte. Hierbei handelte es sich um ein Medikament, das gegen Unterkühlung, Bronchitis und andere Atemwegserkrankungen hilft. Über 100 solcher Umschläge stapelten sich in Pavlidis' Schubladen und Wandschränken.

Die meisten Menschen würden schnell unter die Wasseroberfläche sinken, erklärte Pavlidis. Während wir mehr und mehr Kuverts öffneten und ihren Inhalt auf den Tisch leerten, hatte ich das Gefühl, in eine Privatsphäre einzutreten, zu der ich eigentlich keinen Zugang haben sollte.

Nach vielen Wochen im Wasser seien die Leichen oft bis zur Unkenntlichkeit entstellt, fuhr er fort, nur die Gegenstände, die die Menschen am Körper trugen, widerständen meist dem schnellen Auflösungsprozess. Pavlidis wirkte pragmatisch und routiniert, doch man spürte auch, warum es ihm wichtig war, die Identität der unbekannten Ertrunkenen herauszufinden. Es gab etwas jenseits der beruflichen Verpflichtung in seinem Blick, etwas, das ihn antrieb, die Angehörigen der Toten zu finden.

Nachdem wir alle Kuverts wieder verschlossen hatten, führte uns Pavlidis in einen Raum neben seinem Büro, in dem zwei hell erleuchtete Stahlliegen standen. Darin brummten drei silberne Kühltruhen mit Nummern. Derzeit seien hier 25 Leichen in der Kühlung, sagte Pavlidis und klopfte locker auf einen Kühlschrank, als würde er von den neuesten Eissorten der Saison sprechen. Unter Nummer 14 lag ein Mann, der Mitte Februar zur Obduktion zu ihm gebracht worden war. Pavlidis öffnete die Tür und zog an der Schiene, auf der ein weißer Sack lag. Den Namen des Mannes hatte er noch nicht herausfinden können. Maximal eineinhalb Jahre könnten die Leichen in der Kühlung bleiben. Fand Pavlidis die Angehörigen in dieser Zeit nicht, wurden die Toten im abgelegenen Dorf Sidiro beerdigt.

*

Am nächsten Tag machten wir uns auf den Weg dorthin. In Sidiro wurde ausschließlich Türkisch gesprochen. Der Imam am Dorfeingang putzte gerade die Felgen seines Autos an der Tankstelle neben seinem Haus. Hinter ihm erhob sich neben der Kirche auch eine Moschee. Er trug eine grüne Militärjacke und einen Dreitagebart, den er sich eigentlich noch gerne rasiert hätte, bevor er auf den Friedhof zeigte. Er deutete hinauf auf einen Hügel gegenüber der Tankstelle, auf dem sich in der Ferne ein paar weiße Steine erhoben. Einer der Bauern aus dem Dorf fuhr mit seinem Pick-up die schmale Schotterstraße hinauf, die zu einem Eisentor führte, das nicht abgeschlossen war.

Als das Auto piepend zurücksetzte und ich in den Reifenspuren im Matsch auf das Tor zulief, schien es, als wäre ich auf der Rückseite der Welt angekommen. Als hätte ich ein Ende erreicht. In drei frisch ausgehobenen Gräbern spiegelte sich das Wasser. Daneben hatten die Dorf-

Nüsse und Öl

bewohner kleine Walnussbäume gepflanzt. Dutzende weiße Steine standen wie weiße Tafeln ringsum im Gras. Es mussten Hunderte Menschen sein, die hier begraben waren. Kaum eines der Gräber trug einen Namen.

4
Nüsse und Öl

In den nächsten Wochen kristallisierte sich das Bild der Verwüstung heraus, die die Pushbacks in den Leben zahlloser Menschen hinterließen. Die Räume der Gewalt entlang der griechischen Grenzen verdichteten sich und nahmen immer drastischere Dimensionen an, die weit über das Verbot der Kollektivausweisung, das in der Europäischen Menschenrechtskonvention verankert ist, hinausgingen. Darunter: unterlassene Hilfeleistung, systematische schwere Misshandlung, irreguläre Inhaftierungen, vermeintliche Tötung und weitgehende Straffreiheit für die Täter:innen.

An einem Abend im April 2022 etwa wurde eine Frau, lokalen Berichten zufolge, auf einem Schlauchboot mit elf Menschen auf dem Fluss Evros erschossen. Kurz zuvor soll es zu einem Schusswechsel zwischen der griechischen Küstenwache und der türkischen Seite gekommen sein. Nach einer Obduktion am nächsten Morgen konnte laut der lokalen Presse festgestellt werden, dass die Frau aus Eritrea durch einen Schuss aus nächster Nähe durch die rechte Brust gestorben und danach ins Flusswasser gefallen war. Von wem der Schuss kam, wurde nicht geklärt, und der Fall hatte keine weiteren rechtlichen Folgen. Fünf Tage später las ich wieder in der Lokalpresse, dass ein Mann vor der Kirche von Koila, einem Dorf etwa 20 Kilometer vom Grenzfluss entfernt, durchnässt neben seinem Rucksack zusammengebrochen war. Er konnte von den Dorfbewohner:innen nur mehr tot geborgen werden. Die Polizei ging von Unterkühlung und Erschöpfung aus, die den Mann auf seiner Flucht über die Berge, vorbei an den Kameras, Drohnen und Mauern, umgebracht haben sollen. Am Wegrand hatten Einheimische immer wieder Nüsse, Öl und Oliven auf Fensterbänken verteilt – zur Stärkung jener, die in den kalten Wintermonaten die Hügel passieren mussten. Immer wieder erreichten

Hilfsorganisationen wie *Ärzte ohne Grenzen*, *Alarmphone*, *Border Violence Monitoring Network* oder lokale Anwält:innen verzweifelte Nachrichten von flüchtenden Menschen in Not, die wenige Tage später wieder auf türkischem Gelände auftauchten. Die Meldungen über die Pushbacks an den Land- und Seegrenzen waren alltäglich geworden.

Im Zuge einer längeren Recherche reiste ich im Frühjahr wieder nach Samos, um das neue Hochsicherheitslager sechs Monate nach seiner Eröffnung zu besuchen. Es dauerte vier Wochen, bis ich eine Antwort vom griechischen Migrationsministerium auf meine Anfrage bekommen hatte. Darin hieß es, dass der Lagerbesuch aufgrund der Pandemie nur ohne Kontakt zu den Bewohner:innen möglich sei. Ich stimmte trotzdem zu, und nach meinem Rundgang mit dem Campleiter durch das neue Lager hatte ich dennoch die Möglichkeit, Pasqualine M. und ihren Mann für ein Interview für den Podcast *Memento Moria* zu treffen, der später bei *Spotify* erschien. Auf einer bunt angemalten Bank einer Hilfsorganisation neben dem Campgelände begann Pasqualine M., deren ganzer Name aus Schutzgründen nicht genannt werden kann, zu erzählen:

> *Mit meinem Mann und meinem Baby kam ich am 20. Oktober im Lager [auf Samos] an. Es war unser dritter Versuch. Das erste Mal landeten wir auf Rhodos. Ich hatte furchtbare Unterleibsschmerzen. Einmal auf dem Land angekommen, sagte man mir, ich würde in ein Krankenhaus gebracht werden. Dabei landeten wir auf einem Marinestützpunkt, wurden dort geschlagen und durchsucht. Sie [maskierte Männer des Grenzschutzes] nahmen unsere Telefone, Geld und unsere Taschen weg. [...]*
>
> *Die türkische Küstenwache nahm uns auf. Doch auch hier wurden wir an Land geschlagen. Ich verbrachte zwei Wochen im Krankenhaus. Wegen all der Gewalt kam mein Baby zu früh – doch es lebte. Gott sei Dank. Nach dem 15. September starteten wir noch einen weiteren Versuch und kamen um 7.40 Uhr auf Samos an. Dort wurden wir in einen Bus gesteckt. In dem saß auch die Polizei. [...]*
>
> *Wieder brachten sie uns auf die Mitte des Meeres und durchsuchten uns. Sie haben uns nur 500 Euro abgenommen. Ich musste meinen BH durchschneiden. Sie tasteten meine Vagina und meinen Anus ab, um zu sehen, ob dort Geld versteckt war. Dann zwangen sie mich auch, mein Baby auszuziehen. Es war sechs Monate alt. Ich sagte: «Bitte schlagen Sie mich nicht.» Aber es war ihnen egal.*

Nüsse und Öl

> *Es war nicht mehr wie beim ersten Mal, als sie uns mitgenommen haben. Das erste Mal brachten sie uns noch an Land in ein Schlauchboot, das sie zuvor aufgepumpt hatten. Anschließend banden sie uns an ihr Schiff und zogen uns an einem Strick zurück bis in die Türkei. Aber dieses Mal, am 15. September, war es anders. Wir mussten bereits in dem Boot sitzen, dass sie auf ihr eigenes gebracht hatten.*
>
> *Sie haben uns [in Schlauchboote auf dem Küstenwachenschiff] geschoben, geschoben, geschoben und gedreht, gedreht, gedreht. Es waren schwangere Frauen dabei. Eine haben sie getreten, ihre Fruchtblase ist geplatzt, sie hat Wehen bekommen, im Boot.*
>
> *Irgendwann entließen sie die Schlauchboote aufs Wasser und warfen mein Baby von einem Boot ins nächste. Ich dachte, ich hätte mein Kind an diesem Tag verloren. Als ich aufgestanden bin, war mir so schwindelig. Einer der Männer warf das Kind in das andere Boot, so als würde er Müll wegwerfen. Als ich mein Baby auf dem Arm hatte, atmete es nicht mehr. Ich fing an zu weinen. [...]*
>
> *Eine Frau behielt ihr Telefon. Ich weiß nicht, wie. Als ich sie fragte, sagte sie, dass sie zwei Handys gehabt habe. Als die Leute sie durchsucht haben, hat sie das andere Telefon ihrer kleinen Tochter gegeben. Mit diesem Telefon haben wir die türkische Polizei angerufen. Sie kamen, um uns zu retten. Sie haben das Baby wiederbelebt. Heute lebt es. [...]*
>
> *Als mein Kind geweint hat, habe ich mich gefragt, wie das alles weitergehen soll. Ich bin doch von zu Hause weggelaufen, aus Kamerun, mit einem Kind in meinem Bauch, weil das Kind dort in Gefahr war. Wenn ich hierherkomme, tue ich das, weil ich Sicherheit für mein Kind will, aber auch hier will man mein Kind töten. [...]*
>
> *Ich sage das alles, auch wenn es mir nicht helfen wird, soll es anderen helfen, die noch kommen. Es muss ihnen helfen. Das ist der Grund, warum ich kämpfe, wie du, die mir dazu Fragen stellt. Ich sage, was ich weiß, und ich sage die Wahrheit, denn es muss sich etwas ändern. Die ganze Welt muss wissen, was sie uns auf dem Wasser antun. Es ist unmenschlich. [...]*

Auf die Frage, wie sie das neue Lager auf Samos bewertete, sagte Pasqualine M.:

In dem Lager ist es heute sauber. Überall gibt es Security. Das bedeutet auch viele Kameras und Wachleute überall. Aber mir geht es gut. Mich stört das nicht. Wenn du das neue Camp siehst, ähnelt es einem Gefängnis, doch damit kann ich leben. [...]
Mein Traum ist es, eines Tages Ärztin oder Krankenschwester zu werden, damit ich den Menschen helfen kann, die ich in Kamerun zurückgelassen habe. Daher lerne ich jetzt auch Englisch und Griechisch. Um in der Zeit, in der ich hier warten muss, um wieder in mein Land zurückzukehren, Medizin zu studieren.

5
Krieg in der Ukraine

«Meine Großmutter sagt, sie räumt die Kinderzimmer frei», sagte Petra Molnar in die Handy-Kamera, «wir sollen alle bei ihr schlafen.» Etwas anderes käme für sie gar nicht in Frage. Katy Fallon, eine befreundete Journalistin in Athen, mit der ich schon zuvor für die Recherche zu den neuen Camps zusammengearbeitet hatte und ich saßen etwas zerzaust vor unseren Computern. Kaum jemand hatte in den letzten Nächten lange geschlafen – im Hintergrund bei Petra liefen die Nachrichten der BBC. «Sorry», sagte sie und schaltete ab, «ich weiß nicht, wann ich das letzte Mal nicht die Nachrichten gecheckt habe.» Vor drei Tagen hatte der russische Angriffskrieg in der Ukraine begonnen. Nach nur wenigen Tagen waren knapp eine Million Menschen auf der Flucht. Wir wollten besprechen, wie wir überhaupt darüber berichten sollten.

Mit der Einladung nach Košice, eine slowakische Stadt nur eine Stunde von der Grenze zur Ukraine entfernt, war die Reiseroute klar: Wir wollten in Ungarn starten und von dort über die Slowakei nach Polen reisen, wo in diesem Moment die meisten flüchtenden Menschen ankamen. Da wir alle drei in den letzten Jahren zum Thema Migration und Flucht gearbeitet hatten, war es uns wichtig zu verstehen, wie sich die Fluchtbewegung in den Tagen nach dem Kriegsbeginn entwickelte und welche Antworten die europäischen Mitgliedstaaten auf die Fluchtbewegung fanden.

Krieg in der Ukraine

«Glaubt ihr, wir schaffen es auch noch an die polnisch-belarussische Grenze?», fragte Katy einen Tag vor unserer Abfahrt. Die Grenze lag etwa sechs Autostunden von der polnisch-ukrainischen Grenze entfernt. Wir alle waren zu verschiedenen Zeiten im Jahr 2021 zur Berichterstattung im Białowieża-Urwald unterwegs gewesen. Für die polnische Regierung war damals von Anfang an klar, dass die Grenzen geschlossen bleiben sollten. «Wir werden nicht zulassen, dass Polen zu einer weiteren Route für den massenhaften Schmuggel von illegalen Migranten in die Europäische Union wird», hatte Innenminister Mariusz Kaminski im September 2021 gesagt und zudem angekündigt, dass ein 180 Kilometer langer Grenzzaun errichtet werde. Bis heute berichten Hilfsorganisationen von Schutzsuchenden im Grenzstreifen, denen über Tage und Wochen auch in medizinischen Notfällen nicht geholfen wird. Als wir in Griechenland unsere Sachen packten und die Fluchtbewegung von der Ukraine über Polen nach Zentraleuropa eingesetzt hatte, wurde an der 300 Millionen Euro teuren Mauer weiter gebaut.

In diesen Tagen sollten wir es nicht mehr schaffen, den Grenzzaun zu sehen, aber alles der Reihe nach. Am 1. März 2022 fuhr ich frühmorgens mit dem Taxi zum Flughafen in Mytilini. Vincent Haiges, dem Fotojournalisten, mit dem ich auch in Bosnien und Herzegowina zusammen recherchiert hatte, stand schon seit zwei Nachten mit seiner Kamera am Bahnhof im ukrainischen Lwiw. In einer Sprachnachricht sagte er: «Keiner weiß, ob heute noch ein Zug abfährt.» Tausende Menschen standen am Bahnsteig und versuchten, noch einen Platz im Zug zu bekommen. Männer zwischen 18 und 60 durften nicht ausreisen. Zunächst stiegen also vor allem die Frauen, Kinder und Großeltern am Bahnhof in die Züge und kamen auf der anderen Seite der Grenze an. «Es ist wie 2015. Ich kann kaum in Worte fassen, welchen Schmerz ich hier sehe», sagte Vincent und fügte erschüttert hinzu: «Es reißt so viele Familien entzwei. Keiner weiß, wann man sich wiedersieht.»

Als ich am Flughafen von Thessaloniki landete, verteilte eine Passagierin Ukraine-Flaggen als Sticker für das Gepäck, draußen brach die Sonne durch die Wolken auf das Rollfeld. Auf meinem Telefon blinkten mehrere Nachrichten auf. In einer Meldung hieß es: Alle 27 EU-Länder, darunter auch Ungarn, hätten sich darauf geeinigt, die vor dem Krieg fliehenden Ukrainer:innen aufzunehmen. Auch die deutsche

Innenministerin Nancy Faeser wurde zitiert: «Wir haben heute erstmals einen Schulterschluss aller Staaten der Europäischen Union zur gemeinsamen, schnellen und unbürokratischen Aufnahme von Kriegsflüchtlingen erreicht.» Trotz des Grauens, das sich in der Ukraine in diesen Tagen abspielte, brachte diese Nachricht Zuversicht. Kurz danach scrollte ich zu der Nachricht einer Freundin von der Insel. Sie sagte, dass eine Stunde vor meinem Abflug von Mytilini nach Thessaloniki sechs Menschen an der Küste neben meiner Wohnung tot geborgen worden seien. Die Ursache des Schiffbruchs war weiter ungeklärt. In diesem Moment prallten zwei Welten von schutzsuchenden Menschen aufeinander – jene, die keine sicheren Fluchtwege haben und deren gewalttätige Misshandlung durch europäische Grenzschützer:innen auf dem Weg meist folgenlos bleibt, und jene, die in ihrem Schutzgesuch in Europa empfangen werden, wie es im internationalen und europäischen Recht verankert ist.

Die Einigung der 27 EU-Mitgliedstaaten nach der russischen Invasion in der Ukraine zeigte, dass ein würdevoller Umgang mit Flüchtenden in Europa möglich war, und verdeutlichte gleichzeitig die drastische Ungleichbehandlung von Geflüchteten.

Diese fatale Einteilung, die oft mit offenem und unterschwelligem Rassismus einherging, hatte sich schon eine Woche zuvor in einigen Talkshows und in der internationalen Berichterstattung offenbart. So sagte etwa der stellvertretende Generalstaatsanwalt der Ukraine, David Sakvarelidze, in einem Interview mit der BBC: «Es ist sehr emotional für mich, weil ich sehe, wie europäische Menschen mit blauen Augen und blondem Haar getötet werden.» Auf *Al Jazeera* meinte der britische Moderator Peter Dobbie, er sei «gerührt» zu sehen, wie die Flüchtenden gekleidet seien. Das waren «offensichtlich keine Flüchtlinge, die versuchen, aus dem Nahen Osten [...] oder aus Gebieten in Nordafrika zu fliehen. Sie sehen aus wie jede europäische Familie, die neben dir wohnen könnte.» Dabei ging es um etwas viel Dringlicheres als die desaströs diskriminierende Selbstinszenierung der Medien in diesen Tagen: Tausende Menschen mussten es schnellstmöglich jenseits der Ukrainischen Grenzen in Sicherheit schaffen. Und im Live-TV des britischen Nachrichtensenders ITV erklärte die Moderatorin, dass mit der Invasion der Ukraine das «Undenkbare» geschehen sei: «Dies ist kein Entwicklungsland der Dritten Welt, dies ist Europa!»

Kurz danach folgten auf manchen Nachrichtensendern ein paar Entschuldigungen, doch die allgemeine Stimmung war gesetzt.

*

Es war erstaunlich ruhig am Bahnhof von Záhony, als eine Frau mit ihrem Sohn und einem kleinen Rucksack über der Schulter langsam aus dem Zug stieg. Als würden sie eine stille Bühne betreten, vor der das Publikum nichts zu klatschen hatte. Wie bei jedem Zug mit Flüchtenden, der den kleinen ungarischen Grenzbahnhof erreichte, standen ungarische Polizisten mit Pelzkappen in der vordersten Reihe. Dahinter warteten Helfer:innen einer Kirchenorganisation in froschgrünen Westen, die den Ankommenden einen Korb mit eingepackten Schokocroissants entgegenstreckten. Der Ausstieg erfolgte nur langsam. Grenzbeamte prüften die Dokumente der Reisenden noch im Zug. Dabei durften Flüchtende aus der Ukraine zudem noch ohne Impfnachweis und Visabestimmungen einreisen. Eine ältere Frau, die gerade eine Einkaufstasche voller Brot schulterte, zuckte zusammen, als die Lautsprecher auf Englisch verkündeten, dass Ankommende «mit einem Solidaritätsticket» kostenlos nach Budapest weiterreisen könnten.

Mehr als eine Million Geflüchtete waren in der ersten Märzwoche 2022 aus der Ukraine geflohen. Davon erreichten 145 000 Menschen Ungarn.

In der grell beleuchteten Eingangshalle des Bahnhofs roch es eine Stunde nach der Ankunft der Züge aus der Ukraine nach einer Mischung aus Spargelsuppe und verschwitzter Skikleidung. Auf einem Wartestuhl neben einer Mehrfachsteckdose saß Calvin, dessen Nachname aus Anonymitätsgründen anonym blieb. Neben ihm lud sein Telefon. Er drehte ein verpacktes Salamibrot in seiner Hand hin und her, bevor er es langsam auswickelte. «Ich habe immer noch das Gefühl, ich könnte heute Abend wieder die Tür zu meinem Zuhause aufsperren», sagte er. Er legte das Sandwich zur Seite, stützte sich mit den Fersen am Boden auf, streckte die Beine durch und zog seinen Hausschlüssel aus der jetzt glatten Jeanstasche. «Mein ganzes Leben ist in diesem kleinen Rucksack», sagte er, «das fühlt sich irgendwie alles nicht echt an.»

Drei Tage habe er gebraucht, um den Bahnhof von Záhony zu erreichen. «Ich habe gehört, dass es einfacher ist, über Ungarn auszureisen», sagte Calvin, «die Botschaften konnten gut mit Ungarn kooperieren.» Drei Jahre lang hatte er an der medizinischen Fakultät in Charkiw studiert. Eigentlich wollte er sich auf Chirurgie spezialisieren und sich anschließend in seinem Heimatland Nigeria als Arzt im Krankenhaus bewerben. Calvin war einer von 76 000 Menschen aus über 155 Ländern, die vor Kriegsbeginn in der Ukraine studiert hatten. Nachdem es an der polnischen Grenze für viele internationale Studierende zu Problemen gekommen war, empfahl auch die nigerianische Botschaft, über Záhony nach Ungarn zu reisen. In den letzten Tagen berichteten immer mehr Studierende of Color an der polnischen Grenze, dass sie an den Bahnhöfen abgewiesen oder aus den Zügen wieder herausgeschubst wurden. «In Ungarn war die Stimmung viel besser», sagte Calvin, «das sprach sich schnell rum.» Seine Augenlider gingen nur schwer auf und zu. Nächtelang war er wach gewesen, bis er im Zug nach Záhony kurz nach der ungarischen Grenze mal für ein paar Minuten wegdöste. Calvin nahm an diesem Tag noch den Zug nach Budapest, und von dort organisierte die nigerianische Botschaft ein Flugzeug nach Hause. Möglich war das nur, weil Ungarn Menschen mit einer gültigen ukrainischen Aufenthaltsgenehmigung zu dieser Zeit die Erlaubnis erteilte, vorübergehend ohne Schengenvisum einzureisen – und ihnen auch Verpflegung bis zur Evakuierung durch die Botschaften in die Heimatländer zusicherte. Daher auch das Salamibrot.

Neben Calvin stand eine Gruppe von Medizinstudent:innen aus Ägypten und Jordanien. Sie sprachen aufgeregt. Drei von ihnen rauchten vor der Schiebetür unter der Zuganzeige. «Wir bekamen Anrufe von Freunden an der ukrainisch-polnischen Grenze, dass sie nicht durchgelassen wurden oder in Extraschlangen warten mussten, daher sind wir gleich nach Ungarn gereist», sagte ein Student aus Ägypten. Auf seinem Handydisplay zeigte er die Bilder der brennenden Soziologie-Fakultät in Charkiw. Die zweitgrößte Stadt der Ukraine war in diesen Tagen zum Schauplatz einer der heftigsten Kämpfe zwischen den ukrainischen Soldaten und den russischen Invasoren geworden. «Der Weg vom Bunker zu den Zügen wurde immer gefährlicher», sagte der Student, «wir mussten so viele Freunde zurücklassen.»

Ungewöhnliche Szenen spielten sich an den ungarischen Grenzen im Süden des Landes ab, die sonst für elektrisch gesicherte Stacheldrahtzäune, bewaffnete Grenzbeamte und gewaltvolle Zurückweisungen von Flüchtenden nach Serbien bekannt waren. 2015 hatte die Orbán-Regierung die Grenze zu Serbien geschlossen und einen Stacheldrahtzaun errichtet, der 2017 zu einer Mauer ausgebaut wurde. Sie kann bei Berührung Elektroschocks aussenden und ist mit Lautsprechern ausgestattet, die sich nähernde Menschen in verschiedenen Sprachen dazu auffordern, den Landesgrenzen fernzubleiben. Noch vor dem Inkrafttreten der EU-Türkei-Erklärung forderte Orbán im Januar 2016, «die nächste Verteidigungslinie an der Nordgrenze Griechenlands zu bauen», und fügte hinzu, dass der geplante «Deal mit der Türkei nicht ausreichend» sei. Ab 2018 wurden praktisch alle Asylanträge von Menschen, die aus Serbien eingereist waren, abgelehnt, da es sich hier laut der neuen Ausschlusskriterien um ein «sicheres Drittland» handelte. Sie wurden anschließend in sogenannten «Transitzonen» festgehalten. Personen, deren Antrag abgelehnt worden war und denen die Abschiebung drohte, wurden hier u. a. von den Behörden nicht ausreichend mit Lebensmitteln versorgt. Ende 2019 hatten 27 Personen mithilfe des ungarischen Helsinki-Komitees beim Europäischen Gerichtshof für Menschenrechte vorläufige Maßnahmen beantragt, um wieder mit Nahrungsmitteln versorgt zu werden, hieß es im Jahresbericht von *Amnesty International* von 2019.

Im Mai 2020 stellte der Europäische Gerichtshof fest, dass die willkürliche Inhaftierung von Asylbewerbern in Transitzonen an der ungarischen Grenze zu Serbien rechtswidrig sei. Sogar die Grenzschutzagentur *Frontex* hatte sich im Januar 2021 aus Ungarn wegen der rechtswidrigen Praxis der ungarischen Behörden zurückgezogen. Die Politik der Migrationsverhinderung nach Europa wurde zum Kernprogramm im Wahlkampf des ungarischen Premierministers Viktor Orbán. «Wir werden nichts tun, um die Art und Weise, wie wir unsere Grenze schützen, zu ändern, [...] wir werden niemanden ins Land lassen», sagte der Premierminister noch wenige Monate vor Kriegsbeginn.

Davon war in diesen Tagen nichts zu spüren. Stattdessen trug die ungarische Regierung die schnelle und unkomplizierte Aufnahme der Flüchtenden aus der Ukraine mit. Der Schutzstatus sollte zunächst für ein Jahr gelten, verlängerbar auf insgesamt drei. Auch deswegen sprach die EU-Innenkommissarin Ylva Johansson von einer «historischen Entscheidung».

Orbán befürchtete, dass der Krieg über die eigenen Grenzen schwappte. Vier Wochen vor den Parlamentswahlen am 3. April 2022 war er in einem Spagat zwischen Russland und Europa gefangen. Noch einen Monat zuvor saß der ungarische Regierungschef in Moskau an Wladimir Putins langem Tisch. Die Opposition, die in diesen Tagen an den Bahnhöfen und Hilfsstellen Präsenz zeigte, bezeichnete ihn in der landesweiten Presse als «Putins Pinscher» oder «Agenten Moskaus».

Orbáns Nähe zu Putin war nicht neu. In den Jahren zuvor hatten sich die wirtschaftlichen und politischen Verbindungen zwischen Ungarn und Russland intensiviert. Ungarn war eines der ersten Länder, das den russischen Corona-Impfstoff Sputnik V einkaufte. Im Dezember 2021 bekam der ungarische Außenminister Péter Szijjártó von seinem russischen Amtskollegen Sergej Lawrow einen Freundschaftsorden ans Revers geheftet. Außerdem plante die ungarische Regierung den Bau eines zweiten Reaktors im ungarischen Kernkraftwerk Paks durch die russische Agentur für Atomenergie (Rosatom).

Doch davon wollte in den ersten Kriegstagen in Ungarn keiner mehr etwas wissen. Auch Lenke Neni nicht, eine 79-jährige Rentnerin, die wir am Tag nach unserem Besuch des Grenzbahnhofs vor ihrem rosa gestrichenen Häuschen in dem Grenzort Lónya trafen. Noch am selben Morgen hatte Viktor Orbán bei einem 20-minütigen Ortsbesuch im benachbarten Hilfszentrum von Beregsurány bekräftigt: «Migranten werden gestoppt. Flüchtlinge bekommen Hilfe.» Neni hielt nur wenig von dieser Abgrenzung. Jeder, der Hilfe brauche, solle kommen. Auch Bürgermeister Nagy Ernő war der Meinung, dass jetzt keine Zeit für Wahlkampf sei. Stattdessen müsse angepackt werden, egal wer da komme. «Wir haben sogar Hunde- und Katzenfutter», sagte ein Helfer neben ihm, «die Politik hat hier jetzt nichts zu suchen.»

Doch natürlich spielte die Nähe zum Kriegsschauplatz und den ukrainischen Nachbar:innen in dieser Zeit eine große Rolle in der Solidaritätsbewegung. «Ich habe hier immer gelebt», sagte Neni. Sie drückte ihre Perlenbrosche fest an die Mütze und machte sich langsam auf den Weg über die Straße. Früher habe sie nur über eine Brücke laufen müssen und sei schon in der Ukraine gewesen. In der Ukraine leben 150 000 transkarpatische Ungar:innen. Die gemeinsame Grenze ist mit 155 Kilometern viel kürzer als die von Polen oder Rumänien zur Ukraine. Die älteren Bewohner:innen erinnerten die vergangenen Kriegstage an den ungarischen Aufstand gegen die sowjetische Besatzung von 1956. Von Nenis Haus bis zur Grenze waren es nur wenige Kilometer. «Ich sehe zwar nicht mehr richtig, aber ich höre noch genau im Radio, wie es unseren Nachbarn geht.»

«Wir bereiten uns auf mehrere Wochen und Monate im Ausnahmezustand vor», sagte Brigitta Sáfár, Leiterin des Krisenmanagements des ungarischen Roten Kreuzes. Erst wenige Tage zuvor hatte die Föderation des Roten Kreuzes zusammen mit dem Internationalen Roten Kreuz 250 000 Millionen Schweizer Franken beantragt, um dem humanitären Notstand entlang der Grenzen und in der Ukraine begegnen zu können. Eines der Notfallzelte stand im Garten des Gemeindehauses.

Am nächsten Morgen, kurz vor unserer Abfahrt in die Slowakei, telefonierte ich noch mit der Migrationsforscherin Hanne Beirens. Sie warnte davor, die ungarische Grenzöffnung als plötzliche Kursänderung misszuverstehen. Für sie war die aktuelle Krise nicht mit 2015 zu vergleichen. Damals sei der Krieg in Syrien zwar verurteilt worden, doch den Europäer:innen auch persönlich ferner geblieben. «Heute sieht sich Europa der Bedrohung durch Russland ausgesetzt. Darunter auch Drohungen mit Atomwaffen, die gegen Europa eingesetzt werden könnten.» Das löse eine andere Dynamik aus. Dabei bleibe zu hoffen, dass sich der aktuelle Überschwang an Solidarität nicht allzu schnell erschöpft, wie es auch 2015 schon zu spuren war.

Es war Zeit für einen Zwischenstopp bei Petras Großmutter.

6

Petras Großmutter

«Stoßen wir an», sagte Eva Plšková schon an der Tür im Gang. «Vielleicht ist es unser letztes Mal.» Auf dem kleinen Tisch neben der winzigen Küche standen schon eine Flasche Slibowitz und drei Untersetzer für große Kochtöpfe bereit. Auf dem Herd dampfte es. Petra umarmte ihre Großmutter und witzelte kurz über den Optimismus in ihrer Familie. Doch in dem Moment trieb uns Evas Umarmung allen ein paar Tränen in die Augen. Der Krieg schien in diesem Wohnzimmer mit den vielen Büchern und kleinen Pflanzen auf den Tischvorlegern viel näher als an den Grenzübergängen in Ungarn. Wir stießen gemeinsam an und waren bald beim Thema. «Marschieren sie hier ein, sind wir erledigt», sagte Eva. Im Gegensatz zu Ungarn habe die Slowakei keine Armee, die für einen Krieg trainiert sei. Sie stellte warmen Gemüseauflauf und Hühnchen auf den Tisch. «Dabei haben die Menschen noch immer eine seltsame Einstellung zu Flüchtenden, auch, wenn sie jetzt so nah sind», sagte sie. Wir luden uns die Teller voll. Es folgten 15 Minuten gefräßiges Schweigen, und als wir uns rotbackig in die Stühle fallen ließen, fragte Eva: «Was wird das nur für eine Generation, die nur mehr fürchtet?» Wir hatten keine Antworten.

Das merkte auch Eva und zeigte auf die Couch vor dem Fernseher. In ein paar Minuten begannen die Abendnachrichten. Petra setzte sich an die Sofakante, um besser sehen zu können, sie übersetzte für Katy und mich. Der erste Bericht zeigte ein Gemeindehaus in Bratislava, vor dem Dutzende Menschen schon frühmorgens anstanden, um ihren Reisepass zu beantragen – aus Angst, sie müssten bald im Zuge eines Angriffs fliehen. «Im Kriegsfall», dröhnte die Stimme von Eva aus der Küche. Danach hörten wir das Knacken der Sprühsahne. Es folgte die Ansprache der Präsidentin Zuzana Čaputová. Niemand solle in Panik verfallen. Uns wurden klein geschnittene Erdbeeren mit Sahne gereicht. Petra übersetzte simultan. «Das Land kann sich schützen. Seid solidarisch», sagte die Präsidentin. Wir klackerten mit unseren Löffeln in den Schüsseln. Russland würde erstmal keinen NATO-Partner angreifen, sagte sie weiter. «Das glaube ich erst, wenn ich noch davor sterben kann», kommentierte Eva. Sie stellte noch einen Teller Rauchkäse auf den Tisch und schaltete aufmerksam auf den nächsten Nachrichtensender. Obwohl wir zu diesem Zeitpunkt schon vollkommen von Evas Gastfreundschaft benebelt waren, war die Unsicherheit unter den Menschen, die sich an diesem Abend durch den Fernseher in Evas Wohnzimmer drückte, kaum zu verdrängen.

Am nächsten Tag fuhren wir, zwei Tüten voller belegter Brote im Gepäck, zur Grenze von Vyšne Nemecké. Dort standen Hunderte Lastwagen mit Hilfsgütern und abgedrehtem Motor in Richtung Ukraine an. Die Schlange zog sich über zwei Kilometer. Wir parkten zwischen zwei Lkws und liefen an den Feldern entlang zum Grenzposten. Dutzende Frauen, Kinder und Großeltern liefen mit Kinderwagen und Rucksäcken die Straße entlang. Neben einer mobilen Teeküche eines Pärchens aus Wittenberg hielt ein Mann, in eine Europa-Flagge gewickelt, ein Schild mit der Aufschrift «Fahrt nach München» hoch. Hunderte Freiwillige aus ganz Europa waren an diesem Tag zur Grenze gefahren, um in den Suppenküchen, Erste-Hilfe-Zelten und Warenausgaben zu helfen. Die indische Gemeinde aus Tschechien war mit zwei riesigen Kochtöpfen angereist. Wer die Augen vor der Szenerie in diesem Moment kurz verschloss, hätte meinen können, auf einem kleinen Festivalgelände zu stehen. Dabei holten einen die Gesichter der Menschen, die es gerade über die Grenze geschafft hatten, schnell wieder ein. Und das Rattern eines Helikopters, der auf einem Feld neben dem Parkplatz stand. Davor David Kaczek. «Noch zwei Plätze», rief der Pilot durch das Rattern. Vor dem Helikopter standen ein Kinderwagen, zwei Reisekoffer von Louis Vuitton und eine Tesco-Tüte. Sechs Menschen hatten Platz, um mit dem Piloten Kaczek nach Prag zu fliegen. Auf dem Rückflug, sagte der tschechische Hobbypilot, wolle er Medikamente für die Ukraine mitnehmen und dann wieder zurückfliegen. Zwei Frauen mit einem Hund und ein Student aus Indien stiegen rasch die kleinen Treppen hinauf. Sie schienen sich auch zum ersten Mal zu begegnen. Die Koffer wurden eingeladen. Die Tür geschlossen. Die Rotorblätter begannen zu rattern. «Das hätte ich jetzt nicht erwartet», brüllte Petra schließlich durch den Lärm. Der Hubschrauber erhob sich, drehte einen Kreis um den Grenzposten in der Luft und bog in den gegenüberliegenden Horizont ab.

*

Am nächsten Tag waren alle Züge, Busse und Mitfahrgelegenheiten über die slowakisch-polnische Grenze ausgebucht. Wir setzten uns nochmal zu Petras Großmutter an den Frühstückstisch, schmierten Brote, so viele, als wäre es tatsächlich unser letztes Frühstück, stießen mit einem halben Schnaps auf die Fahrt an und stiegen zu einer Freundin der Familie ins Auto, die uns an diesem Morgen spontan über die Grenze fuhr.

«Über eine Million Menschen sind es schon allein in Polen», sagte Petra auf dem Rücksitz, als wir bei den leuchtenden Dächern von Przemyśl ankamen, einer Stadt in den Vorkarpaten, an deren Bahnhof jede Stunde Züge aus Lwiw eintrafen.

Am Bahnhofseingang stand ein blond gelockter Moderator vor einer Kamerafrau, um die neuesten Geflüchteten-Zahlen auch den Zuschauern aus Frankreich zu verkünden. Hinter ihm blies die Feuerwehr zwei riesige Erste-Hilfe-Zelte auf. Helfer:innen luden Kisten voller Spielsachen, SIM-Karten und Keksen auf breiten Tischen aus, um sie vor dem Eingang zu sortieren. Ein Priester in weiter, schwarzer Kutte und Sonnenbrille trug eine Kiste von Hilfsgütern über die Köpfe der Menge hinweg in die Bahnhofshalle.

Jeder Ausnahmezustand verändert nicht nur die Menschen, die er betrifft. Auch die Funktion von Orten verändert sich. Die Schalter, vor denen normalerweise Passagiere ihre Tickets lösten, waren nun Ausgabestellen für Tee, Kuchen, Energieriegel, Windeln, Babypuder und Bohnensuppe.

In einem Gang zwischen einem Restaurant, in dem die Gäste noch vor wenigen Tagen Apfelkuchen mit Vanilleeis bestellen konnten, und der Bahnhofshalle hatten sich einige Familien für die nächsten Stunden eingerichtet. Ein Zwillingspaar in hellgrünen Pullovern teilte sich ein paar Ohrstöpsel über einem Smartphone, um sich die «Eisprinzessin» anzusehen. Vor ihnen zog ein Mann seinem Kind im Rollstuhl ein Paar Socken an. Er habe die Ukraine verlassen dürfen, da eines der Kinder schwer behindert ist, sagte er. Daneben saß eine ältere Frau im Pelzmantel auf einem Wartesessel. Auf ihrem Schoß: ein glatthaariger Dackel. Sie blickten beide versunken aus den hohen Fenstern in die graue Wolkenlandschaft, die von einem kühlen Wind ruckartig von einem Fenster zum nächsten wie in einem Daumenkino weitergedreht wurde.

Wir gingen in das Restaurant, an den müden Feuerwehrmännern und Sanitäter:innen vorbei, die über Bechern mit Orangensaft saßen, die von einer Hilfsorganisation zwischen Bahnhofsgang und Restauranttür verteilt wurden. Auf einer Sitzreihe neben einer Kinderpuppenküche saß die 19-jährige Irina Kowalenko neben ihrer Mutter Olga. Auf dem Schoß balancierte sie eine Aluschale mit einem gerösteten Huhn. Die beiden Frauen hatten das Essen noch nicht angerührt. Als wir auf Mutter und Tochter zugingen, sprang die junge Frau sofort auf und stellte sich vor ihre Mutter. Da sie in der Schule Englisch und Tschechisch gelernt hatte, übernahm sie seit Tagen die Kommunikation. Über Nacht war sie mit ihrer Mutter vor den Bombenangriffen in Charkiw geflohen und so auch zum Familienoberhaupt geworden.

Sie sprach mit Bahnhofswärtern, Polizistinnen und Soldaten, telefonierte mit Hotels, der tschechischen Bahn und Familienmitgliedern, die seit Tagen ringsum in Europa verstreut waren. Auch uns sah sie hoffnungsvoll an, als hätten wir neue Informationen, die ihr Warten auf das Unbekannte erleichtern konnten. Ihre Haut spannte sich wie ein weißes Transparent um Kinn und Augen. Ihre knetenden Hände ließen erahnen, dass sie in den letzten Tagen kaum geschlafen hatte. «Gerade war alles noch anders», sagte sie, «es ist, als müsste ich eine neue Sprache für die Zeit erfinden. Doch ich kenne die Worte noch nicht.»

Als ich bewundernd auf ihre Nägel deutete, lachte sie kurz und streckte ihre Hände gegen das einfallende Licht der Bahnhofstür. Auf ihren Nägeln schwebten weiße Wolken auf hellblauem Hintergrund. Einen Tag vor Kriegsausbruch hatte sie sie noch machen lassen. «Jetzt weiß ich nicht, wann ich das nächste Mal in ein Nagelstudio komme», sagte sie, «und auf welcher Sprache ich dann die Farben sagen muss.»

Auch in den Wochen darauf wurde der Bahnhof zum Schauplatz einer der größten Fluchtbewegungen, die Europa seit Jahrzehnten erlebt hatte. Für die Millionen Ukrainer:innen bedeutete die Flucht eine irreversible Zäsur. Es war der Moment, in dem alles anders wurde. Von dem man noch lange erzählte, auch um sich zu erinnern, wer man davor einmal gewesen war, wie mich Fenet immer wieder wissen ließ.

7
Gräber

Am ersten Tag nach meiner Rückkehr auf die Insel traf ich Fenet im Café um die Ecke. Ihre Stimme war noch leiser als sonst, woran man erkennen konnte, dass sie sehr angestrengt war. «Ich habe versucht, mein Telefon auszuschalten und die Bilder auf Facebook zu ignorieren», sagte sie, «aber dann riefen die Angehörigen an.»

Seit fast zwei Wochen war sie mit einigen Familien in Kontakt, deren Verwandte am 1. März 2022 auf der Insel angespült worden waren. Fenet übersetzte im Krankenhaus und beim Bestattungsinstitut, versuchte, den Menschen die Willkür der Behörden am Telefon zu erklären und gleichzeitig die Bilder in der Nacht zu verdrängen, die sie immer wieder in den eigenen Träumen begleiteten. Da nicht genug Platz in der Forensischen Abteilung des Krankenhauses von Mytilini war, sollten die Körper noch am Montag begraben werden. Es war kaum möglich, die Trauer, die in diesen Tagen bei vielen Begegnungen auf der Insel in der Luft lag, zu vermessen – auch wenn die Menschen, die vom Tod ihrer Verwandten in den sozialen Medien erfuhren, meistens selbst gar nicht anreisen konnten.

Am Donnerstag, den 17. März, gingen wir gemeinsam auf die Beerdigung. Sechs der sieben tot angespülten Menschen wurden bestattet. Der Bruder eines weiteren Verstorbenen konnte dessen Leichnam mithilfe des örtlichen Beerdigungsinstituts nach Somalia transportieren. Er reiste dafür eigens aus Washington an.

Auf dem Boden lag eine Plastikrose neben ein paar zertrampelten Olivenkernen. Vor dem Grab krempelte ein Mann seine Jeans hoch und lief barfuß den lehmigen Weg zu der kleinen Betonbaracke entlang, die am hinteren Ende des Geländes stand. Er war für die rituelle Waschung der Körper zuständig. Dabei gab es hier kein Sterbezimmer oder einen extra Moschee-Raum. Er führte die Zeremonie in der kleinen Baracke aus Beton durch. An einem Erdhügel schaufelte eine Gruppe von Männern ein weiteres Grab aus. Sie verrichteten ihre Arbeit schweigend. Früher wurde dieser Ort der «Friedhof der Namenlosen» auf Lesvos genannt, da kaum eines der Steinmale einen Namen trug. Heute standen wenigstens auf ein paar Gräbern die Namen jener, die identifiziert und begraben werden konnten. An diesem Tag waren keine Journalist:innen oder Besucher:innen von außen zugelassen, außer jene, die den Familien bekannt waren.

Wadenhoch im Gras neben den Gräbern stand Naima, deren ganzer Name aus Anonymitätsgründen hier nicht genannt wird. Über ihren Schultern lag ein buntes Tuch. Ihre Augen waren mit einem goldenen Kajal-Strich eingerahmt, was ihren Blick noch großzügiger wirken ließ. Erst vor zwei Tagen war sie aus England auf die Insel gereist, die sie bisher nur aus den Nachrichten kannte. Sie hatte versucht, ihren Neffen zu finden, der wenige Monate zuvor aus Somalia geflohen war. Heute wusste man, dass neun Menschen in dem Boot gesessen hatten. Darunter ihr Neffe. Doch er galt als vermisst. Die Willkür, die ihr bei der Suche von den Behörden entgegenschlug, hätte sie nicht für möglich gehalten. Seit Tagen fand sie sich im Niemandsland der geschlossenen Türen wieder. Keiner habe ihr geholfen, ihren Neffen zu finden. Im Gegenteil, alle seien nur damit beschäftigt gewesen, die Toten unter die Erde zu bringen. «Ich fürchte mich auf dieser Insel», sagte sie. «Die Gleichgültigkeit

Gräber

schneidet einem die Luft ab.» In ihrer ruhigen Stimme lag eine Anmut, die mit den verschwitzten Schaufelschlägen hinter ihr nicht zusammenpassen wollte. Wie das alles möglich sei, fragte sie, während ihr Blick auf das vor ihr liegende Grab fiel.

Neben Naima stand eine Frau aus Somalia, die zusammen mit ihrer Freundin aus dem Mavrovouni-Camp zu dem abgelegenen Friedhof gelaufen war, um der Beerdigung beizuwohnen. Unter ihrem weißen Rock trug die Frau Sportsneaker, über denen jeweils ein goldenes Fußkettchen klimperte. In Endlosschleife spielte sie leise eine Sprachnachricht auf ihrem Telefon ab. Plötzlich ließ sie sich auf einen Stein neben dem Grab fallen. Naima kniete sich zu ihr hin, fragte, was los sei, und übersetzte dann die Nachricht: «Das Boot läuft voll. Wir haben keinen Motor mehr.» Die Frau sagte, es sei die Stimme ihres Bruders, der an diesem Morgen noch versucht hatte, auf die Insel überzusetzen.

*

Am gleichen Tag traf ich den griechischen Seenotretter Iasonas Apostolopoulos. Der 38-Jährige war als Beobachter und Zeuge beim Gerichtstermin von Amir Zahiri und Akif Razuli geladen, bei dem auch Mitglieder des Europäischen Parlaments anwesend waren. Die beiden Angeklagten waren im gleichen Boot, als sie – zusammen mit anderen Flüchtenden – im März 2020 versucht hatten, in einem Schlauchboot von der Türkei nach Griechenland zu fahren.

Nach Aussage von Zahiri und Razuli wurden sie auf dem Meer von der griechischen Küstenwache abgefangen und ihr Boot beim Abdrängen so stark beschädigt, dass es fast unterging. Die griechische Küstenwache nahm die Menschen an Bord. Nach der Ankunft auf der Insel wurden Zahiri und Razuli umgehend festgenommen und in drei Punkten angeklagt: der Beihilfe zur illegalen Einreise, der Verursachung eines Schiffbruchs und der eigenen illegalen Einreise. Ein halbes Jahr später verurteilte ein Gericht sie in erster Instanz zu 50 Jahren Gefängnis, und seitdem warteten sie auf die Berufungsverhandlung, an der auch der griechische Seenotretter als Zeuge teilnahm.

Iasonas Apostolopoulos selbst war eine prominente Figur in Griechenland. Vor einem Jahr hätte er eigentlich für seine humanitäre Tätigkeit ausgezeichnet werden sollen, als er mit der Organisation *Ärzte ohne*

Grenzen gerade auf einem Seenotrettungsschiff zwischen Libyen und Italien unterwegs war. Kurz vor der Verleihung wurde er jedoch von der Preis-Liste gestrichen. «Herr Iasonas Apostolopoulos, der ein aggressiver Kritiker der griechischen Politik hinsichtlich des Grenzschutzes und des gesamten Sicherheitsapparats ist, wird nicht geehrt werden», sagte Constantinos Bogdanos, ein konservativer Abgeordneter der Regierungspartei Nea Dimokratia.

Nachdem er ein halbes Jahr später, im Mai 2022, eine Rede vor dem EU-Parlament gehalten hatte, in der er sich zur Menschenrechtslage an den Grenzen äußerte, bekam er unzählige Morddrohungen. Apostolopoulos hatte von Menschen berichtet, die nach ihrer Ankunft in Griechenland nicht von den Behörden registriert, sondern an einem geheimen Ort festgehalten würden wurden. Er hatte geschildert, dass ihnen meist ihre Handys abgenommen und sie ohne Wasser und Essen auf Rettungsinseln aufs Meer gebracht würden. Hier könnten sie ohne Telefone nicht einmal mehr um Hilfe rufen. Er hatte auch über die Verantwortung der Europäischen Union gesprochen, die diese Verbrechen hinnehme und durch ihre Zusammenarbeit mit Griechenland, Italien und Libyen legitimiere. Und über die Geflüchteten, die im November 2021 vor der Ägäischen Insel Samos von Bord eines Schiffes der Küstenwache geworfen worden sein sollen, wie es später auch von vielen internationalen Medien berichtet wurde. Er hatte vor den Abgeordneten klare Worte gefunden: Griechenland sei das einzige Land der Welt, das Flüchtende zurück ins Meer werfe, anstatt sie zu retten. Kurz darauf erklärte ihn der Regierungssprecher Giannis Economouals zum «Verräter Griechenlands».

Im Juli 2022 tagte erneut das EU-Parlament, diesmal wurde auch der griechische Migrationsminister Notis Mitarakis eingeladen. Er sagte: «Natürlich kann man gegen die Menschen an den Grenzen keine Gewalt anwenden. Wir haben es [im März] 2020 [...] geschafft, die Grenzen ohne Verluste von Menschenleben zu schützen.» Auch das Recht auf Asyl würde heute nicht ausgehebelt. Hinter dieser Beobachtung stecke eine von der Türkei inszenierte Falschberichterstattung, die dem Ruf Griechenlands schaden solle. Apostolopoulos wandte gegen dieses Narrativ der griechischen Regierung ein: «Sie tun alles, um jene zum Schweigen zu bringen, die sich gegen Pushbacks an den griechischen Grenzen aussprechen. Pushback-Operationen sind Straftaten, die den

Tätern Hunderte von Jahren Gefängnis einbringen können und nicht verjähren.» Doch auch auf EU-Ebene bewegte sich beim Thema Aufklärung kaum etwas. Auf die Einleitung eines Vertragsverletzungsverfahrens gegen Griechenland war seit der Häufung der Berichte über die gewaltvollen Pushbacks bisher verzichtet worden. Die zuständige EU-Kommissarin Ylva Johansson deutete in einem Statement auf Twitter im Juli 2022 nur vage an, welche Konsequenzen Griechenland drohen könnten, sollten die illegalen Pushbacks weitergehen: Die Auszahlung von EU-Mitteln für Migration und Grenzschutz sei an die «korrekte Anwendung der EU-Grundrechte» gebunden, schrieb sie. Doch die EU-Kommission war auch zwei Jahre nach der Eskalation an der griechisch-türkischen Grenze auf die Kooperation mit Griechenland angewiesen. Auf eine solidarische Politik zur Aufnahme von Schutzsuchenden in Europa hatten sich die Mitgliedstaaten noch immer nicht einigen können.

Vor dem Gerichtsgebäude schüttelte Apostolopoulos den Kopf. «Was für eine absurde Situation», sagte er. Neben ihm stand der griechische EU-Parlamentarier Stelios Kolouglu von der linken Oppositionspartei Syriza. Mit seinem roten Schal, den graumelierten Haaren und dem beigen Sakko machte Kolouglu eher den Eindruck, als sei er gerade über den roten Teppich in Cannes spaziert. Tatsächlich drehte der Europaabgeordnete, der früher Journalist und heute noch Regisseur war, einen Dokumentarfilm über die Menschen, die als Schlepper angeklagt oder verurteilt in griechischen Gefängnissen saßen. Auslöser für den Film war der Fall des damals 28-jährigen Mohammad Hanad Abdi aus Somalia gewesen, dem man eine 142-jährige Haftstrafe aufbrummte, nachdem er mit dem Boot die griechische Küste erreicht hatte.

Kolouglu las die Geschichte zum ersten Mal in der *New York Times*. Es empörte ihn, dass der Mann die gleiche Haftstrafe erhielt wie alle Mitglieder von Golden Dawn zusammen – einer rechtsextremen und faschistischen Partei und kriminellen Vereinigung in Griechenland. «Ich meine», sagte er, «diese Organisation hat Musiker, Oppositionelle und Geflüchtete attackiert, und wir sprechen hier von einem Mann, der ein Boot gesteuert haben soll, um in Europa um Asyl zu bitten.»

Heute saß Mohammad Hanad Abdi im Männergefängnis auf der Insel Chios fest. Dort, wohin auch Seán Binder 2018 nach seiner Festnahme auf der Polizeistation von Mytilini weitertransferiert worden war. Dort traf der EU-Parlamentarier auch den 27-jährigen Amir Zahiri und den 24-jährigen Akif Razuli. Für Kolouglu war in den vergangenen Jahren ein rechtliches Parallelsystem rund um vermeintliche Asylantragsteller:innen entstanden, in dem Menschen zu lebenslangen Haftstrafen verurteilt werden konnten, obwohl sie nichts verbrochen hatten.

Die Verhaftung von Personen, die die Boote steuerten, war ein in ganz Europa verbreitetes Phänomen, durch das die europäischen Regierungen und Strafverfolgungsbehörden in der Regel den Anschein erwecken wollten, gegen «skrupellose Schmuggler» vorzugehen und Asylsuchende auf lange Sicht zu «schützen». Anwält:innen und Menschenrechtsgruppen wiesen dagegen nach, dass meist genau jene Menschen inhaftiert wurden, die mit der Organisation der Überfahrt eigentlich nichts zu tun hatten. Zwischen 2015 und 2021 nahm Italien über 2000 Flüchtende, die über das Mittelmeer nach Italien kamen, wegen Schleusung fest. In Griechenland wurden zwischen 2015 und 2019 etwa 7000 Menschen verhaftet. In Großbritannien wurden aus den gleichen Gründen Hunderte von Menschen festgenommen und Dutzende verurteilt, seitdem die Zahl der Menschen, die in kleinen Booten von Frankreich aus den Ärmelkanal überquerten, ab 2019 sukzessive anstieg.

Als ich im Dorf von Kato Tritos, wo die Beerdigung stattgefunden hatte, wieder ins Auto stieg, um zum Gerichtssaal zurückzufahren, erfuhr ich, dass die Verhandlung von Amir Zahiri und Akif Razuli abermals wegen der hohen Arbeitsbelastung des Gerichts verschoben werden musste. Als die beiden Angeklagten abgeführt wurden, sah Zahiri zum ersten Mal sein Kind, als es gerade aus dem Gerichtssaal lief. Als sie die Insel erreicht hatten, war seine Frau noch schwanger. Seit seiner Verhaftung hatte er sie nur mehr bei Prozessen gesehen.

Drei Wochen später wurde der Prozess zwar fortgesetzt, doch unter dem Vorwand eines fehlenden Zeugen der griechischen Küstenwache erneut vertagt. Dem Antrag der Anwält:innen, die beiden Männer bis zum Gerichtstermin im Dezember freizulassen, wurde nicht stattgegeben.

*

Wenige Monate später, im Juli 2022, fanden Urlauber die Leichen von zwei Männern am Strand. Ihre Nationalität wurde nicht geklärt. Der

Fund blieb nur eine Randnotiz in den lokalen Medien. Die griechische Küstenwache, die den Tod der beiden Männer bestätigte, hatte erst am Wochenende zuvor verkündet, bis zu 1000 Menschen bei der Überfahrt von der Türkei nach Griechenland «gestoppt» zu haben. Diese Zahl warf nicht nur die Frage auf, wie die griechische Regierung diese Zurückdrängungen mit dem Recht auf Asyl kombinierte, sondern legte auch den Kern der Widersprüchlichkeit der europäischen Fluchtpolitik offen: Prinzipiell soll das Recht auf Asyl, in der Genfer Fluchtkonvention verankert, für jeden zugänglich sein. Doch was tun, wenn man als flüchtende Person den europäischen Boden gar nicht mehr erreicht, keine legalen Fluchtrouten hat oder mit systematischer Gewalt wieder von europäischem Boden fortgezerrt wird? Zwischen 2020 und 2021 sollen laut einem UN-Bericht, der Ende April 2022 veröffentlicht wurde, mindestens 17 000 Menschen mit Gewalt in die Türkei zurückgeführt worden sein. «In Griechenland sind Pushbacks an der See- und Landesgrenze de facto zur alltäglichen Praxis geworden», schrieb UN-Sonderberichterstatter Felipe González Morales unterdessen.

Zur gleichen Zeit erschien eine sechsmonatige gemeinsame Recherche des *Spiegel*, der Medienorganisation *Lighthouse Reports*, des ARD-Magazins *Report München* und der Zeitungen *Le Monde* und *Guardian*, durch die offengelegt wurde, dass für die Pushbacks auch Geflüchtete selbst eingesetzt wurden. Menschen berichteten, wie sie nach ihrer Ankunft in Griechenland vor die Wahl gestellt wurden, entweder die griechische Polizei bei den illegalen Pushbacks zu unterstützen und dafür unter anderem eine Aufenthaltsgenehmigung in Griechenland für 30 Tage zu erhalten – oder wegen Menschenschmuggels wie Amir Zahiri und Akif Razuli vor Gericht zu landen.

Auch das war gemeint, wenn Vertreter:innen des griechischen Migrationsministeriums auf Pressekonferenzen von einer «harten Grenzpolitik» sprachen. Kurz nachdem die Recherche publiziert worden war, twitterte die deutsche Außenministerin Annalena Baerbock: «Die furchtbaren Bilder und Berichte, die uns dieser Tage von den EU-Außengrenzen erreichen, sind nicht zu ertragen.» Sie verlangte eine «lückenlose» Aufklärung der Vorfälle, die «sich nicht wiederholen» dürften.

Doch sie wiederholen sich. Und von einer «lückenlosen» Aufklärung konnte keine Rede sein, zumal weder unabhängige Menschenrechtsbeobachter:innen noch Jurist:innen noch die Presse Zugang zu dem Militärsperrgebiet am Evros hatten oder bei der Ankunft von Menschen auf den Ägäischen Inseln dabei waren, ohne in Gefahr zu laufen, der «Beihilfe des illegalen Grenzübertritts» angeklagt zu werden. Im Index der Pressefreiheit von Reporter ohne Grenzen landete Griechenland noch im gleichen Jahr auf Platz 108 und war damit Schlusslicht in der EU. Die Organisation schrieb im März 2022: «Äußerst sensible Themen sind die Migrationspolitik der Regierung, insbesondere Pushbacks und andere Menschenrechtsverletzungen, die sie im Umgang mit Geflüchteten begeht, sowie die humanitäre Krise in vielen Aufnahmelagern. Die Berichterstattung über diese Themen wird immer schwieriger: Journalist:innen haben mit Hindernissen wie willkürlichen Festnahmen und Inhaftierungen, Zugangsbeschränkungen zu Geflüchtetenlagern, Überwachung und Schikanen zu kämpfen.» Der konservative Abgeordnete Dimitris Markopoulos bezeichnete die Reporter ohne Grenzen daraufhin als «linke NGO».

Im August 2022 wurde öffentlich, dass der griechische Geheimdienst versucht hatte, die Telefone des prominenten Oppositionspolitikers Nikos Androulakis und des Finanzjournalisten Thanasis Koukakis abzuhören. Der Journalist reichte Klage ein, weil sein Smartphone von der Spionagesoftware Predator infiltriert worden war. Immer wieder hatte er in nationalen und internationalen Medien darüber berichtet, wie die griechische Regierung durch Gesetzesänderungen von Geldwäsche und Steuerhinterziehung finanziell profitiert hatte. Nachdem der Chef des Geheimdienstes daraufhin zurücktrat, verstrichen drei weitere Tage, bis sich Ministerpräsident Kyriakos Mitsotakis zu dem Fall äußerte. «Ich wusste davon nichts und hätte das auch nicht zugelassen», so Mitsotakis.

*

Zur gleichen Zeit offenbarte ein weiterer Zwischenfall am Evros, wie weit die griechischen und türkischen Behörden bereit waren zu gehen, um keine Verantwortung für schutzsuchende Menschen zu übernehmen und wie schwierig es geworden war, entlang der griechisch-türkischen Landesgrenze zu berichten. Auch, weil der Zugang von Journalist:innen, Anwält:innen und Menschenrechtsgruppen in den vergangenen Jahren immer weiter zugedreht wurde, um systematische Rechtsbrüche entlang der Grenzen unter den Teppich zu kehren. Ende Juli bat

Gräber

eine Gruppe von Geflüchteten bei verschiedenen Menschenrechtsgruppen zum ersten Mal um Hilfe. Sie gaben an, immer wieder zwischen der türkischen und griechischen Küstenseite des Evros hin- und hergedrängt worden zu sein. Tagelang verharrten sie auf einer Sandbank in der Flusslandschaft zwischen der Türkei und Griechenland. Nachdem sie tagelang nicht gerettet worden seien, sollen türkische Grenzschützer:innen die Gruppe von nun insgesamt 39 Männern, Frauen und Kindern im August erneut auf eine Sandbank am Evros gebracht haben.

Die Sprecherin der Gruppe, die 27-jährige Baidaa S. aus Syrien, war mit Anwält:innen der Menschenrechtsorganisation *Human Right 360* und Journalist:innen wie dem *Spiegel*-Redakteur Giorgos Christides oder dem britischen Fernsehteam von Channel 4 zu diesem Zeitpunkt über mehrere Tage hinweg in Kontakt.

Als Baida S. in einer Sprachnachricht am 9. August schilderte, dass ein fünfjähriges Kind der Gruppe am Biss eines Skorpions gestorben sei, berichteten der *Spiegel* sowie die griechische Tageszeitung *Efsyn* einen Tag später über den Fall, Katy Fallon und ich auch bei *Al Jazeera*. «Ein fünfjähriges Mädchen ist tot, gestochen von einem Skorpion», sagte Baida S. in der Sprachnachricht, «auch ihre Schwester wurde gestochen, wir brauchen hier dringend Hilfe!»

Christides, verschiedene Anwält:innen und Menschenrechtsgruppen informierten die griechischen Behörden mehrmals über den Notruf der Gruppe. Doch diese antworteten nur, dass sie – trotz neuester Grenzschutztechnik – keine Menschen finden könnten.

Die Gruppe gab anschießend an, das 5-jährige Kind auf der Sandbank begraben zu haben. Ihre Mitglieder sollen kurz darauf auf das Schlauchboot einer anderen Gruppe aufgesprungen und nach ihrer Aufnahme von den griechischen Behörden schließlich in das Aufnahmezentrum von Fylakio gebracht worden sein, wo sie Asyl beantragten.

Kurz danach verfolgte die griechische Regierung eine krude Informationsstrategie, als sie sich anschließend für ihr Vorgehen rechtfertigte, den Menschen trotz einstweiliger Verfügung des Europäischen Gerichtshofs über Wochen nicht geholfen zu haben. Zuerst hieß es, die Sandbank habe sich nie auf griechischem Gebiet befunden, danach erklärte Premier Mitsotakis, die Medien hätten das verstorbene Mädchen absichtlich Maria genannt, um mehr Mitleid zu erzeugen, und am Ende verkündete die Regierung, dass Maria nie existiert habe. In den griechischen Medien gab es immer wieder Gerüchte, dass das Kind gar nicht gestorben sei beziehungsweise überhaupt nicht existiert habe. Das Migrationsministerium kündigte an, den Fall Maria vor Gericht verhandeln zu wollen. Kurz darauf wurde Giorgos Christides, der als zertifizierter Übersetzer das Haftlager von Fylakio betreten hatte, um mit den Familien zu sprechen, von regierungsnahen Medien als «türkischer Agent» bezeichnet. Mitarakis ließ verlautbaren, ein Verfahren gegen ihn einzuleiten. Die Anklage wurde später fallen gelassen. Dabei war in den darauffolgenden Wochen eine Diffamierungskampagne gegen Christides losgetreten worden, die in den griechischen Medien und auf der politischen Bühne immer fatalere Ausmaße annahm. Der Fall wurde zum Politikum und nach Neujahr 2023 auch noch zu Wahlkampfzwecken genutzt.

Der Migrationsminister postulierte in dieser Zeit, es gäbe zwei Fronten, an denen Griechenland fortan kämpfen würde: «die Türkei und die linke Presse». Dadurch gerieten gerade nicht jene ins Visier, die an der Grenze Menschen brutal hin- und herschoben, sondern Menschen, die diese Rechtsbrüche dokumentierten und, schlimmer noch, die von ihnen betroffen waren.

Im November 2022 zog der *Spiegel* vier Berichte über den Fall zurück, nachdem das griechische Migrationsministerium einen Brief an die Redaktion geschickt hatte, in dem stand, dass es kein Kind gegeben habe und die Geflüchteten nicht auf griechischem Boden gewesen seien. Der *Spiegel* ordnete eine interne Untersuchung des Falles an, da letztlich nicht nachgewiesen werden konnte, ob Maria tatsächlich gestorben war und in dem Medium nicht im Konjunktiv darüber berichtet worden war. Die Eltern des vermeintlich toten Kindes hielten vor der Staatsanwaltschaft bis zuletzt an dem Tod ihres Kindes fest. Dabei blieb unklar, wo das Kind auf der Sandbank begraben sein sollte. Eine Exhumierung fand bis Januar 2023 nicht statt, auch nachdem sich die Eltern später dafür aussprachen.

Am 30. Dezember 2022 legte der *Spiegel* das Ergebnis seiner internen Untersuchung vor, die zu dem Ergebnis kam, dass aufgrund der Quellenlage «vorsichtiger» über den Tod des Mädchens hätte berichtet werden sollen, da bis heute nicht nachgewiesen werden konnte, ob das Kind tatsächlich gestorben sei. Dabei kam auch heraus, dass es eine redaktionelle Entscheidung war, den Konjunktiv in dem Giorgos Christides der Redaktion anfangs in Englisch über den Fall berichtete, in den Indikativ zu setzen.

«Dieser Konjunktiv und die Verwendung von Qualifizierungsmerkmalen wie ‹angeblich› sind aus rechtlichen Gründen und journalistischer Ethik von entscheidender Bedeutung,» schrieb der Journalist Florian Schmitz später auf Twitter. «Dieser grundlegende Fehler wurde jedoch in den Büros des Spiegels gemacht und nicht von ihrem Korrespondenten, der in seinem Land einem unglaublichen Druck ausgesetzt ist,» setzte er fort.

Dass der *Spiegel* den griechischen Behörden durch die kontinuierliche Berichterstattung der vergangenen Jahre über Rechtsbrüche zudem ein Dorn im Auge war, wurde in vielen späteren, auch deutschsprachigen Medienberichten, die einen Skandal bei einem Konkurrenzmedium witterten, über den Fall nicht weiter kontextualisiert.

Seither wurde kaum mehr über die Situation für Geflüchtete am Evros berichtet.

Epilog

Der alte Mann blieb kurz stehen, schüttelte einen Stein aus dem Schuh, schob seine Kappe in Richtung Meer und blickte über die verbrannte Szenerie. Obwohl er ein halbes Leben älter war als ich, hatte auch er noch nie einen brennenden Strand gesehen. «Was will uns Gott damit sagen?», fragte er, ohne eine Antwort abzuwarten. Er schien sie schon zu kennen. «Erst das Erdbeben, jetzt das Feuer.» Er blickte über das verbrannte Feld hinter mir, dessen Glut sich gerade in meine Turnschuhe fraß. Mit langsamen Schritten ging er weiter zur einzigen geöffneten Taverne an der Küstenstraße, in der ein Tisch mit vier weiteren älteren Männern belegt war.

Hinter ihnen senkten sich die grünen Plastikblätter einer aufblasbaren Palmeninsel, die jemand in der Eile der Evakuierung am Tag zuvor zurückgelassen haben musste. Dahinter steuerten zwei Löschflugzeuge auf die brechenden Wellen zu.

Als es rund um den Südstrand von Vatera an diesem Sonntag brannte, hüpften keine Kinder auf den Trampolinen, waren keine Sonnenschirme umkämpft, und es stand auch keine Schlange von Badenden vor den Duschhäuschen. Mitten in der Hochsaison.

Außer den älteren Herren, ein paar letzten Dorfbewohner:innen und den Feuerwehrleuten war niemand mehr da. Und dem Tavernenbesitzer, der mit dem Rücken zur Feuerfront saß. Er blickte versunken auf die kleine Flamme des Gaskochers, auf dem für den letzten der vier Stammgäste ein kleines Kännchen Kaffee kochte.

In der Nacht zuvor hatte die Feuerwehr noch auf der Küstenstraße mit Schläuchen, Gießkannen und Plastikwasserflaschen gegen das Feuer angekämpft.

Ich ging zurück zu den rußbedeckten Tischen, und zusammen sahen wir auf die Rauchwolken. Man wolle Helikopter aus Athen zu Hilfe schicken, las ich in der Lokalzeitung auf meinem Telefon. «Ach», sagte einer der Alten, «auf dieser Insel sollte man nicht auf Hilfe warten.»

*

Wie geht ein Leben weiter nach der Verwüstung der inneren und äußeren Landschaften? Wenige Wochen später standen die Sonnenschirme wieder aufgeklappt vor dem glitzernden Meer. Badende lagen wie Seesterne auf bunten Handtüchern. Wenn man sich nicht umdrehte und zu den kilometerlangen verbrannten Feldern hinaufblickte, musste man das Gefühl haben, an einem ganz normalen Ferienort zu sitzen. Wie so oft bewies die Inselbevölkerung ihre Fähigkeit, sich im Ausnahmezustand einzurichten. Dabei, scheint hier jede Form der gefühlten «Normalität» einen hohen Preis zu haben. Von dem Fluchtlager in Moria blieb nach dem Feuer nur mehr die Kulisse des Abschiebegefängnisses stehen. Jemand hatte neben dem ehemaligen Eingang in dicken blauen Schriftzeichen «Menschenrechtsfriedhof» gesprayt. Einen Frühling lang suchten Wildpferde zwischen den verbrannten Containern frische Blumen, und immer wieder kehrten Besucher:innen von fern und nah zur Stille der alten Ruinen zurück.

Gleichzeitig entstand ein neues Lager, das im Frühling 2023 neben einer Mülldeponie im Hinterland von Lesvos eröffnen soll. Proteste gegen den Bau, wie etwa im März 2020, gab es 2022 keine mehr. «Die Menschen sind in der Pandemie müde geworden», sagte ein Bewohner aus einem kleinen Dorf neben Moria. Dabei fühle es sich so an, als würde man durch die Entstehung des neuen Lagers «das Herz der Insel zubetonieren».

Es war der Sommer, in dem sich das Geschehen an den Rändern Europas wie folgt zusammenfassen ließ: Erstens hatte die Kriminalisierung von humanitärer Hilfe eine Atmosphäre der Angst unter Helfer:innen erzeugt. Die Such- und Rettungsaktivitäten ziviler Akteur:innen zur Unterstützung von Geflüchteten, hatte damit so gut wie aufgehört. Zweitens hatte die Kriminalisierung der Flucht ein ungekanntes Ausmaß angenommen, das sich in absurden Prozessen gegen Schmuggler, die gar keine waren, offenbarte. Drittens konnten Rechtsbrüche, wie die der illegalen Pushbacks damit von den Behörden ohne externe Zeugenschaft an den Küsten ausgeführt werden. Auch nahm, viertens, die Einschränkung der Pressefreiheit durch persönliche Diffamierungen, Spionage und neue Fake-News-Gesetze in Griechenland im Sommer 2022 neue Dimensionen an. Und all dies gipfelte schließlich in der zunehmenden Isolation von Flüchtenden, deren Stimme in den Haftanstalten, in Hochsicherheitslagern, auf Polizeistationen oder in der Obdachlosigkeit kaum mehr zu hören war.

In den vergangenen Jahren war es immer schwieriger geworden, über die Situation vor Ort zu berichten. Die neuen Lager, so sagte es Begüm Başdaş einmal, sollen unsere Augen verschlossen halten und uns damit auch die Vorstellung einer besseren Zukunft nehmen. Diese Isolation nimmt besonders fatale Ausmaße an, wenn zu den Menschen keine Grundhilfe mehr vordringen kann, etwa auf den Sandbänken am Evros oder in Seenot vor den Küsten. Die afghanische Aktivistin und Dichterin Parwana Amiri hat dieses Abgeschnittensein von der Welt in einem unserer Gespräche einmal wie folgt zusammengefasst: «Für mich bedeutet eine Grenze nicht in erster Linie, die Berge, das Meer oder die Wüste zu überqueren. Sie ist nicht der Übergang von einem Land zum anderen. Eine Grenze bedeutet Isolation von der Welt – wenn es dir nicht erlaubt ist, zu sprechen, zu handeln, am Leben teilzunehmen.»

Durch ihre Worte fand Parwana Amiri eine Tür hinaus in die Welt. Zum ersten Mal trafen wir uns an einem regnerischen Wintertag 2019 auf einem Abhang zwischen den Zelten von Moria. Sie trug einen Stapel bunter Hefte unter dem Arm und weiße Stiefeletten, die trotz des Schlamms schneeweiß geblieben waren. Sie wusste, wie man sich in Moria bewegte, und fragte mich, ob sie mir helfen könne, den Weg zu finden. Nur wenige Wochen zuvor war die damals 16-jährige Parwana mit ihrer Familie aus Herat über Pakistan, den Iran und die Türkei nach Lesvos geflohen. Mit ihren Eltern, vier Schwestern und zwei Brüdern lebte sie in einem der Zelte in den umliegenden Olivenbaumfeldern. Dann, wenn alle schliefen, schrieb sie «Letters from Moria», einen Blog über das Leben im Lager. Ihre Texte, die später auch in Büchern veröffentlicht wurden, schrieb sie mit der Taschenlampe und voller Empathie für die Menschen, die um sie herum lebten. Aus der Perspektive einer Mutter mit zwei Kindern, aus der eines unbegleiteten Minderjährigen oder einer transgender Person. Ein Jahr später, als sie bereits im Ritsona-Lager in Vathy auf dem Festland lebte, kam sie zurück auf die Insel, um ein neues Buch für Kinder vorzustellen. Das war im Februar

2020, kurz bevor die Pandemie auch Griechenland erreichte. Zwei Monate später wurde das Camp von Ritsona nach den ersten Corona-Fällen im Lager isoliert. «Uns fehlte es in dieser Zeit an allem», sagte Parwana rückblickend.

Ein Jahr später wurden die geschlossenen Tore zu einer Mauer. Die griechische Regierung hatte damit begonnen, eine drei Meter hohe Stahlmauer um das Lager zu bauen – «zur Sicherheit der lokalen Bevölkerung und der Bewohner:innen», wie es im Frühling 2021 ein Sprecher des griechischen Migrationsministeriums ausdrückte. «Ein Gefühl, als würden sie unsere Flügel abreißen, während wir schlafen», sagte Parwana in einem Bericht von *Al Jazeera*. In einem ihrer «Briefe aus Moria» schrieb sie: «Wo ist Sicherheit? (…) Wenn du diese Gewalt jeden Tag erlebst, wirst du ein Teil von ihr.»

Ein paar Zahlen und einzelne Fragmente der Berichterstattung aus den vergangenen Monaten zeigen, welcher «Grenzsicherheit» flüchtende Menschen aus dem Iran, Afghanistan, Syrien oder Somalia heute entlang der europäischen Ränder begegnen.

- Entlang der polnisch-belarussischen Grenze etwa genehmigte das polnische Parlament Ende 2021 innerhalb weniger Monate den Bau von kilometerlangen Stacheldrahtzäunen. Nach der Machtübernahme der Taliban im August 2021 errichtete die Türkei eine Stahlmauer an der iranischen Grenze. Sie ist 1000 Kilometer lang und mit 340 Wachtürmen ausgestattet. Griechenland kündigte im August 2022 unterdessen an, die Mauer am Evros nochmals um 80 Kilometer zu verlängern.
- Auch auf den britischen Inseln spitzte sich die Lage zu: Im Juni 2022 gab die britische Innenministerin Priti Patel bekannt, Asylsuchende künftig von London nach Ruanda zu schicken. Bis August 2022 hatten über 25 000 Menschen über den Ärmelkanal die Landesgrenze überquert und um Asyl gebeten. Schon im April hatte Patel mit Ruandas Außenminister Vincent Biruta ein Abkommen unterzeichnet, in dem sich der ostafrikanische Staat bereit erklärte, Migrant:innen und Flüchtende aus dem Vereinigten Königreich gegen 120 Millionen Pfund aufzunehmen. In letzter Minute wurde der erste geplante Abflug des bereits geleasten Flugzeugs im Juni 2022 durch den Europäischen Gerichtshof für Menschenrechte verhindert. Das Abkommen blieb jedoch in Kraft.

Epilog

— Ein weiteres Momentum der Brutalität gegen flüchtende und migrierende Menschen ohne legalen Fluchtweg offenbarte sich im Sommer 2022 an der Grenze zwischen Spanien und Marokko. Laut Medienberichten starben noch nie so viele Menschen an einem Tag an einer EU-Landgrenze wie an diesem 24. Juni. Mindestens 23 Personen waren bei dem Versuch, den Grenzzaun zwischen Marokko und der spanischen Enklave Melilla zu überqueren, getötet worden, Hunderte waren verletzt und Dutzende gelten heute in Marokko als vermisst. Die Bilder und Videos, die uns an diesem Abend durch die marokkanische Menschenrechtsorganisation *AMDH* in den sozialen Medien erreichten, beschrieb Moctar Dan Yaye, Mitarbeiter der Organisation *Alarmphone Sahara* im Niger, ein paar Monate später auf einer Berliner Podiumsdiskussion wie folgt: «Es ist, als wollte uns die Gewalt zweimal zum Verstummen bringen. Erst durch die Tränen, dann durch die Hemmung, diese Bilder und ihre Gewalt zu teilen.» Es waren Bilder von gekrümmten und geschändeten Körpern, die zu Hunderten zwischen Grenzbeamten auf einem Betonplatz lagen. Man konnte nicht sagen, welche der Menschen auf den Bildern noch am Leben waren und welche bereits tot. Durch die Kombination verschiedener Zeug:innenaussagen und Menschenrechtsberichte und die Rekonstruktion der Videos stellte sich später heraus, dass die Brutalität an der Grenze von den marokkanischen und spanischen Grenzschützer:innen aus Abschreckungsgründen wohl absichtlich angewandt worden war. Zwei Tage später twitterte die EU-Innenkommissarin Ylva Johansson: «Die Ereignisse am Grenzübergang Melilla sind zutiefst beunruhigend. In erster Linie, was den Verlust von Leben angeht. Zweitens kann das erzwungene und gewaltsame Überschreiten einer internationalen Grenze niemals geduldet werden.» Drei Wochen später, am 8. Juli 2022, hieß es in einer Pressemitteilung der Europäischen Kommission: «Die Europäische Kommission und Marokko erneuern Partnerschaft im Bereich Migration und Bekämpfung von Schleusernetzen.» Während sich die spanischen und marokkanischen Behörden bis Ende 2022 um eine gründliche und staatsunabhängige Untersuchung der Toten drückten, hatte Marokko Dutzende der Überlebenden aus Sudan und Tschad zu Haftstrafen verurteilt, unter anderem wegen der «illegalen Einreise auf marokkanischen Boden».

- Der deutsche Unionskanzlerkandidat Armin Laschet machte im Bundestagswahlkampf 2021 den Satz «2015 darf sich nicht wiederholen» wieder salonfähig, nachdem die Taliban die Macht in Afghanistan übernommen hatten. Der Satz hielt sich danach wie eine kalterstarrte Fliege in der Echokammer des deutschen Innenministeriums. Im Oktober 2022 beantragten die deutschen Kommunen beim Bund erneut Hilfe. Die Erstaufnahmeeinrichtungen waren am Rande ihrer Kapazität. Die Organisation für wirtschaftliche Zusammenarbeit (OECD) prognostizierte, dass die Zahl der ankommenden Menschen aus der Ukraine bis zum Jahresende weit höher liegen werde als 2015.

«Wir sind gemeinsam in der Verantwortung, illegale Einreisen zu stoppen, damit wir weiter den Menschen helfen können, die dringend unsere Unterstützung brauchen», twitterte die deutsche Innenministerin Nancy Faeser am 11. Oktober 2022. Die Unterteilung von Geflüchteten nach zweierlei Maß war allgegenwärtig: in jene, die sich auf das Prinzip der Schutzverantwortung verlassen konnten, und andere, die an den Grenzen auf brutalste Weise aufgehalten werden, ohne die Chance auf ein Asylverfahren zu haben.

«Heute, während wir uns mehr denn je brauchen», schreibt Parwana Amiri in einem ihrer «Briefe aus Moria«, «haben wir Angst voreinander». Dabei, sagt Begüm an einem Abend auf der Insel, wäre es genau jetzt Zeit «für eine andere Zukunft, in dem wir die Räume einer neuen Geschichtsschreibung öffnen können.»

Yasmin

Das letzte Mal sahen wir uns im Juni 2021 im Lager von Eleonas in Athen. Im August 2022, ein Jahr später, wurde das Camp geräumt. Es war das letzte verbliebene Fluchtlager mitten in Athen. Ziel der griechischen Regierung ist es, dass kaum mehr Flüchtende in den Städten zu sehen sind. Yasmin lebt mittlerweile mit ihrer Familie in Deutschland.

Epilog

Maryam

Seit einem Jahr lebt Maryam nun mit ihrer Familie in Lissabon. Ihre älteste Tochter Arezu ging mit einem Stipendium an eine internationale Schule nach Boston. Auch Maryam war 14 Jahre alt, als sie ihre Familie in Afghanistan verließ, um in die Schule zu gehen. Sie hofft, ihre Tochter bald einmal besuchen zu können. Wir sehen uns bald in Lissabon wieder.

Fabiola und Khaled

Fabiola betreibt mittlerweile zwei Praxen zur Behandlung ihrer Patient:innen auf der Insel: eine in Mytilini und eine im temporären Lager von Mavrovouni. Wie es im neu geplanten Lager, das eine Stunde von der Hafenstadt gebaut wird, weitergehen soll, das weiß sie noch nicht. Sechs Jahre lang hatte Fabiola bis zum Sommer 2022 keinen Urlaub mehr genommen. Bis auf ein einziges Mal. Das war im Dezember 2021, als sie Khaled mit seiner Familie nach Belgien begleitete - wo er Asyl bekam.

Maleka und Azim

In braunen Lederschuhen stand Azim Mahmoodi Ende Juni 2022 vor dem Gerichtsgebäude von Mytilini. Knapp ein Jahr war es her, dass wir uns am Hafen verabschiedet hatten. Obwohl Maleka, Azim und die Kinder mittlerweile in Deutschland wohnten, stand Maleka Mahmoodi der Prozess wegen Brandstiftung weiter bevor. Azim wurde schließlich als Zeuge geladen. Maleka konnte in Berlin bei den Kindern bleiben.

Während wir den Gerichtssaal betraten, fuhr sich die Anwältin Effi Doussi mehrmals durch die Haare. An ihrem stressigen Arbeitsrhythmus hatte sich nicht viel geändert. In ihren Händen hielt sie stapelweise Papiere. Kurz nach ihrer Verteidigungsrede berieten sich die Richter:innen. Der Fall könne heute nicht verhandelt werden, hieß es, es fehle ein Zeuge. Termin vertagt. Als Azim aus dem Gerichtssaal trat, schüttelte er den Kopf. «Was», sagte er, «wenn all das hinter uns liegt und wir mit der ganzen Familie hierherkommen, um Urlaub zu machen?» Vom Flugzeug aus habe er zum ersten Mal gesehen, wie schön die Insel eigentlich ist.

Ovileya und Usman

Ovileya lebt heute wieder in Athen und vermisst die Hafenpromenade von Thessaloniki. Noch immer arbeitet sie als Übersetzerin für humanitäre Hilfsorganisationen und versucht, genug Geld zu sparen, um sich bald die teure Operation für eine vollständige Geschlechtsumwandlung leisten zu können.

Usman mietete eine kleine Wohnung mit einem grünen Balkon im Norden von Mytilini. Als wir im Sommer 2022 telefonierten, arbeitete er gerade in der Küche eines großen Hotels auf der Insel Santorini für die Sommersaison. Ovileya und er sind Freunde geblieben.

Fanny, Seán und Sarah

Im September 2022 eröffnete der Spielfilm «The Swimmers» von Sally El Hosaini das internationale Filmfest in Toronto. Er erzählt die Fluchtgeschichte von Sarah Mardini und ihrer Schwester Yusra nach. Ihre Erzählung setzte sich also fort, auch im Gerichtsverfahren, das am 10. Januar 2023 in die nächste Runde ging. Zusammen mit Sarah und Seán, mussten sich 22 weitere humanitäre Helfer:innen vor Gericht verantworten. Während die Anklagen gegen Ordnungswidrigkeiten, darunter Spionage wegen Verfahrensfehlern fallengelassen wurde, steht die Gerichtsverhandlung der Straftaten noch aus. Sarah Mardini wohnt mittlerweile in Berlin. Claudia Drost arbeitet zwischen Jordanien und Jemen in einer humanitären Organisation.

Fanny Binder und ich trafen uns vor der Gerichtsverhandlung im Januar 2023 das letzte Mal im Oktober zuvor auf einen Karottenkuchen in Berlin. Wir werden uns bestimmt noch öfter sehen.

Epilog

Yaser

Yaser lebt mittlerweile mit seiner Familie in Hamburg. Er geht jetzt in die siebte Klasse und spielt noch immer Fußball. Das Schlafwandeln hat in Deutschland aufgehört.

Fenet

Mit einem kleinen Koffer und einer roten Jutetasche drehte sich Fenet im Juli 2022 zur Freiheitsstatue am Hafen um. Sechs Jahre waren vergangen, seit sie 2016 auf der Insel angekommen war. Bis zu ihrer Abreise ging sie jeden Tag noch einmal unter dem Pinienwald schwimmen. «Wenn du das Wasser bekämpfst, trägt es dich nicht», sagte ihr ein Freund in Moria, als sie versuchte, in den Jahren nach ihrer Ankunft die Angst vor dem Wasser zu überwinden. «Die Insel ist immer beides», sagte sie mir zum Abschied, «Ende und Anfang.»

Dank

Mein tiefer Dank gilt allen Menschen, die ich auf Lesvos und vielen weiteren «Inseln» entlang der europäischen Grenzen und auch an anderen Rändern dieser Welt begleiten durfte. Sie bleiben die Zeug:innen dieser Zeit und tragen dieses Buch auf ihren Schultern. Mein großer Dank gilt auch all jenen Menschen, die immer wieder halfen, zu übersetzen, zu verstehen und Brücken zu schlagen. Und den Bewohner:innen von Lesvos, die diese Insel zu einem Zuhause machen.

Ein besonderer Dank geht an Julian. An Farshad. An Armita. An Vincent. An Charlotte, Wanja und Balat, für den Winter im Haus. An Rachael. An Paolo. An Fenet. An Jonas. An Fabiola. An Milad. An Abbas. An Thanasis. An Yasmin. An Dimitris. An Katy. An Fanis. An Konstantinos. An Petra. An Parwana. An Maryam und Arezu. An Fanny. An Alice. An Begüm und das Meer. An Usman. An Ovileya. An Effi. An Douglas und Sonia. An Eleftheria und Panagiotis. An Mohammed. An Jean. An Meret. An Cosima. An Freda. An Florian. An Tassilo und Michael. An Yüksel. An Marily. An Anna. An Kerem. An Johanna. An Camille. An Ferdinand, für die Zeichnung der Insel und vieles mehr.

An meine Familie, für eure bedingungslose Unterstützung.
An Nadia. An Ibrahim. An Niv. Ihr wisst warum.

An Nina Sillem, ohne die dieses Buch nicht zustande gekommen wäre. Und an Matthias Hansl, der nicht aufhörte zu lesen.

Danke an Dinah, Sham und Viola. Für euren Besuch auf der Insel, eure Klugheit und Unterstützung.

Textnachweise

Vereinzelte Passagen dieses Buches basieren auf meinen Reportagen und Berichten, die in den letzten Jahren in verschiedenen Medien erschienen sind:

- *Winter vor Lesbos. FAZ, 28. November 2017.*
- *Nicht ohne Sarah. taz, 24. September 2018.*
- *Im Freien gefangen. ZEIT Online, 24. März 2019.*
- *Der verlorene Sohn. Süddeutsche Zeitung, 12. April 2019.*
- *Die Wut von Moria. ZEIT Online, 05. September 2019.*
- *Der Mensch als Waffe. WOZ, 05. März 2020.*
- *Sie kämpfen um ihre Würde. Zeit Online, 30. Mai 2020.*
- *Vier Leben. WOZ, 02. Juli 2020.*
- *Eine Stille, die beißt. ZEIT Online, 12. September 2020.*
- *Um welche Uhrzeit kommt die Freiheit? WOZ, 17. September 2020.*
- *Bald müssen sie auch ins Zelt. ZEIT Online, 14. Oktober 2020.*
- *Yasers Angst vor der Nacht. Der Spiegel, 12. Dezember 2020.*
- *Eine Grenze, «noch schlimmer als das Meer». ZEIT Online, 13. Februar 2021.*
- *Faust im Bauch. Stern, 25. Mai 2021.*
- *Stacheldraht statt Therapie. WOZ, 03. Juni 2021.*
- *Die wahren Brandstifter sitzen nicht im Gerichtssaal. WOZ, 17. Juni 2021.*
- *Bloß nicht zurück nach Griechenland. ZEIT Online, 28. August 2021.*
- *Irrlichter im Urwald. WOZ, 23. September 2021.*
- *Die Frau aus Zelt 959. Stern, mit Jonas Breng. 13. November 2021.*
- *Kameras, Drohnen, Ausgangssperre. BuzzFeed, mit Vera Deleja-Hotko, Katy Fallon, Elisa Perriguer. 15. Dezember 2021.*
- *Plötzlich gastfreundlich. ZEIT Online, 17. März 2022.*
- *Am Fluss der Schande. ZEIT Online, 16. April 2022.*
- *Folgenlose Brutalität. ZEIT Online, 04. Juli 2022.*
- *Podcast: Memento Moria. Spotify, 2022.*
- *Grenzrisse und Gleichzeitigkeiten. WOZ, 24. März 2022.*

Den Redaktionen gilt mein großer Dank, dass sie die Berichterstattung über die vergangenen Jahre ermöglicht haben.

*

Die Zitate auf den Seiten 14, 18, 50, 70, 99 und 166 und 212 stammen aus folgenden Werken und Berichten:

Césaire, Aimé, Notebook of a Return to the Native Land (1939), Wesleyan University Press, 2013, S. 13.

Qasmiyeh, Yousif M., Writing the Camp, Writing the Camp Archive: The Case of Baddawi Refugee Camp in Lebanon. Refuge in a Moving World: Tracing Refugee and Migrant Journeys across Disciplines, S. 54.

Berger, John, Bentos Skizzenbuch, S. Fischer Verlag, 2017, S. 85.

Emcke, Carolin, Gegen den Hass, S. Fischer Verlag, 2016, S. 16.

Howden, Daniel, Misery in Moria is Europe's migration policy, Politico, 10. September 2020.

Hartung, Klaus, Kleider für die Nackten von Leros, taz, 10.10.1989, S. 7.

Amiri, Parwana, Letters to the world from Moria, 2019, Nr. 10, S. 30.

Die Zitate von Zygmunt Bauman und Hannah Arendt auf Seite 116 stammen aus Baumann und Haffner, Das Vertraute unvertraut machen, Hoffmann und Campe, 2017, S. 151 und Arendt, Hannah, Elemente und Ursprünge totaler Herrschaft, zit. nach Marc Augé, Die illusorische Gemeinschaft, Matthes & Seitz, 2015, S. 30.

Aus dem Verlagsprogramm

Neu bei C.H.Beck

Ewald Frie
Ein Hof und elf Geschwister
Der stille Abschied vom bäuerlichen Leben in Deutschland
2023. 191 Seiten mit 3 Abbildungen. Gebunden

Miranda Fricker
Epistemische Ungerechtigkeit
Macht und die Ethik des Wissens
Aus dem Englischen von Antje Korsmeier
2023. 278 Seiten. Gebunden

James Bridle
Die unfassbare Vielfalt des Seins
Jenseits menschlicher Intelligenz
Aus dem Englischen von Andreas Wirthensohn
2023. 432 Seiten mit 46 Abbildungen. Gebunden

Elisabeth Wellershaus
Wo die Fremde beginnt
Über Identität in der fragilen Gegenwart
2023. 158 Seiten. Gebunden

Uwe Neumahr
Das Schloss der Schriftsteller
Nürnberg '46
2023. 304 Seiten mit 31 Abbildungen. Gebunden

Verlag C.H.Beck München

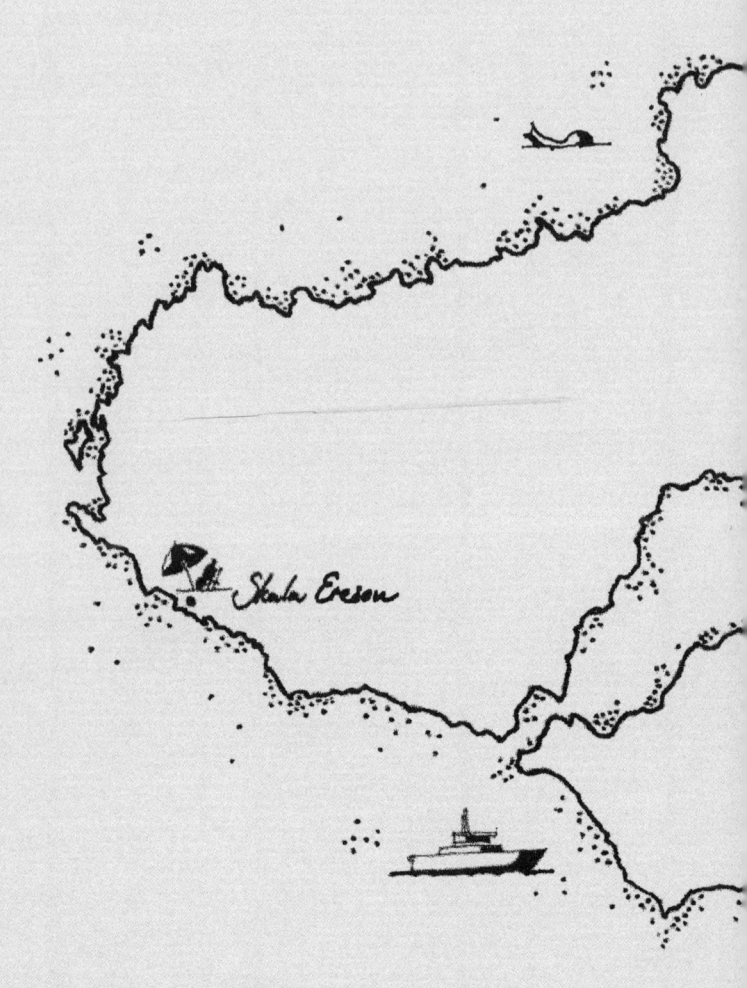